中宣部2021年主题出版重点出版物

国家出版基金项目
NATIONAL PUBLICATION FOUNDATION

双循环论纲

蔡昉等 著

SPM 南方传媒　广东人民出版社

·广州·

图书在版编目（CIP）数据

双循环论纲 / 蔡昉等著. —广州：广东人民出版社，2021.10
（2022.3重印）

　ISBN 978-7-218-15083-3

　Ⅰ. ①双… 　Ⅱ. ①蔡… 　Ⅲ. ①中国经济－经济发展－研
究 　Ⅳ. ①F124

中国版本图书馆CIP数据核字（2021）第111626号

SHUANGXUNHUAN LUNGANG

双循环论纲

蔡昉等　著

出 版 人：肖凤华

出版策划：黄少刚
出版统筹：卢雪华
责任编辑：曾玉寒　施　勇　伍茗欣
文字编辑：罗凯欣
产品经理：陈　晔
责任校对：梁敏岚　林　俏
封面设计：北京水玉银文化传媒有限公司
责任技编：吴彦斌　周星奎

出版发行：广东人民出版社
地　　址：广州市海珠区新港西路204号2号楼（邮政编码：510300）
电　　话：（020）85716809（总编室）
传　　真：（020）85716872
网　　址：http://www.gdpph.com
印　　刷：广州市岭美文化科技有限公司
开　　本：715mm×995mm　1/16
印　　张：22.25　字　数：300千
版　　次：2021年10月第1版
印　　次：2022年3月第2次印刷
定　　价：78.00元

如发现印装质量问题，影响阅读，请与出版社（020-85716849）联系调换。
售书热线：020-87716172

术语表

1. 刘易斯转折点：指由劳动力过剩状态转向短缺状态的转折点，因发展经济学家刘易斯得名。在工业化进程中，农业剩余劳动力因大规模向非农产业转移而逐渐减少，以至出现劳动力不足现象并引起工资普遍上涨，这就标志着转折点的到来。

2. 广义的货币供应量（M2）：指流通于银行体系之外的现金加上企业存款、居民储蓄存款以及其他存款，它包括一切可能成为现实购买力的货币形式，通常反映的是社会总需求的变化和未来的通胀压力。

3. 劳动生产率：指劳动者在一定时期内创造的劳动成果与其相适应的劳动消耗量的比值。劳动生产率水平可以用同一劳动者在单位时间内生产某种产品的数量来表示，单位时间内生产的产品数量越多，劳动生产率就越高；也可以用生产单位产品所耗费的劳动时间来表示，生产单位产品所需要的劳动时间越少，劳动生产率就越高。

4. 杠杆率：指资产负债表中总资产与权益资本的比率，杠杆率是衡量公司负债风险的指标，从侧面反映出公司的还款能力。杠杆率的倒数是杠杆倍数，杠杆倍数越高，越容易受到收益率和贷款利率的影响。

5. 税盾效应：指可以产生避免和减少企业税负作用的工具和方法。

6. 潜在增长率：指一国（或地区）在各种资源得到最优和充分配置的条件下，所能达到的最大经济增长率。这里的资源包括自然资源，也包括人力资源、技术和管理，还包括制度安排和经济政策。

7. 全要素生产率（TFP）：指非具体化的技术进步，包括知识、教育、技术培训、组织管理等方面的改善。

8. 全球价值链：指将生产过程分割并分布在不同国家，企业专注于特定环节，不生产整个产品，为实现商品或服务价值而连接生产、销售、回收处理等过程的全球性跨企业网络组织，涉及从原料采购和运输，半成品和成品的生产和分销，到最终消费和回收处理的整个过程。

9. 资本的边际产量（MPK）：指每多投入一个单位的资本，假定其他的投入因素恒定，所得到的总产量的增量。

10. 对外贸易依存度：指一国的进出口总额占该国国民生产总值（GNP）或国内生产总值（GDP）的比重。其中，进口总额占 GNP 或 GDP 的比重称为进口依存度，出口总额占 GNP 或 GDP 的比重称为出口依存度。对外贸易依存度反映一国对国际市场的依赖程度，是衡量一国对外开放程度的重要指标。

11. 工业品价格指数（PPI）：是反映工业发展状况的指标之一，也是衡量通货膨胀的标准之一。

12. 资本形成率：亦称投资率，通常指一定时期内资本形成总额占国内生产总值的比重。

作 者 团 队

策划统筹

蔡　昉

成　员

黄群慧　魏后凯　张晓晶　崔晓敏　董　昀

杜秦川　高凌云　胡冰川　倪红福　熊爱宗

姚　曦　杨耀武

目 录

绪论

从国际大循环到国内国际双循环的辩证法   002

中国经济循环格局的演进过程   003

作为外部发展环境的世界经济   006

经济发展新常态：从供给侧到需求侧   008

加快形成双循环新发展格局   013

第一编　辩证认识国际经济形势

/第一章/　经济全球化的潮起潮落

经济全球化的发展趋势   022

经济全球化的潮落   030

新冠肺炎疫情对经济全球化的冲击   034

/第二章/　长期停滞——世界经济新常态

世界经济长期停滞的趋势   041

长期停滞的需求侧解释   049

长期停滞的供给侧解释：生产率因素   054

长期停滞对中国经济政策选择的启示   057

/ 第三章 / **新冠肺炎疫情后的全球价值链**

国际分工趋势与全球价值链的发展　061

全球价值链分布的决定因素　065

供应安全对全球价值链的影响　069

疫情后全球价值链的发展趋势　073

第二编　中国经济面临的挑战

/ 第四章 / **从高速增长到高质量发展：供给侧视角**

从经济新常态到双循环　080

从供给侧看高质量发展面临的挑战　086

提升要素质量和配置效率　094

/ 第五章 / **人口老龄化的挑战：需求侧视角**

人口与经济增长关系的理论演变　100

人口老龄化：一般规律和特殊国情　103

人口老龄化如何影响社会总需求？　105

通过供需两侧改革突破需求制约　108

实施积极应对人口老龄化国家战略　111

/ 第六章 / **需求"三驾马车"变化与趋势**

从"三驾马车"变化看双循环新发展格局　117

中国宏观需求结构演变的历程与逻辑　121

中国宏观需求结构演变的未来趋势　128

加快形成新发展格局背景下如何优化需求结构　　　*133*

第三编　国民经济双循环与产业发展

/第七章/　宏观经济调控的双循环视角

宏观调控目标：内部平衡与外部平衡　　　*140*

宏观调控发力点：需求侧与供给侧　　　*147*

宏观调控新维度：稳增长、防风险、保安全　　　*153*

/第八章/　双循环视角下的金融发展与改革

经济与金融：两者共生共荣　　　*161*

金融与实体经济之间的循环：国内大循环视角　　　*163*

金融与实体经济之间的循环：国内国际双循环视角　　　*169*

深化金融供给侧结构性改革，助力新发展格局构建　　　*172*

/第九章/　粮食安全与农业生产方式现代化

粮食安全与新发展格局　　　*180*

新格局下的农业开放发展　　　*185*

推动农业发展方式转变　　　*191*

/第十章/　以价值链优势稳定和提升制造业

全球价值链与双循环　　　*200*

后疫情时期中国产业链的机遇与挑战　　　*205*

如何以价值链优势稳定和提升制造业　　　*211*

/第十一章/ **服务业发展、升级与开放**

服务业在双循环中的作用　　　　　220

我国服务业发展现状和问题　　　　227

双循环下服务业发展建议　　　　　236

/第十二章/ **区域均衡与新发展格局**

城乡区域协调发展的基本态势　　　243

区域协调与双循环新发展格局　　　249

城乡协调与双循环新发展格局　　　255

第四编　依靠改革开放畅通国民经济双循环

/第十三章/ **挖掘超大规模居民消费潜力**

形成国民经济良性循环　　　　　　266

居民收入增长是良性循环的首要条件　269

扩大中等收入群体的深层含义　　　273

培育新成长消费者主体　　　　　　278

/第十四章/ **短板、新增长点与有效投资**

双循环下的投资逻辑　　　　　　　283

"补短型投资"的重点投资领域　　　286

"升级型投资"的关键方向　　　　　289

扩大有效投资政策着力点　　　　　295

/第十五章/　**扩大开放与促进经济良性循环**

在国内构建国际大市场　　301

高水平对外开放与国际循环　　305

制度型开放与双循环　　309

实现对外开放与安全的协调统一　　314

/第十六章/　**完善双循环的激励机制**

推进要素市场化改革，畅通国民经济循环　　320

完善创新激励机制，促进企业自主创新　　323

打破垄断和保护，形成统一的国内大市场　　327

改善收入分配，释放消费潜力　　330

进一步扩大开放，让世界分享中国增长红利　　334

后记　　340

绪　论

　　改革开放以来中国积极参与国际经济分工和全球化，形成了以国际大循环为特征的发展格局，发挥了特定发展阶段的比较优势，取得了高速经济增长成就。这既是不断深入经济体制改革和扩大对外开放的必然结果，也是实施沿海地区开放等一系列战略举措的成效。2008年全球金融危机以来，世界经济呈现长期停滞趋势，逆全球化浪潮加剧，民粹主义、保护主义和单边主义抬头，新冠肺炎疫情的全球大流行进一步加深了这个趋势。这意味着中国未来的发展将面临十分不利的外部环境。与此同时，中国的人口转变阶段和经济发展阶段也发生了重大的变化，给经济增长带来挑战。从供给侧来看，随着人口红利消失，潜在增长率呈现下行趋势，亟待用新的增长动能替代传统增长动能，实现高质量发展。从需求侧来看，随着中国人口老龄化的加深，投资和消费需求也不像过去那样强劲，实现潜在增长率必须有格外的举措。通过推进供求两侧的改革，加快构建国内大循环为主体、国内国际双循环相互促进的新发展格局，是发挥超大规模市场潜力、塑造国际竞争和合作新优势的必然选择。

通过概要地回顾中国经济循环特征的变化过程，我们可以认识到，推动形成双循环新发展格局的战略部署，既强调以国内大循环为主体，也强调促进国内循环与国际循环的平衡和相互促进、外需与内需的平衡和相互促进、供给侧与需求侧的平衡和相互促进等一系列更高水平的动态平衡。这就需要从供给侧和需求侧双向着眼，从两端着力推动改革。在此基础上，我们可以更准确地认识和把握新发展格局的本质特征和任务要求，从而提出相应的政策建议。

从国际大循环到国内国际双循环的辩证法

党的十九届五中全会指出，要加快构建以国内大循环为主体、国内国际双循环相互促进的新发展格局。这是在我国全面建成小康社会、开启全面建设社会主义现代化国家新征程、进入新发展阶段，党中央根据我国发展面临环境和条件的新变化，为了重塑我国国际合作和竞争新优势做出的重要战略部署。习近平总书记强调，要以辩证思维看待新发展阶段的新机遇新挑战。[①] 形成新发展格局正是党中央准确识变、科学应变、主动求变做出的最新部署，确保我国在"十四五"以及 2035 年之前这个时期实现更高质量、更有效率、更加公平、更可持续、更为安全的发展。

国民经济运转的目的是获得产品和服务增量，经济增长表现为这个增量的结果，而经济循环则是从供给和需求两侧，从机制上和过程上保障经济增长目标的实现。从供给侧看，经济循环涉及生产要素的来源、积累、配置及其效率即生产率。一般来说，经济学家用生产函数即投入与产出的关系式来描述这个供给侧的实现过程。从需求侧看，经济循环

---

① 《以辩证思维看待新发展阶段的新机遇新挑战——论学习贯彻习近平总书记在经济社会领域专家座谈会上重要讲话》，《人民日报》2020 年 8 月 26 日。

涉及产品和服务产出的去向及其结构与实现效率。一般来说，经济学家用国民经济恒等式来描述这个需求侧的实现过程，即总产出等于消费、投资和净出口之和。

由于在不同时期具有不同的资源禀赋、处在不同的发展阶段，或者受不同的发展理念引领，各国经济循环的基本特征会产生或大或小的差异。例如，供给侧的经济增长驱动力是以物质资本投入为主，还是以劳动力投入为主，抑或以生产率提高为主；需求侧的经济增长拉动力是以资本形成为主，还是以居民消费为主，抑或以外需为主，都会表现为不尽相同的经济增长方式。一定时期受某些因素影响、形成一定的基本特征、表现为不同经济增长方式的结果，就构成特定的发展格局。也可以说，发展格局是一种具有特定经济循环特征、相对稳定的宏观经济运行状态。

因此，党的十九届五中全会提出加快构建的新发展格局，强调的是以新发展理念为引领、以推动高质量发展为目标、以国内大循环为主体、国内国际双循环相互促进的新发展格局。虽然在讨论中人们常常将其简称为"双循环"，但却不应该从这个简称的字面意义上简单化理解。首先，经济循环是一个国民经济运行全部链条的统一和有机衔接，涉及生产、分配、流通、消费各环节的相互协调和配合。其次，在开放经济条件下，无论强调的重点如何，国内循环与国际循环既不可能彼此分割，也不是此消彼长的关系，而只能是相互制约或相互促进的关系。国内循环越是畅通，国内国际双循环就越是得以相互促进，形成良性、完整的循环关系。

中国经济循环格局的演进过程

在 20 世纪 70 年代末，中国实行的计划经济总体上是一种封闭经济。1978 年，货物贸易占国内生产总值（GDP）比重首次达到 14.1%，在 1960—

1977 年间，这个比重徘徊在 5% 到 9% 之间，贸易依存度在大多数年份都达不到世界平均水平的一半。很显然，中国在这个时期的经济循环属于封闭型的自我循环。

与此相应，在一个劳动力剩余的二元经济结构下，中国实施重工业优先发展战略，工业结构变化遵循了一条背离资源比较优势的轨迹，导致宏观资源配置效率极为低下。在 1952—1978 年间，具有劳动密集型特征的轻工业总产值年均增长率为 8.4%，具有资本密集型特征的重工业总产值年均增长率为 12.1%，重工业增长速度比轻工业快了 44%，结果是重工业比重从 35.5% 大幅度提高到 56.9%。这期间中国的全要素生产率没有得到提高。

20 世纪 70 年代末开始的经济改革，在逐步打破计划经济体制的同时，也伴随着逐步扩大对外开放。1979 年 4 月，邓小平首次提出开办"出口特区"，同年 7 月中共中央、国务院决定在广东省的深圳、珠海和汕头以及福建省的厦门建立出口特区（后来称作经济特区），标志着对外开放的开始。80 年代中期开始，国家确立了 14 个沿海开放城市，并于 1988 年成立海南省，实行更为开放的政策，进而逐步把开放政策延伸到沿江、沿边和内陆中心城市等。在同一时期，中国于 1986 年正式提出申请，要求恢复在关税与贸易总协定的缔约国地位，并在 20 世纪 90 年代为加入世界贸易组织（WTO）做出一系列努力，及至 2001 年成为 WTO 成员，全方位拥抱经济全球化，参与世界经济分工体系。

在这个逐步推进对外开放的过程中，关于国民经济循环模式转变的讨论，在理论和政策研究界广泛展开。1988 年在国家计划委员会计划经济研究所工作的王建副研究员，最早提出"国际大循环"的概念和建议，主张大力发展劳动密集型产品出口，在国际市场换回外汇以提供重工业发展所需资金和技术，反过头来支援农业。他建议通过参与国际大循环，使农业与重工业的循环关系得以良性沟通。虽然这个思路整体上没有摆脱发展重工业这个传统发展战略的窠臼，也受到当时一些学者的批评，但是，这一政策建议着眼于出口劳动密集型产品以换取外汇，符合传统"双缺口"模型的逻辑，切中了当时中国经济的资源比较优势即丰富的劳动力，以及主要发展制约即资金短缺，对于形成"两头在外、大进大出"的国际大循环发展战略，的确产生了重要的决策影响。

形成广泛参与世界经济分工和经济全球化、具有国际大循环特征的发展格局，是经济体制改革不断深化和扩大对外开放的必然结果。在这个过程中，中国实施的一系列重大举措，以及世界经济进入新一轮全球化高潮，都对这个发展格局的形成具有重要的推动作用。1992年邓小平南方谈话肯定了深圳特区的发展经验，对于进一步解放思想、推动建立社会主义市场经济体制和扩大对外开放，产生了巨大的推动力。中国实际引进外商及港澳台投资、对外贸易总额和贸易依存度的第一次巨大跃升，发生在1992年和1993年。而这些反映参与国际大循环程度指标的第二次巨大跃升，则发生在中国正式加入WTO的2001年。

也正是从20世纪90年代初开始，在中国逐步扩大对外开放的同时，苏联和中东欧国家开始进行经济体制转轨，许多发展中国家也采取更加外向型的发展战略，不仅全球贸易和外商直接投资显著扩大，而且贸易和投资的类型更加符合根据比较优势进行的原则。在此期间，世界经济更加开放的过程促成了这一轮经济全球化的高潮。

中国以及其他发展中国家和新兴市场经济体，从自身经济开放和这一轮全球化获得了巨大的收益。通过进行国际贸易，扩大了具有比较优势的产品市场，提高了企业的劳动生产率和产业的竞争力。通过引进外商及港澳台投资，填补了经济发展所需的资金缺口，借鉴了更为先进的技术和管理。总体来说，发展中国家在这期间加快了经济增长速度、扩大了就业、提高了居民收入水平，加快了对发达国家的追赶，促进了世界经济的趋同，进而改变了世界经济版图。

改革开放后，通过不断扩大对外开放、主动参与全球分工体系，中国充分抓住了经济全球化的机遇，创造了史无前例的经济快速发展和社会长期稳定的奇迹。在 1978—2019 年间，中国 GDP 总规模扩大了 38.3 倍，人均 GDP 提高了 25.9 倍，人均城乡居民可支配收入提高了 25.8 倍。中国的发展也促成了世界正在经历的百年未有之大变局，世界经济格局更加多元化，并继续呈现分化和量变趋势。在 2010—2019 年间，随着中国经济总量世界占比从 9.2% 提高到 16.4%，发展中国家这一比重也从 31.1% 提高到 37.3%，其间中国 GDP 增长对世界和发展中国家的贡献分别为 28.9% 和 51.6%。

值得指出的是，这一时期中国推动的国际大循环，并没有脱离国内循环。事实上，早在国家开放沿海城市时，就确立了把开放成果向内地转移、对外辐射与对内辐射并举的方针。使深圳等经济特区能够加快发展步伐的大量资金投入，也有很大部分来自内地企业。可以说，经济特区和沿海开放城市既是对外开放的窗口，也是国内资源按照市场经济原则进行配置的平台。

通过形成国际大循环发展格局，推动对外开放和参与全球分工，既是难得的发展机遇，也需要应对各种严峻挑战。在中国经济发展新阶段，不可回避的重要挑战，来自国际环境已经并仍在发生的深刻变化，以及国内发展阶段的变化带来的一系列新情况。

作为外部发展环境的世界经济

经济学家认为，系统性银行业危机的主要代价，不仅在于危机时产生的对经济的冲击，还表现在危机后复苏的缓慢和曲折。例如，在回顾 200 年来 100 个案例后，莱因哈特和罗高夫发现，人均 GDP 回到危机前水平的时间，平均需要八年，而且在 40% 的情况下会出现二次触底。就 2008—2009 年国际金融危机来说，危机本身的伤害与长期影响因素共同发挥作用，标志着世界经济的一个新常态——长期停滞。

劳伦斯·萨默斯观察到，美国经济（也适用于其他主要发达国家乃至世界经济）早在 2008 年全球金融危机之前，就不再能够以金融可持续的方式实现强劲的经济增长，金融危机之后的复苏明显羸弱无力，通货膨胀率难以达到中央银行预期目标，真实利率更是经历长期的下降。鉴于这些现象，他认为美国经济、发达国家乃至世界经济经历着长期停滞状态，主要表现为储蓄倾向提高与投资意愿下降造成的不平衡，进而，过度储蓄抑制了消费需求，降低了经济增长率和通货膨胀率。

金融危机前后的平均增长速度，可以作为世界经济陷入长期停滞的有力证据。把 2010—2019 年与 1997—2007 年两个时期的年均实际 GDP 增长率进行比较，世界平均水平从 3.4% 下降到 2.8%，高收入国家从 2.7% 降低到 1.9%，其中美国从 3.1% 降低到 2.2%，欧盟从 2.5% 降低到 1.5%。虽然发展中国家的增长表现相对好，但是也不再像金融危机前那样强劲，例如，很多新兴市场经济体所属的中等偏上收入国家这个收入组，年平均增长率从 5.4% 降低到 4.6%。

世界经济增长的这种乏力特征，也反映在全球贸易的疲软表现上面。自 20 世纪 90 年代以来，经济全球化进入一轮高潮，全球贸易增长始终显著高于世界经济增长，而在 2008 年全球金融危机之后，世界出口增长不仅表现为大幅度波动，速度也明显趋于降低。相应地，世界货物出口总额与 GDP 的比率，从 2008 年的 51.4% 降低到 2019 年的 44.0%。

新冠肺炎疫情全球大流行，对世界经济和全球贸易产生了史无前例的严重冲击。国际货币基金组织（IMF）预测，2020 年世界经济增长率为 -4.4%，全球贸易增长率为 -10%。虽然由于基数的因素，大多数预测者都预期 2021 年世界经济可以录得较为强劲的增长数字，但是，世界经济陷于长期停滞的种种因素都没有消失，老龄化不仅将继续，而且随着发展中国家加入其中而越加深重，短期的生产成本上升和消费复苏，也不会根本改变通货膨胀率的低迷状态，零利率和负利率则更接近于常态。

此外，封城、停产、停市以及保持社交距离等措施，造成大批小企业破产和大规模失业，降低了居民收入和消费。不同人群在防范和应对疫情能力上的差别、经济复苏的机会差异，以及由此导致的 K 字形经济复苏曲线（指在一部分群体复苏甚至收入和财富获得大幅增长的同时，另一部分群体受到更深、更持久的冲击），进一步扩大了收入和财富的差距，也恶化了普通居民对未来的预期，导致储蓄率进一步提高。

无论是不可抗拒的疫情冲击因素造成供应关系中断，还是疫情中的以邻为壑行径，都使供应链在新冠肺炎大流行期间显现出脆弱性，许多国家出于供应安全方面的考虑，纷纷制定供应链布局回归本土以及供应链脱钩策略，并将在一定时期内成为趋势。这些新动态无疑将汇合在金融危机以来不断抬头的民粹主义、民族主义、保护主义和单边主义等理念和政策潮流之中，在疫情后继续推动逆全球化趋势。

经济发展新常态：从供给侧到需求侧

在改革开放的 40 余年里，中国经济发展取得了举世瞩目的成就，同时也以更快的速度促进了中国的发展阶段的变化。根据世界银行（WB）数据，在 1978—2019 年间，中国人均 GDP 从 156 美元提高到 10262 美元，中国经济总量占全球 GDP 的比重从 1.7% 提高到 16.4%。前一个指标的变化显示出中国经济发展阶段的重要转变，后一个指标的变化意味着中国在世界经济中地位的显著提升。

在这个发展阶段的变化中，中国特有的人口转变发挥了重要的推动作用。人口转变通常指人口再生产类型从高生育水平到低生育水平的变化过程，这同时也是一个国家从年轻型人口结构逐步转向老年型人口结构的过程，或者说老龄化的过程。这样一个人口转变过程，同时也具有相应的经济发展含义。在人口老龄化的过程中，有两个重大的转折点最为重要，对经济发展的影响也最为明显。这两个人口转折点，分别为劳动年龄人口达到峰值并转向负增长和总人口达到峰值并转向负增长。

以劳动年龄人口的变化作为标志，可以鲜明地刻画人口转变与经济发展的关系，展示出从形成人口机会窗口到人口红利消失的过程。通常，研究者或统计人员把法定就业年龄到法定退休年龄之间的人口作为劳动年龄人口。在实际使用数据的时候，往往会产生一些不确定的因素。首先，按照中国的相关法律，法定就业年龄为 16 周岁。但是，人口数据通常按照五岁分组的年龄段提供，因此，在使用数据时往往会把 15 岁包括在劳动年龄人口之中。其次，在确定劳动年龄人口上限时，通常会根据特定的分析目的，或者依据不同国家的情况，有的选择以 59 岁作为劳动年龄人口上限，也有的选择以 64 岁作为上限，还有的不设年龄上限。基于中国的退休年龄规定和实际劳动参与率状况，以 59 岁作为劳动年龄人口上限比较适宜。这就是说，如果不做特别说明，我们所说的劳动年龄人口就是 15~59 岁人口。

由于人口年龄结构变化类似于一个"回声效应"，即生育水平下降并且当青少年人口增长减慢之后，首先会出现一个劳动年龄人口快速增长的时期。这个时期劳动年龄人口迅速增长，而青少年和老年人即非劳动年龄人口保持相对静止状态，形成图 0-1 中的剪刀张开的形状。在低生育水平得到继续保持的情况下，劳动年龄人口到达峰值，随后进入负增长时期。这时，由于老年人口增长速度加快，带动非劳动年龄人口较快增长。如图 0-1 所示，从剪刀张开并逐步到扩大直至开始收拢的时期，就表示处于人口机会窗口期，而一旦该窗口关闭，则意味着人口红利的消失。

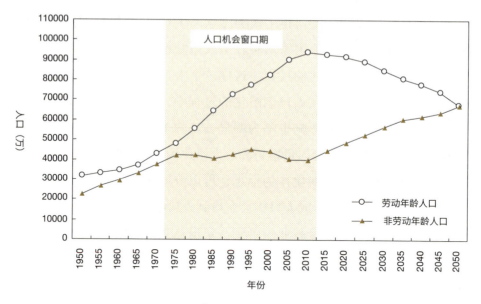

图 0-1　人口机会窗口和人口红利消失

资料来源：United Nations, Department of Economic and Social Affairs, Population Division World Population Prospects: The 2015 Revision, DVD Edition, 2015。

　　人口红利是指特定时期的人口年龄结构，由于有利于经济增长而形成的较高潜在增长能力。这主要表现在以下几个方面。首先，劳动力供给充足，人力资源从数量上得到充分的保障。其次，新成长劳动力规模大、增速快，劳动者的人力资本存量加快改善。再次，较低且持续降低的人口抚养比，有利于实现高储蓄率从而保障资本积累。并且，劳动力充分供给有助于延缓资本报酬递减现象，保障投资能够产生高回报率。最后，剩余劳动力转移，即从生产率低的部门流出并进入生产率高的部门，带来资源重新配置，提高全要素生产率。

　　可见，人口红利以劳动年龄人口快速增长为主要表现，并具体体现在各种经济增长变量之中，最终表现为更高的经济潜在增长率。在改革开放建立起有效的资源配置机制、释放出劳动者积极性和企业家创新精神的条件下，人口红利带来的潜在增长能力便被转化为经济实际增长率，实现了长达数十年的高速增长。然而，随着人口转变进入到新的阶段，中国跨过第一个人口转折点，人口机会窗口便不可避免地关闭。

第一个人口转折点发生于 2010 年。根据联合国的预测数据，那一年中国 15~59 岁劳动年龄人口在 9.41 亿的水平上达到峰值，随后进入负增长，并逐年减少到 2020 年的 9.18 亿，平均每年减少 235 万。依据人口红利的原理，在劳动年龄人口负增长的条件下，劳动力短缺、人力资本改善速度放慢、资本回报率下降以及全要素生产率增长减速，都不可避免地导致经济潜在增长率降低。

根据人口转变趋势及其对生产要素供给和全要素生产率增长的影响，研究者估计了 1979—2020 年中国 GDP 的潜在增长率，完好地描述了人口红利从释放到消失的过程，或者说中国经济从高速增长到逐渐减速的过程。从各时期的平均数来看，中国 GDP 潜在年均增长率在 1979—1994 年间为 9.66%，在 1995—2010 年间为 10.34%，在 2011—2015 年间下降到 7.55%，预计在 2016—2020 年间进一步下降到 6.20%。

把前述几个时期中国经济的实际增长率，与估算的潜在增长率进行比较，可以得出十分有意义的结论。中国 GDP 实际年均增长率在 1979—1994 年间为 10.06%，在 1995—2010 年间为 9.91%，在 2011—2015 年间为 7.52%，在 2016—2019 年间为 6.60%。也就是说，实际增长率与潜在增长率几乎完美吻合。不过，如果我们从图 0-2 来看，即把每一年份的实际增长率与潜在增长率进行比较，则可以发现，在 2010 年潜在增长率下降之前的 30 年间，实际增长率与潜在增长率虽然总体相符，但是，在不同年度之间两者仍有差异，分别产生正的或负的增长缺口（实际增长率减潜在增长率的差），说明存在着需求侧因素的干扰，致使在某些年份不能实现潜在增长率。而在 2010 年之后，实际增长率与潜在增长率的吻合程度十分高，说明这期间没有需求侧因素妨碍潜在增长率的实现。

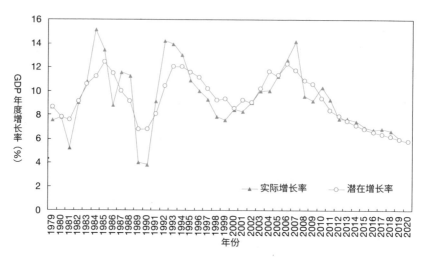

图 0-2 中国经济实际增长率和潜在增长率

资料来源：潜在增长率的估计数见 Fang Cai and Yang Lu, The End of China's Demographic Dividend: the Perspective of Potential GDP Growth, in Garnaut, Ross, Fang Cai and Ligang Song (eds) China: A New Model for Growth and Development, ANU E Press, Canberra, 2013, pp. 55-74；实际增长率系采用国家统计局公布数据。

然而，需求能够满足潜在增长率的情况，会因第二个人口转折点的临近和到达而改变。这个人口转折点就发生在中国人口总量到达峰值并进入负增长的时候。根据联合国的预测和中国一些学者的预测，这个总人口峰值最早可能发生在 2025 年。固然，劳动年龄人口峰值和总人口峰值分别都是人口老龄化过程中的转折点，因而也都意味着人口老龄化的加深。相应地，第一个转折点表现为从供给侧对经济增长的冲击效应即潜在增长率下降，这对于第二个转折点也是成立的。

然而，第二个转折点具有的更突出的冲击效应，主要在于需求侧。从这个转折点开始，需求因素第一次显现出长期的乏力趋势，越来越成为经济增长的常态制约。或许有人会认为，既然中国尚未到达总人口峰值，潜在的风险和冲击只是一种假设的情景。然而，从现实中已经可以观察到人口因素变化对需求三套车，即出口需求、投资需求和消费需求的不利影响，而且从理论上可以做出确切的解释。此外，从国际经验看，这个潜在的需求侧冲击具有实际发生的可能性。

以劳动年龄人口负增长为标志的人口红利消失之后，出现的经济增长减速一般来说是供给侧潜在增长率下降的反映，因此这种减速通常是缓慢发生的，并不意味着发展的终结。然而，在总人口进入负增长这个更为显著的转折点到来之后，因其导致的增长减速通常是结构性需求不足的反映，可能会以更为剧烈和急迫的方式发生，处理不好的话却有可能导致发展的终结。对于具有未富先老特点的国家而言，情形可能更是如此。应有的政策含义则是，中国未来的经济增长，不仅需要从供给侧着眼提高潜在增长率，也需要关注各种需求因素，实现在潜在增长能力上的实际经济增长。

加快形成双循环新发展格局

2010 年以来，中国就稳居世界第二大经济体的地位，2019 年国内生产总值总规模达到 99.09 万亿元，按照世界银行的统计为 14.3 万亿美元，占全球经济总量的 16.4%。以这样大的经济规模，2019 年中国 GDP 增长率为 6.1%，在主要经济体中增长最快，显著高于中等偏上收入国家 3.8% 的平均水平、世界 2.5% 的平均水平和高收入国家 1.7% 的平均水平。这种规模效应和速度效应结合在一起，奠定了中国在世界经济中的重要位置。在 2009—2019 年十年间，中国经济对世界经济增长的贡献高达 28%。GDP 总规模及其增长速度，既标志着中国的强大生产能力，也定义了中国的超大规模需求能力，形成经济总量和市场规模上的独特优势。

近年来，在国际经济环境和中国发展阶段都发生深刻变化的背景下，中国经济发展方式的转变取得新的进展，经济循环特征客观上也发生了重要的变化，既增强了国民经济的平衡性，也对世界经济的平衡做出贡献。

例如，中国经常项目顺差与按支出法计算 GDP 的比率，从 2007 年的 9.95% 降至 2019 年的 0.99%；2019 年，在中国按支出法统计的 GDP 总量中，最终消费占比（消费率）为 55.4%，其中 70% 为居民消费；资本形成总额占比（资本形成率）为 43.1%，货物和服务净出口占比（外需比率）仅为 1.5%；在同年 6.1% 的 GDP 实际增长率中，上述需求"三套车"分别贡献了 3.5 个百分点、1.9 个百分点和 0.7 个百分点。经济循环中出现的这种新特征，并不意味着中国经济已经转变为内向型发展，也不说明中国经济发展方式转变已经完成，国民经济循环仍然存在进一步平衡的巨大潜力。

外需对拉动中国经济增长仍有巨大的潜力，需要继续推动形成全方位、多层次、多元化的开放合作格局，利用好国际国内两个市场、两种资源。中国目前是世界上最大的货物出口国。如果把产品和服务出口以及主要收益加在一起，2019 年中国的世界占比达到 9.7%。如果进一步细化分析，特别是从价值链和更多要素的角度来观察，可以得出中国经济的国际参与度仍然十分显著的结论。例如，在考虑到更复杂的价值链因素情况下，对外经济贸易大学的一项研究显示，中国外需对 GDP 增长的贡献率，比单纯以净出口数据做出的估算要高 19 个百分点。麦肯锡的报告也显示，从贸易、资本和技术等方面综合观察，世界其他国家和地区对中国的依赖度仍在显著提高的过程中。

党的十九届五中全会提出要以创新驱动、高质量供给引领和创造新需求。拓展投资空间、挖掘资本形成对经济增长的贡献潜力，要与转变发展方式，实现高质量发展紧密结合。以往过度依赖投资驱动的经济增长模式具有不可持续性，仍要继续进行调整，才能实现发展方式的根本改变。与此同时，提高生产率和推动高质量发展也需要投资来支撑。实际上，保持中国经济长期可持续发展的诸多新增长点，往往蕴藏在发展面临的短板制约中，补足短板和形成新增长点，是未来投资的结合点和重要方向。

例如，以发展数字经济为主要方向的创新驱动经济增长，对基础设施建设提出的新需求，不仅体现为数量规模的扩大，更体现为科技含量的提升；以农民工的市民化为核心推进新型城镇化，将形成为新市民提供均等公共服务为主要内容的建设需求；实施一系列区域发展战略，以及补足区域基础设施短板，也必然产生在新发展理念引领下的建设投资需求；加快社会建设、补足基本公共服务均等化以及新冠肺炎疫情暴露出的公共卫生领域短板，也带来巨大的投资需求。

消费特别是居民消费是潜力最大、最具有可持续性的内需，而且也是超大规模市场优势的直接体现。2019 年，中国人口占世界比重为 18.2%，按照汇率计算的 GDP 占世界比重为 16.4%，但是，中国最终消费支出额只占世界总额的 12.1%。如果能够使中国的最终消费支出额在世界占比达到与 GDP 占比相同，就意味着尚有超过 4 个百分点的消费潜力可以挖掘，由此产生的消费增量相当于英国目前的消费总规模。可以设想，如果进一步把中国消费的世界占比提高到与中国人口的世界占比相一致的水平，可以产生的新增需求则更为显著。

根据世界银行的数据，2018 年中国最终消费支出占 GDP 的比重即消费率为 55.1%，仍然属于较低的水平，比高收入国家平均水平低 17.9 个百分点，比中等偏上收入国家的平均水平低 9.2 个百分点。不过，这个差距正在迅速地缩小。多年来中国最终消费支出的增长速度，不仅远远快于世界上其他经济体，而且也高于中国自身的 GDP 增长速度，在 2010—2018 年间中国的消费率提高了 6.1 个百分点。消费支出的快速增长和消费率的显著提高，得益于农村贫困人口的大规模脱贫、居民收入的大幅度提高、收入分配状况得到改善，特别是党的十八大以来城乡居民收入提高与 GDP 增长保持同步。

根据对中国 GDP 潜在增长能力的测算，在"十四五"以及更长的时期里，中国经济仍有能力保持中高速增长，增长速度可以继续显著高于世界大多数主要经济体。使这个增长潜力充分发挥，就需要有与之相符的总需求保障。保持居民收入增长和经济增长基本同步，并通过收入分配制度改革和加大再分配力度，缩小收入差距，是创造这个总需求条件的重要途径。一方面，可以通过稳步扩大居民消费，确保人民日益增长的美好生活需要不断得到满足，另一方面，可以通过实现国内大循环为主体的新发展格局，确保中国的发展更加平衡和更加充分。

经济增长既需要来自供给侧的动力驱动，包括各种生产要素的供给和配置，也需要来自需求侧的动力拉动，包括出口需求、投资需求和消费需求。供需两侧的诸种因素和条件均具备，国民经济才能循环起来。由于这些因素和条件本来就产生于国内国际两种资源、两个市场，因此，良性和可持续的经济循环，也应该是国内国际联通和相互促进的。在人口转变阶段和经济发展阶段发生重大变化的条件下，中国经济发展进入新常态，由高速增长阶段转向高质量发展阶段。随着全面建成小康社会、开启全面建设社会主义现代化国家新征程，中国进入新发展阶段，一方面要通过贯彻落实新发展理念，通过提高劳动生产率和全要素生产率，不断提高和稳定潜在增长率，另一方面也要通过高水平对外开放、开发新的经济增长点和提高居民收入水平，不断扩大内外需求，使需求因素能够与潜在增长率匹配，保障经济增长处于合理区间。

中国具有的超大规模市场特征，也体现在生产要素的供给规模和生产率的提高潜力方面，这诸多优势既保障中国经济能够长期保持合理增长速度，也对愿意同我们合作的国家、地区和企业产生不可抗拒的吸引力。2021 年，中国的资本形成总规模在世界占比高达 26.8%，劳动力总量占到全世界的 22.6%，由于中国教育发展十分迅速，庞大的劳动力数量也蕴含着很高的人力资本存量。对如此超大规模的生产要素进行有效配置，形成的经济循环规模也是巨大的，既有充沛的活力又有坚固的韧性。

世界贸易的一个新趋势，是从传统的产品贸易为主转变为以价值链贸易为主，目前全球贸易的三分之二以上是通过价值链进行的。全球价值链的发展以及贸易模式的相应转变，拓展了比较优势的内涵。处在不同发展阶段上的国家，虽然具有不尽相同的技术水平、要素禀赋及其他发展条件，不同规模的企业的竞争实力也有差异，如今都可以在更大的程度上获得参与全球分工的比较优势。特别是，通过把生产模块化并且使每种模块之间互不关联，大大降低了发展中国家和中小企业进入资本密集型价值链的门槛，同样增强了中国生产要素和技术进入产业的穿透力。

在这种全球分工新格局下，中国工业结构的完整性构成新的规模优势。目前，中国拥有 41 个工业大类、207 个工业中类、666 个工业小类，形成了独立完整的现代工业体系，是全世界唯一拥有联合国产业分类中全部工业门类的国家。因此，在全球价值链中，中国在从低到高的各个环节都占有一席之地。借助在诸多生产过程和技术环节中的价值链比较优势，中国产业得以紧密镶嵌在全球供应链之中。与此同时，中国要素配置也必然对其他国家乃至世界经济产生巨大和正面的外溢效应。在超大规模内需的拉动下，中国的国内大循环越顺畅，这一外溢效应也就越强劲，进而促进中国在世界经济中地位的进一步上升、与世界经济联系的紧密性进一步增强，也为其他国家提供更广阔的市场机会，其他国家也能利用更多的国际商品和要素资源。

习近平总书记强调，加快形成以国内大循环为主体、国内国际双循环相互促进的新发展格局，是根据我国发展阶段、环境、条件变化作出的战略决策，是事关全局的系统性深层次变革。[①] 推动更深层次改革，实行更高水平开放，才能为构建新发展格局提供强大动力。在全面建成小康社会、开启全面建设社会主义现代化国家新征程后进入的新发展阶段，中国将面临一系列新机遇和新挑战，需要深化改革和扩大开放，以新的

---

① 《推动更深层次改革实行更高水平开放　为构建新发展格局提供强大动力》，《人民日报》2020年9月2日。

举措破解前进中面对的问题。对于推动形成新发展格局来说，改革开放的新举措要着眼于破除深层次体制机制障碍，促进国内良性大循环和开放的国内国际双循环。

参考文献

[1] 王建：《经济调整的宏观思考》，《计划经济调研资料》1988 年第 92、93 期，1989 年第 2 期。

[2] 林毅夫、李周、蔡昉：《发展的症结与改革的思路——与王建同志商榷》，《中国：发展与改革》1989 年第 7 期。

[3] 卡门·莱因哈特、肯尼斯·罗高夫：《从金融危机中复苏：来自 100 个案例的证据》，《比较》2014 年第 2 期。

[4] 蔡昉：《中国应为下一个人口转折点未雨绸缪吗？》，《经济与管理研究》2020 年第 10 期。

[5] 吴珍倩、贾怀勤、杨贵中：《拉动经济的第三匹马：经济学视角与统计学视角》，《国际经济评论》2017 年第 2 期。

[6] 谢伏瞻主编，蔡昉、李雪松副主编：《迈上新征程的中国经济社会发展》，中国社会科学出版社 2020 年版。

第一编

辩证认识国际经济形势

第一章

经济全球化的潮起潮落

经济全球化使得世界各国经济相互依赖增强，其主要表现为贸易的全球化、生产的全球化、金融的全球化、人员与劳动力流动的全球化、知识和技术的全球化、国际规则的全球化等。技术进步和全球经济治理平台与机制的建立极大推动了经济全球化发展，而各国对于全球化的政策走向则会显著影响经济全球化的特征与步伐，甚至会决定经济全球化的走向。经济全球化是历史发展的必然趋势，但其发展并不是一帆风顺的，受突发事件以及经济全球化所带来的负面影响等因素冲击，其也经历了潮起潮落的过程。为此，各国需要对经济全球化进行有效的管理，共同推动经济全球化朝着更加开放、包容、普惠、平衡、共赢的方向发展。新冠肺炎疫情对经济全球化造成严重负面冲击，但也催生和强化了一些支撑全球化前进的力量，不过这些力量短期内还无法阻止全球化倒退。疫情过后，短期内全球化进程仍将倒退，且倒退幅度和速度可能比疫情前更大。中国应努力推动经济全球化行稳致远。

经济全球化是社会生产力发展的客观要求和人类历史发展的必然趋势。马克思通过对资本主义生产方式的性质和历史发展过程的探讨，揭示了经济全球化的历史必然，"资产阶级，由于开拓了世界市场，使一切国家的生产和消费都成为世界性的了"，"随着美洲和通往东印度的航线的发现，交往扩大了，工场手工业和整个生产运动有了巨大的发展……市场已经可能扩大为而且日益扩大为世界市场"。

不过，从历史进程来看，经济全球化的发展并不是一帆风顺的，也经历了时间跨度颇大的起起落落乃至中断。2008 年全球金融危机后，新一轮经济全球化有所式微，甚至呈现出逆全球化表现，2020 年暴发的新冠肺炎疫情则进一步加剧了这一趋势。在这种情况下，国际社会应加强合作，共同维护经济全球化稳定发展。作为世界上最大发展中国家和负责任大国，中国将始终坚持对外开放的基本国策，为维护和推进经济全球化贡献中国力量和中国智慧。

经济全球化的发展趋势

一、经济全球化的定义与表现

"经济全球化"这一术语从 20 世纪 80 年代开始被广泛使用。国际货币基金组织认为，经济全球化是指通过跨国商品与服务贸易及资本流动规模和形式的增加，以及技术的广泛迅速传播，使得世界各国经济相互依赖日益增强。经济合作与发展组织（OECD）将经济全球化看作为金融、产品和劳动力等全球市场更紧密经济一体化的过程。张宇燕等认为全球化指地球上的人类在经济上相互依存度不断提升的过程。在器物层面上，随着分工的深化和市场的扩大，商品和服务以及资本、劳动力和技术等生产要素的跨国流动的规模和速度加大加快；在制度层面上，原本具有"地方性"的规则在全球范围内越来越得到普遍的尊重或日益具有普遍适用性，同时世界的运转对非中性的国际规则高度敏感依赖；在观念层面上，借助于传媒革命，尤其是信息技术革命，不同人、不同族群、不同国家的价值观念和意识形态，在交流与碰撞中呈现出趋同与分化的趋势。

其中，器物层面的全球化是经济全球化的物质前提和基础，而制度是定义全球化的最重要的尺度。在已有文献的基础上，我们认为经济全球化是通过商品和生产要素的全球流动，以及国际规则在全球范围内的扩展促进全球经济日益紧密联系的过程。

经济全球化可通过多个指标进行刻画。一是贸易的全球化。贸易的全球化可以说是经济全球化最为古老的形式。在技术和政策允许的条件下，不同国家经济主体对于商品和服务的不同偏好导致了全球贸易交换的产生，商品的跨境流动促进了全球化的最早形成。在自由贸易政策的推动下，在第一次世界大战爆发之前的1910年，多数西方国家贸易总额占本国国内生产总值的比例达到30%以上。第二次世界大战结束之后，全球贸易更是取得快速增长。根据世界银行的统计，1960年至2019年，全球商品贸易总额从2526.6亿美元增长到38.4万亿美元。从商品贸易总额占全球GDP的比例来看，尽管中间有些波折，但总体处于上升趋势，1960年该比例为16%左右，2008年达到顶峰51.4%，此后这一比例有所回调，2019年仍有44.1%（图1-1）。随着经济全球化的深入推进，服务贸易成为国际贸易的重要组成部分，其发展速度超过商品贸易。据世界贸易组织（WTO）的统计，2019年世界服务贸易总额约为12万亿美元，其占全球贸易总额的比例也从1970年的9%增长到23.6%，未来这一比例将会进一步上升。

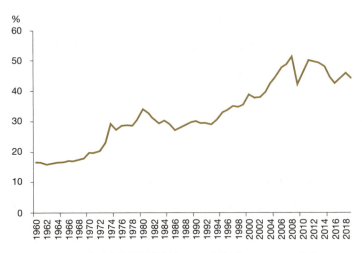

图 1-1　全球商品贸易总额占 GDP 之比（1960—2018 年）

资料来源：WB, World Development Indicators。

二是生产的全球化。随着贸易全球化的发展，跨国公司逐步在全球范围内进行生产配置，由此导致了生产的全球化。生产的全球化一方面推动了全球价值链贸易的发展，另一方面也推动了外商直接投资的增长。2013 年，联合国贸易和发展会议（UNCTAD）发布报告指出，跨国公司以各种方式管理的价值链贸易占到全球贸易的 80%。不过，2008 年全球金融危机之后，全球价值链贸易出现停滞，这在一定程度上造成了全球贸易增长的放缓。外商直接投资在 20 世纪后半期也取得快速发展。从存量上看，2019 年全球外商直接投资存量为 34.6 万亿美元，而 1980 年仅为5589.6 亿美元。从流量上看，2008 年全球金融危机爆发前的时期是外商直接投资增长最为快速的时期，2007 年全球外商直接投资达到 2.17 万亿美元，为历史最高水平。2008 年全球金融危机之后，全球外商直接投资有所下降，2019 年为 1.31 万亿美元。

三是金融的全球化。20 世纪 70 年代开始，主要发达经济体纷纷推行金融自由化，这开启了金融全球化的进程。20 世纪 90 年代，发展中国家也逐步加入金融自由化的浪潮。与此同时，在国际货币基金组织的推动下，各国纷纷推动资本账户的自由化，跨国资本流动的限制越来越少，规模也越来越大。根据麦肯锡的报告，从 20 世纪 90 年代开始一直到 2008 年全球金融危机爆发前，全球跨境资本流动总体呈现不断上涨趋势，2007年达到 12.4 万亿美元的历史顶峰，随后出现大幅下降。从跨境资本流动规模占全球 GDP 的比例来看，2000—2010 年达到 11.5%，远高于 1990—2000 年的 5.3%。

四是劳动力流动的全球化。随着经济全球化的发展，劳动力也开始跨境流动，以寻求更高的工资和更好的就业机会。根据联合国移民署（IOM）《世界移民报告 2020》发布的数据，2019 年全球国际移民数量接近 2.72 亿，这大约是 1970 年的 3.2 倍。全球移民率（移民占全球人口的比例）总体也处于上升趋势，1970—1985 年为 2.2%~2.3%，1990—2005年为 2.8%~2.9%，2010 年后超过 3%，2019 年达到 3.5%。不过这一较低的比例说明，全球大部分人口仍在出生国生活，国界、距离、文化和语言都对移民构成严重障碍。跨境劳动力流动带来侨汇收入的大幅增长，对于促进一些国家特别是发展中国家的发展起到了巨大作用。

五是知识和技术的全球化。技术进步推动了全球化，全球化反过来也推动了技术和知识在全球范围内的扩散与传播。国际货币基金组织指出，全球化将增强知识和技术的跨境传播：（1）全球化使各国能够更容易地获得国外知识；（2）全球化能增强国际竞争，使得企业有更大的动力创新和采用国外技术。知识和技术的跨国传播对于提高全球劳动生产率和各国的创新能力发挥了重要作用。如 2004—2014 年，对各国和各部门平均而言，来自技术领先国的知识流动每年可为技术接受国创造约 0.7 个百分点的劳动力生产率增长。同时，知识和技术并非只是从技术领先国向技术接受国单方向流动，技术领先国在这一过程中也会获益。

六是国际规则的全球化。经济全球化的发展促进了国际规则在全球范围的建立与扩展。特别是第二次世界大战结束之后，国际货币基金组织、世界银行、关贸总协定（GATT）（后被世界贸易组织取代）三大国际经济体系支柱的建立，为全球经贸和金融体系运行提供了基本的国际规则架构。随着经济全球化的发展，国际规则的种类和数量越来越多，覆盖的范围和领域也越来越广，越来越多的国家和地区或主动或被动地纳入到国际规则的约束之中。国际规则的全球化一方面极大促进了经济全球化的发展，但另一方面，规则的非中性也造成全球化利益的非中性，导致部分国家以及一国国内不同群体的利益分配不均，招致了其对经济全球化的反对。

二、影响经济全球化进程的因素

经济全球化经历了多轮浪潮。自 15 世纪地理大发现到 20 世纪初期可以作为全球化 1.0 的典型时期；第二次世界大战到 20 世纪 90 年代，可以算作全球化 2.0 阶段；从 20 世纪 90 年代开始的这一轮经济全球化可以看作是全球化 3.0 阶段。具有不同资源禀赋的国家彼此之间进行货物贸易以获益，是经济全球化的最初动机和初等形态。地理大发现打破了世界各国相对隔绝的物理状态，使得世界各地的经济联系大大加强，国际贸易迅速发展，世界市场初步形成，由此开启了经济全球化的进程。随后，多个因素影响了经济全球化进程的发展。

技术进步成为推动经济全球化的重要动力。新兴技术进步大幅降低了交通运输和通信成本，推动了商品、服务以及生产要素的全球流动，并促进了知识和技术在全球范围内的传播。根据 Bairoch 的统计，受两次工业革命的影响，从 1830 年至 1910 年，小麦运输成本占其生产成本的比例从 76%~82% 下降到 25%~30%；条形铁的运输成本占其生产成本的比例从 89%~94% 下降到 18%~20%；棉线的运输成本占其生产成本的比例从 9%~13% 降低到 2%~3%；等等。正是来自这种运输成本的大幅降低，推动了经济全球化第一波浪潮的兴起。电报、电话的发明以及互联网技术的进步不断推动着通信成本的下降。1930 年，纽约到伦敦三分钟的电话费用约为 244.65 美元（按 1990 年美元物价水平计算），但是到 1990 年降至仅 3.32 美元，2000 年则进一步降至 0.4 美元（按 2000 年美元物价水平计算）。

　　一国政策也是影响经济全球化发展的重要因素。各国对外经济政策的实施将会显著影响经济全球化的特征与步伐，甚至会决定经济全球化的走向。如在各国积极推动贸易自由化的情况下，经济全球化的发展就会更为迅速，在实施贸易保护主义政策的情况下，经济全球化就会停滞甚至发生扭转。与技术进步对经济全球化的持续单一促进方向不同，一国政策的多变性决定了其对经济全球化的影响可能是更为多变的。以美国为例，1790 年到 1930 年间，美国的进口关税呈现大幅上下波动状态，大致反映了美国贸易政策在自由和保护立场之间不断地转换。第二次世界大战结束后，美国一直在积极推动国际贸易的自由化，并极大促进了经济全球化的发展，但在特朗普政府时期，美国政府对经济全球化的态度发生了改变，为经济全球化的发展蒙上阴影。

　　全球经济治理平台和机制的建立也促进了经济全球化的发展。第二次世界大战结束之后，以联合国为核心的全球治理体系在促进全球化更好运转方面发挥了重要作用。国际货币基金组织旨在促进国际货币体系的有效运转，通过促进各国实施稳健的宏观经济政策来维护全球经济的健康稳定发展；世界银行主要集中于推动发展中国家的长期投资项目建设和知识的获取，致力于减少贫困，促进全球经济的可持续发展；关贸总协定以及后来的世界贸易组织在推动全球贸易便利化、自由化方面发挥重要作用。未来，应进一步完善经济全球化的治理架构，为经济全球化的发展保驾护航。

三、经济全球化的发展趋势

经济全球化符合世界经济发展客观规律，是历史趋势。国家主席习近平在博鳌亚洲论坛 2018 年年会开幕式上发表主旨演讲指出，"综合研判世界发展大势，经济全球化是不可逆转的时代潮流"。经济全球化的形成和发展是社会生产力发展的客观要求，推动经济全球化有利于促进国际分工，实现全球资源优化配置，为世界经济发展提供强劲动力。从历史上看，在经济全球化发展较为深入的时期，往往是世界经济增长较为快速的时期。在各国经济日益紧密联系的情况下，任何一个国家都不可能独立于世界经济而单独发展。在经济全球化发展的过程中，世界也出现了一些全球性问题，但并不能将其简单归咎于经济全球化，而这恰恰说明需要加强国际经济合作，通过全球性合作来推动经济全球化更好地发展。

一是技术发展将继续推动经济全球化进程。世界经济论坛创始人兼执行主席克劳斯·施瓦布（Klaus Schwab）认为，全球化是技术变革引致的现象，是创意、人员和货物在全球范围的运动，因而也是工业革命的一种全球框架。在他看来，全球在经过三次工业革命之后，目前正在发生第四次工业革命，其以第三次工业革命为基础，融合了各种技术，从而打破了物理、数字和生物领域之间的界限，并将全球化带入 4.0 阶段。其中，数字化成为经济全球化新的发展方向。

瑞士日内瓦高级国际关系和发展研究院国际经济学教授理查德·鲍德温（Richard Baldwin）也认为，当前的经济全球化正进入 4.0 时代。其中，全球化 1.0 时代主要发生在第一次世界大战之前，主要表现为运输成本的降低使得消费异地生产的商品更为经济；全球化 2.0 时代开始于第二次世界大战结束之后，见证了以规则为基础的全球治理体系的建立；全球化 3.0 时代也被称为新全球化，生产已经跨越国界，技术也在进行跨国流动，形成了高科技与低工资的制造业格局。

全球化 4.0 时代伴随着数字技术的发展，其将对服务业部门而不是制造业部门产生更大的影响，服务行业的许多工作者有可能被人工智能技术所取代。数字经济成为全球经济增长新的动能。据统计，2019 年全球47 个国家数字经济增加值规模达到 31.8 万亿美元，占这些国家 GDP 的比重达到 41.5%，其中，德国、英国、美国等国比重已超过 60%。

二是在国家政策的影响下，经济全球化在未来的发展并不会一帆风顺，甚至会出现逆转。20 世纪 90 年代之后，发展中国家开始广泛参与经济全球化进程，并从中分享发展红利，然而发达国家政府由于未能把收入分配问题置于恰当的政策优先序，造成其部分群体在全球化过程中利益受损，从而引发民族主义和民粹主义兴起。西方国家的一些政治家利用本国中产阶级和（或）弱势群体在全球化中未获益这个事实（或认知）推销反全球化的理念及政策的政治思潮和政策取向，以赢取政治支持，从而产生反全球化的政策倾向。新一轮的全球化（全球化 4.0）也像以前的全球化浪潮一样产生两种结果：一方面将促进经济增长和贫困减轻，但另一方面也会引发政治危机和更大的收入不平等，因此成功的全球化需要国家之间和国家内部实现包容性和公平增长。如果这一条件达不到，经济全球化进程就会受到影响。

与此同时，随着经济全球化的不断深入，各国也更为注重对相关风险的防范。特别是对于一些发展中国家来说，由于其经济发展水平不高，经济调控能力相对较差，其在面临外部风险时往往受到更大的冲击，这就需要在参与经济全球化的过程中加强管理。实际上，自 2008 年全球金融危机之后，国际社会已逐渐改变自 20 世纪 70 年代大行其道的新自由主义理念。这在对待资本自由流动的态度上表现得尤为明显。如面对大规模的国际资本流动，国际货币基金组织也开始强调利用多种政策组合管理，而非像 20 世纪 90 年代之前一直极力推动资本账户的自由化。除宏观经济政策、审慎监管政策外，国际货币基金组织甚至也同意在一定情况下，一国可以实施资本管制以进行国际资本流动管理。

三是全球经济治理亟须变革以适应经济全球化的发展。第二次世界大战结束之后，以布雷顿森林体系为代表的国际机制的建立有力地促进了经济全球化的发展，但这一体系基本反映了美国等发达经济体在全球经济中的主导地位，新兴和发展中国家的利益诉求长期得不到合理反映。当今世界正面临百年未有之大变局，国际经济格局正在迅速改变，其中一个突出特征是新兴经济体和发展中国家群体性崛起，这要求现有全球治理体系必须在权力结构上做出调整。随着全球经济分布格局和权重均衡性的变化，在世界经济中占有更大份额的新兴经济体和发展中国家，日益成为维护全球化的主导力量，并在国际经济规则制定中增大话语权。二十国集团（G20）替代七国集团（G7）成为国际经济合作主要平台就是鲜明的例子。但从目前来看，西方国家主导全球经济治理的局面并未发生改变，新兴经济体和发展中国家在经济全球化中的角色和作用仍有进一步提升的空间。未来经济全球化的发展应更具包容性，应继续提升新兴经济体和发展中国家在主要国际组织和机制中的代表性和发言权，以更好地反映这些国家在经济全球化中的利益诉求。同时，也应不断改善全球经济治理架构的功能，以化解经济全球化遇到的挑战，更好地促进经济全球化的运转。

经济全球化的潮落

一、经济全球化的潮落表现

经济全球化是历史趋势，但并不意味着经济全球化的发展就会一帆风顺，甚至有时可能会出现倒退。经济全球化经历了多次潮落的过程。

15 世纪后，航海技术进步和地理大发现，推动了建立在殖民贸易基础上的经济全球化。但是，殖民者之间的利益冲突和殖民地的独立与反抗常常成为这一轮全球化的阻力，此轮全球化也终结于一战。一战结束后，在各国实现短暂的战后复苏与稳定后，贸易壁垒、竞争性货币贬值和经济危机等因素再一次导致全球化出现倒退。二战结束后，世界经济分裂为以美国和苏联为主的两大体系，全球经济活动之间存在一条人为设置的鸿沟，直到冷战结束才得以消失，经济全球化也由此进入一个高歌猛进的时期。

冷战结束后的经济全球化进程在 2008 年全球金融危机后再一次出现逆转，这主要表现在三个方面：一是商品和资本的跨国流动程度降低。按照 2008 年美元价格计算，全球出口总额与全球 GDP 之比从 2008 年的 25.9% 下降到了 2018 年的 22.9%；全球对外直接投资总额与全球 GDP 之比从 2007 年的 3.8% 下降到了 2018 年的 1.2%。二是全球关税削减进程趋缓。2006—2016 年全球各国加权平均关税税率从 3.2% 下降到 3.0%，十年间仅下降了 0.2 个百分点。三是全球贸易限制措施增多。2018 年进口限制措施影响的进口额占全球进口总额的比重从 2009 年的 0.6% 上升至 7.5%。

2016 年之后，全球化倒退迹象更加明显，其中以英国"脱欧"和美国特朗普政府实施的一系列反全球化贸易政策最为突出。英国"脱欧"是欧洲一体化进程的一次倒退，而美国前总统特朗普实施的贸易政策则对全球一体化进程造成重大负面影响。特朗普政府公开反对全球主义，主张"美国优先"政策，其阻止世界贸易组织等多边机制发挥作用；重谈有关贸易协定，并加入保护主义条款；使用国内法增加关税，以保护其国内产业；限制移民以保护国内低收入人群；对中国采取有针对性的贸易投资限制措施等做法，严重破坏了冷战结束以来全球化得以快速推进的制度基础，造成了经济全球化的极大倒退。2020 年新冠肺炎疫情暴发后，世界经济增长乏力，全球贸易大幅萎缩，国际资本流动减缓并波动加剧，全球供应链出现断裂危机，人员跨国流动受到极大限制，与此同时，孤立主义、单边主义、民族主义和贸易保护主义甚嚣尘上，经济全球化再次受到严重冲击。

二、经济全球化潮落的主要原因

经济全球化的潮落主要有以下几个原因。一是突发事件冲击经济全球化。从历史的视角看，鼠疫、战争等灾难都会影响全球化进程，例如 1914 年当时正在迅速推进的全球化就被第一次世界大战所打断。全球金融和经济危机是影响经济全球化进程最为典型的突发事件。每一次全球性金融危机的爆发都会中断全球化进程，甚至造成全球化的倒退。

例如，根据世界贸易组织的统计，亚洲金融危机发生后，1998 年全球商品贸易相比 1997 年下降 1.6%，美国互联网泡沫破裂后，2001 年全球商品贸易相比 2000 年下降 4.0%，2008 年全球金融危机爆发后，2009 年全球商品贸易相比 2008 年更是下降 22.3%。国际资本流动大体也呈现类似趋势。如受亚洲金融危机影响，1998 年全球净私人资本流动从 1996 年的 2408 亿美元下降到 1220 亿美元，而同期亚洲地区的净私人资本流动则从 1022 亿美元下降到 15 亿美元。金融危机的爆发也往往会引发相关国家采取有悖于经济全球化的政策措施。如 20 世纪 30 年代大萧条期间，各国纷纷采取以邻为壑的贸易保护主义政策，从而使得经济全球化进程受挫。不过，总体来看，突发事件影响经济全球化进程都是暂时的，事件过去之后全球化进程仍会继续，并可能会加速发展。

二是经济全球化所带来的负面影响左右着一国的政策选择，其是造成全球化潮落的深层次原因。经济全球化在给各国带来益处的同时，也带来了一些负面影响，这包括全球不平等、经济活动波动性加剧等。其中，经济全球化所引发的不平等为各国最为关注，这事关各国以及各国内部不同群体、阶层在经济全球化中的利益分配。关于经济全球化的分配效应存在两种争论观点：一种观点认为全球化会带来收入增加，因此，即使一些国家在工业化发展的初期或许会存在不平等，但随着向工业化过渡的完成，这种不平等会逐渐消除；另一种观点则认为，尽管全球化可以提高总收入水平，但是全球化的益处却没有被广大居民平等享有，因此，全球化过程还是存在明显的输家。受到后一种观点影响的国家无疑会对经济全球化持负面态度。

全球化所引发的不平等主要包括两个维度：一是国家之间的不平等，二是一国内部的不平等。徐秀军指出，过去近 20 年中，不同国家之间的收入差距迅速拉大，收入和财富不均已成为当今世界各国无法回避的问题。根据世界银行的统计数据，2017 年纳入计算的 222 个国家国民总收入（GNI）的方差为 2000 年的 4.87 倍，同期人均国民总收入的方差为 2000 年的 25 倍。一国内部的收入分化也呈上升趋势。以美国为例，2019 年美国的基尼（GINI）系数为 0.48，相比 1990 年的 0.43 有进一步提高，表明美国在过去 30 年中收入不平等趋势有所加大。收入不平等逐步扩大成为美国近年来反对全球化的原因之一。

不过，也有研究指出，经济全球化与收入不平等之间的关系可能并没有那么简单。Lindert and Williamson 指出全球化和世界不平等之间的相关性并不意味着因果性，相反，他们认为，从全球化中获得最大收益的国家是那些通过改变本国政策来改善本国贫穷状况的国家，而那些获益较少的国家则是没有相应的调整或是无法有效调整本国政策的国家。此外，他们认为，全球化对国家间不平等的影响是双向的，那些没有参与全球化进程的国家在全球化进程中实际上也面临非常大的损失。

从总体来看，全球化的净影响并不足以解释长期以来世界不平等的持续加剧。国际货币基金组织则研究了全球化不同渠道对一国内部收入分配的影响。研究认为，贸易全球化有利于改善收入不平等状况，但外商直接投资会加剧收入的不平等，与此同时，金融深化对收入分配也会产生轻微的消极影响。总体来看，由于贸易全球化和金融全球化对全球不平等的影响相互抵消，经济全球化对不平等的总体影响相对较小。国际货币基金组织的一篇工作论文研究指出，经济全球化对于不同国家的经济增长影响并不相同，对于发达经济体来说，尽管全球化仍是经济增长的来源，但其预期收益要低于贫穷和新兴市场经济体。经济全球化对一国经济增长的影响主要取决于该国融入全球经济的程度，一国在参与经济全球化之前与全球经济的联系越低，其参与经济全球化所享受的益处就越大。从国家内部来看，经济全球化往往伴随着经济不平等的恶化，但在不同国家情形也是不一样的，在发展中经济体，穷人和富人同时从全球化中获益，而在发达经济体，全球化对穷人收入则几乎没有影响。

经济全球化所带来的负面影响，要求各国要适应和引导好经济全球化的发展，让它更好地惠及各国人民。推动经济全球化健康发展，从国际角度看，既需要建立健全有效治理机制，也需要树立合作共赢的发展理念。从各国内部角度看，需要出台更具包容、普惠、平衡性的经济和社会政策，尤其是完善社会保障政策，以更好融入经济全球化。

新冠肺炎疫情对经济全球化的冲击

一、疫情对全球化倒退的助推作用

新冠肺炎疫情对经济全球化造成严重负面冲击。其一，从国际贸易来看，受疫情引致的全球需求下降、供应链断裂、贸易保护主义抬头等因素影响，2020年全球贸易出现急剧萎缩。根据世界贸易组织的统计，2020年前三季度，全球货物贸易量同比下滑8.2%。2020年10月，世界贸易组织预测，2020年全球货物贸易量将萎缩9.2%，2021年将增长7.2%，但贸易规模将远低于疫情前水平。其二，从国际直接投资来看，根据联合国贸易和发展会议的预计，2020 年全球外商直接投资将下降 40%，这将是 2005 年以来全球外商直接投资规模首次下降至 1 万亿美元以下，预计 2021 年全球外商直接投资会进一步下降，2022 年早期或有所恢复。其三，从国际人员流动来看，疫情使得各国不得不采取一定的社会隔离措施和国际旅行限制，国际人员交往被迫中断。联合国移民署表示，疫情几乎导致西非和中非人口流动减半并造成经济影响。据联合国世界旅游组织（UNWTO）统计，2020 年前 10 个月，国际旅客抵达人数相比 2019 年同期下跌 72%，为 1990 年以来首见的低点，预计 2020 年国际旅客抵达人数下降 70%~75%，全年国际旅游收入损失预计在 1.1 万亿美元。

更为严重的是，疫情进一步强化了个别国家的反全球化政策倾向。疫情暴发之前，以美国为首的部分发达国家已出现反全球化倾向。疫情导致发达经济体出现短期经济衰退和经济低迷，故其要求制造业回流的意愿更加迫切，其失业群体和低收入群体希望得到保护的要求更加强烈和急迫，因收入不平等和制造业衰落等因素所产生的反全球化力量也会因疫情而得到强化。随着中国经济趋于向好发展，而美国等发达经济体可能趋于恶化，中美经济实力缩小的进程可能进一步加速。美国对中国的战略施压可能加剧，由此而产生的反全球化力量同样会增强。

疫情还产生了一种新的反全球化力量。疫情暴露了供应链全球配置的脆弱性。此次疫情已经显示，在全球供应链中有重要影响的国家一旦发生生产和交易停顿，会给全球生产链带来巨大冲击；一个对全球供应链依赖度较高的国家，一旦发生国际交易中断，其国内产业链也将受到严重负面影响。追求长期稳定发展的国家，可能会因防止供应链全球配置的脆弱性而将供应链更加收缩于一个国家或者更少的国家之内。

另外，疫情加深了经济物资的国家安全属性。口罩、医疗防护用具和救治设备等过去可依靠市场获取并进行储备的物资，在疫情引起的国家安全风险面前，具有了更加明显的国家安全属性，其国内生产能力得到更大的关注。新冠肺炎疫情背景下，各国还对相关物资的国家安全属性进行重新定位，并通过采取保护主义措施维护本国具有国家安全属性的产品的生产。为降低供应链全球配置脆弱性和战略物资全球获取的国家安全风险，各国采取的保护主义措施，会为疫情后的反全球化注入新的力量。

二、疫情产生的全球化推动力

新冠肺炎疫情在强化过去的反全球化力量和产生新的反全球化力量的同时，也催生和强化了一些支撑全球化前进的力量。疫情催生了国际卫生合作和全球宏观经济政策协调的国际合作需求，这均可能成为推动经济全球化发展的新的动力。

新冠肺炎疫情促使公共卫生领域加大国际合作需求。新冠肺炎疫情是一场全球公共卫生危机，除了少数国家可以依靠自身力量控制住疫情之外，绝大多数国家需要依靠国际合作甚至国际援助才能控制住疫情蔓延。对中国而言，即使采取有力防控举措控制住了疫情，但在世界其他国家疫情没有得到有效控制的情况下，仍然会受到境外疫情输入的影响。可见，国际合作对于全球抗击新冠肺炎疫情至关重要。解决威胁人类的全球性问题正是推进全球化的良好契机。

但是，国际公共卫生合作需求还没有形成一股推动全球化发展的强劲力量。在一些国家，这种危及生命的新冠病毒并没有被当作最严重的威胁，抗击疫情挽救生命也没有被当作最优先的任务，而是受到其他目标的干扰。各国抗疫政策并不完全一致，各自为政、不愿付出代价、不愿遵守世界卫生组织（WHO）科学抗疫政策的现象比较普遍，国际合作的基础受到削弱。特别是美国抗疫不力，导致其不仅无力推动国际抗疫合作，而且试图将自身抗疫不力的责任推给中国和世界卫生组织，并宣布终止与世界卫生组织的关系。美国的行为严重破坏了新冠肺炎疫情下的国际合作，极大地制约建立更加有效的全球公共卫生合作机制。

新冠肺炎疫情引起的经济衰退也产生了国际宏观政策协调需求。受此次疫情影响，国际货币基金组织2021年1月估计，2020年世界经济将收缩3.5%，远超过2008年全球金融危机时的情况。那次金融危机催生了G20首脑峰会这一国际宏观政策协调机制，短期内遏制了保护主义势头，形成了推动国际合作的新机制。新冠肺炎疫情导致的全球经济衰退使得全球宏观政策协调的需求再次兴起。2020年3月26日，G20轮值主席国沙特阿拉伯以视频会议方式，主持召开了G20领导人应对新冠肺炎特别峰会。会议成果显示出各成员国强调国际政策协调的重要性，会议召开在短期内起到了阻止保护主义抬头的作用。2020年11月21—22日，G20领导人第十五次峰会以视频方式进行，并通过《二十国集团领导人利雅得峰会宣言》。宣言强调，当前比以往任何时候更加需要全球协调行动、团结和多边合作，以克服当前挑战。

不过，从总体上看，疫情产生的国际卫生合作需求和全球宏观经济政策协调需求在短期内并没有形成推动全球化的强大支撑。如果疫情持续蔓延且经济持续衰退，越来越多的国家将认识到只有国际合作才能彻底控制住疫情和实现经济复苏，支持国际合作和全球化的力量才可能会得到强化，全球化的倒退将受到一定制约。

三、新冠肺炎疫情后的经济全球化趋势

疫情过后，短期内全球化进程仍将倒退，且倒退幅度和速度可能比疫情前更大。这主要是因为疫情之前导致全球化倒退的力量因疫情得到了强化，且疫情催生了新的反全球化力量。而因疫情产生的支撑全球化的力量短期内还无法阻止全球化倒退。全球化倒退将给世界各国带来损害，并将加深世界经济衰退程度，延长世界经济低迷时间，给世界经济

长远发展带来不利影响。

因安全需求产生供应链调整所导致的全球化倒退是疫情过后的一个重大全球风险。这一调整将使相当一部分国家和企业选择牺牲效率来满足安全需求，从而降低全球经济发展速度。更为重要的是，各国为了鼓励供应链集中于国内而采取的保护主义措施，可能对全球化产生持久的负面影响。

值得注意的是，疫情后全球化倒退的最大风险莫过于世界再次分裂为两个体系。这种分裂缘于以美国为首的部分发达国家对中国采取"脱钩""孤立"政策。在这种情况下，以中国为代表的支撑全球化的力量和以美国为代表的反全球化力量将持续激烈碰撞，未来的全球化趋势取决于双方力量对比的变化。从长期来看，支持全球化的力量将超过反对全球化的力量，全球化终将再次成为世界经济发展的主要潮流。

在全球化中受损的群体、认为没有获取足够全球化利益的群体以及由于国家安全等原因而反对全球化的群体，试图在全球化倒退中解决他们的问题，但是全球化倒退又会产生新的更大的问题，这些新问题只有通过全球化才能解决，因而又会再次促进全球化的发展。这也是全球化总能在曲折中前进的重要原因。

中国若能在推动全球化的过程中，更充分地挖掘全球化的益处，更好地管控全球化带来的损害，更好地分配全球化的利益，则中国推动全球化的努力将会得到越来越多国家的支持，推动全球化的力量就会更快地反超反全球化的力量，并进一步推动全球化行稳致远。

参考文献

[1] 张宇燕等：《全球化与中国发展》，社会科学文献出版社 2007 年版。

[2] 中国信息通信研究院：《全球数字经济新图景（2020 年）——大变局下的可持续发展新动能》，2020 年 10 月 14 日。

[3] 蔡昉：《全球化的政治经济学及中国策略》，《世界经济与政治》2016 年第 11 期。

[4] 姚枝仲：《新冠疫情与经济全球化》，《当代世界》2020 年第 7 期。

[5] 徐秀军：《经济全球化时代的国家、市场与治理赤字的政策根源》，《世界经济与政治》2019 年第 10 期。

[6] 蔡昉：《经济全球化潮流不可阻挡》，《人民日报》2018 年 9 月 12 日。

第二章
长期停滞——世界经济新常态

　　世界经济正在发生趋势性转变，发达经济体陷入了以低增长、低利率和低通胀为特征的停滞状态，而大国博弈、逆全球化、新冠肺炎疫情的冲击，更加给世界经济的复苏笼罩上阴影，经济学家警示长期停滞将成为不可避免的世界经济长期态势。长期停滞即是当前世界经济的表现和趋势，也同时带来了宏观经济学界的理论争鸣。如何认识这一深刻的理论问题，不仅涉及全球经济政策的走向和协调，也同时对中国的经济政策选择有着借鉴意义。本章通过世界经济长期停滞的主要表现，引出长期停滞理论，在尽量客观公允地介绍各家理论争鸣的基础上，提出笔者观点，详细探究其背后的深层次结构性原因，并简要讨论了长期停滞对中国经济的启示。

世界经济长期停滞的趋势

一、世界经济长期停滞的表现

2008 年全球金融危机至今，已经过去了 13 年，然而全球经济复苏依然羸弱无力。世界经济，尤其是发达经济体，陷入了以低增长、低利率和低通胀为特征的停滞状态。常规的经济复苏政策纷纷失灵，传统的经济学理论陷入困境，世界经济正在发生着趋势性转变。经济学家警示长期停滞（Secular Stagnation）将成为不可避免的世界经济长期态势。是否真的如此？我们首先通过实际数据看看这个世界正在发生着什么。

1. 低增长

2008 年全球金融危机后，世界经济在 2010 年反弹之后一直处于低迷状态，而发达经济体经济增速下滑更加严重。国际货币基金组织世界经济展望数据显示，危机前 12 年，1996—2007 年，美国 GDP 实际年均增长率为 3.27%，而危机后的 12 年，2008—2019 年，美国 GDP 实际年均增长率仅为 1.69%，下降了接近一半。根据 IMF 的预测，到 2025 年，美国的 GDP 实际年均增长率（2008—2025 年）还将进一步下滑至 1.56%。

欧洲的情况则更糟糕。1996—2007 年，欧盟的 GDP 实际年均增长率为 2.59%。而在危机中的 2008 和 2009 两年，其经济出现了较美国更大的衰退。2008—2019 年，欧盟经济的 GDP 实际年均增速仅为 1.11%，低速增长成为常态。而日本经济则是从 20 世纪 90 年代就已经陷入了低增长的泥潭，实际经济增速更是由危机前的 1.21%，下降至危机后的 0.52%。安倍经济学一度带来曙光，使得日本经济增长在 2013 年有所回升。但是，由于造成其增长颓势的长期因素均未能有效消解，加之安倍经济学中多有饮鸩止渴的药方（如人为造成通胀），其政府债务危机和经济危机仍将延续。

2. 低利率

2008 年全球金融危机之后，在全球宽松的货币政策下，全球实际利率水平不断下降，但事实上，这一趋势早在 20 世纪 80 年代就开始了。King 和 Low 的测算指出，全球实际利率从 1985—1989 年的 4.3%，下降至 1990—1999 年的 4%，到 2000—2009 年进一步下降至 2.4%，而金融危机后的 2010—2013 年仅为 0.48%。朱民认为全球实际利率从 2007 年危机前的 8% 跌落至了危机后的 –1.5%，全球实际利率已经为负。学者们对于全球实际利率的估算有所不同，但一致认同其呈现下降趋势。

而世界主要发达经济体在量化宽松货币政策下，更是如此。张晓晶指出，美国实际利率平均水平由 20 世纪 80 年代的 5% 下降到 90 年代的 2%，21 世纪实际利率只有 1%，而从雷曼兄弟（Lehman Brothers）破产之后，美国实际利率水平只有大约 –1%。欧洲地区的实际利率也从由 20 世纪 90 年代的 4% 左右下降至 21 世纪初的负值。

3. 低通胀

值得关注的是，在全球如此宽松的货币环境下，通胀并没有像教科书里讲的那样，成为一个严重问题。相反，全球都呈现了低通货膨胀状态。美国、欧洲、日本的通胀率大约都在 2% 附近，全球处于通货紧缩压力下。

而比消费者价格指数（CPI）下降得更严重的是工业品价格指数（PPI）。全球近 40 个国家的工业品价格指数为负，近 40 个国家的工业品价格指数低于 1%，全球有 40 多个国家的工业品价格指数低于 2%。工业产品价格持续下降，甚至为负值，表明全球性的产能过剩。

许多人认为，2008 年全球金融危机之后，经济复苏将像以往一样快速到来。然而 12 年过去了，低增长、低利率和低通胀仍然困扰着全球经济。相当一部分经济学家在反思上述经济现象之后，认为长期停滞理论是其中的关键。

二、长期停滞理论发展简史

1. 大萧条背景下的长期停滞

长期停滞最早由美国经济学家阿尔文·汉森（Alvin Hansen）在20世纪30年代提出。在讨论大萧条后经济如何复苏时，汉森将私人投资未能完全消化私人储蓄，以致经济持续疲软的现象称为长期停滞，因为这可能意味着总需求不足。汉森认为其背后的机制主要是人口增长放缓导致的投资需求下降，如果没有额外的刺激政策，当时的美国经济很难凭借自身力量走出大萧条的阴影。

在介绍汉森的长期停滞假说之前，我们先简要地回顾一下约翰·梅纳德·凯恩斯（John Maynard Keynes）关于停滞的人口增长对经济增长产生负面影响的论述，因为正是该论断直接启发了汉森假说。凯恩斯这方面的论述主要体现在一次演讲中，其针对性在于，当时社会的主流认识仍然是促进经济增长需要控制人口增长，然而现实中人口增长减速已经对经济增长产生负面影响。凯恩斯认为，在人口增长减慢的条件下，需求会低于预期水平，从而导致供给过剩。除非通过改善收入分配以扩大消费，否则在人口增长速度从递增转变为递减的条件下，经济增长会遭遇巨大的灾难性后果。

汉森认为长期停滞现象与短期的周期性问题不同，一般周期造成的失业现象在经济周期处于上升期的时候自然会消失；只有当生产性资源长期不能得到充分利用，存在着导致经济复苏屡弱乏力，并且使得衰退的过程长期延续并加深的种种因素时，长期停滞现象才成为需要认真对待的问题。他认为，技术创新、新领域的发现和人口增长是经济发展的根本原因。同时，一旦这些因素发生变化，也必然成为持续存在的就业不足问题的根源。

然而，汉森并没有像人口红利理论那样，从供给侧视角解释人口年龄结构变化以后潜在增长率如何下降，而是强调总人口增长停滞对总需求的不利影响，并且他的分析超越了短期周期现象的维度。值得注意的是，汉森的分析几乎全部围绕着在人口增长放缓条件下资本需求必然减弱而进行。不过，这个关注点所揭示的逻辑联系却是十分清晰的。由于产出或收入需要在消费与储蓄之间进行配置，投资需求不足就意味着需要对储蓄率进行调整，即把收入中更大的部分转向用于最终消费，以便填补投资下降带来的需求缺口。

汉森本人也提到了可能的政策选项，包括改善收入分配、实施再分配、扩大公共支出以及增加社会福利项目等。但是，他也十分明白在自由市场经济下，此类政策在经济和政治上的可行性绝不是毋庸置疑的。换句话说，如果存在一定的系统性、持续性因素使得消费无法得到足够的提高，结构性需求不足就会成为长期现象，进而导致长期停滞。不幸的是，这正是美国和一些发达国家带给自身和世界经济的后果。

汉森的长期停滞理论并未引起很大反响，主要是因为二战后的婴儿潮使得他所预期的人口增速放缓并未发生。战后投资、消费需求反弹强劲，全球资本主义国家的经济增长在 20 世纪五六十年代迎来了一段"黄金年代"，汉森当时的假设、结论都没有得到历史的支持，长期停滞理论也随之归为沉寂。

2. 2008 年全球金融危机背景下的长期停滞

2008 年全球金融危机之后，全球经济复苏屡弱无力，经济学界纷纷开始进行反思。美国前财政部长、哈佛大学教授劳伦斯·萨默斯（Lawrence H. Summers）在 2013 年的 IMF 年会上重提长期停滞理论，不同于汉森当时遭到的冷遇，此次长期停滞这一提法刚一问世就引发了各界高度关注。萨默斯观察到，美国经济（也适用于其他主要发达国家乃至世界经济）早在 2008 年全球金融危机之前就不再能够以金融可持续的方式实现强劲的经济增长，金融危机之后的复苏明显屡弱无力，通货膨胀率难以达到中央银行预期目标，真实利率更是经历长期下降。鉴于这些现象，他借助汉森在近 80 年前提出的概念，认为美国经济、发达国家乃至世界经济经历着长期停滞状态，主要表现为储蓄倾向上升与投资倾向下降造成的不平衡，进而过度储蓄抑制了总需求，降低了经济增长率和通货膨胀率。

萨默斯认为解释上述现象的关键在于"与充分就业相对应的实际利率"，或者称作"均衡实际利率""自然利率"。利率作为货币的价格，由储蓄提供的供给和投资制造的需求所决定。过度储蓄倾向于拉低利率，过度投资则倾向于提升利率。均衡实际利率是指能调节储蓄和投资至充分就业，使得经济体达到潜在产出的实际利率水平。当均衡实际利率足够低甚至为负，而传统货币政策受到"零下限（Zero Lower Bound）"约束，很难将现实中的实际利率压低至均衡实际利率水平，长期停滞现象就出现了。此时，现实中的实际利率是事实上偏高的，这将使得投资和储蓄之间始终存在缺口，从而导致总需求不足，实际产出持续低于潜在产出、就业低于充分就业。

而导致储蓄倾向上升和投资倾向下降的，是一系列深层次结构性原因。萨默斯进一步指出，导致发达经济体储蓄倾向上升的因素包括：（1）收入分配恶化。财富越来越多地向富人聚集，而这部分人的边际消费倾向较低，因此会抬高整体储蓄倾向，拉低投资倾向。（2）老龄化。退休年龄变长，获取养老金的不确定性上升，从而导致借贷能力下降。（3）发展中经济体累积的大量美元储备。而导致发达经济体投资倾向下降的因素包括：（1）人口增速放缓。新增的就业很少，不需要更多新增资本品来匹配，抑制投资需求。（2）资本品相对价格下降。给定原有储蓄，现在能够购买的资本品比以前更多了，也会拉低投资需求。（3）投资机会减少。处于技术前沿的大公司，如苹果和谷歌，并未投资更多，反而充斥着大量资金。

萨默斯长期停滞理论的政策含义包括以下几个方面：第一，强调财政政策相对于货币政策的重要性，尤其是大规模公共投资的重要性。以往在应对总需求不足时，财政政策通常被认为见效慢，并可能推高利率以挤出私人投资，所以货币政策通常被委以重任。然而，经济长期停滞的核心问题是自然利率太低，货币政策非但无法解决这一问题，反而倾向于进一步降低自然利率，并带来副作用，比如过度杠杆和资产泡沫，在这种情形下，使用货币政策应该更加谨慎。相比之下，在长期低利率的环境下，财政政策可以消化过度储蓄，提升自然利率，并促进经济增长，被注入活力的经济将"挤入"而不是"挤出"私人投资。第二，强调结构性需求政策相对于供给侧政策的重要性。在长期停滞的经济形势下，典型的供给侧政策，诸如放松监管、减税等，给经济带来的益处在快速递减；而能够改善总需求的结构性改革则更为重要，比如扩大工会影响、提高最低工资等改善收入分配的政策。第三，在全球化的今天，强调各国政策协调。

三、关于长期停滞理论的争论

长期停滞理论实际上提出了一个带有根本性的宏观经济学认识问题。宏观经济学包括周期理论和增长理论。一般认为，周期理论主要研究相对短期、主要由需求侧的冲击因素造成的周期现象。换句话说，由于需求侧冲击导致实际增长率低于潜在增长率，形成增长缺口，因此，宏观经济调控者所要做的就是运用政策工具消除增长缺口。增长理论则研究相对长期的供给侧的增长能力问题，可以说所有与生产要素供给和生产率提高相关的问题都可以包含在这个领域之中。长期停滞这一问题既是长期的，又是需求侧的，因此与传统的宏观经济学观察视角和思维方式相抵触，引起了学术界的极大争论，其中比较有影响力的当属债务超级周期理论、全球储蓄过剩理论和供给侧理论。我们在这节着重讨论债务超级周期理论和全球储蓄过剩理论，由这两种理论导出的政策含义与长期停滞理论大相径庭。

1. 债务超级周期理论

国际货币基金组织前首席经济学家、哈佛大学教授肯尼斯·罗格夫（Kenneth S. Rogoff）认为，当前世界经济面临的是债务超级周期（Debt Supercycle）问题而非长期停滞问题。通过梳理人类历史近八个世纪的债务与金融危机的历史，罗格夫发现这些危机都无一例外地源于高负债，没有哪个经济体能够逃脱繁荣—萧条的债务大周期。2008年全球金融危机就是误认为外债才是导致危机的罪魁祸首，国内债务是现代金融格局的新特征，不会出大问题，但实际上并非如此。而危机之后，当前经济表现出的多维度停滞只不过是因为经济尚处于债务超级周期中的去杠杆阶段，因此完全没有必要新造一个词来解释当前经济现象。使用长期停滞这一概念可能是危险的，因为这可能将大家注意力过多吸引到"长期"因素上，而忘记了危机发生的根源，即"钱借多了要出事"这一朴素的逻辑。对于"债务超级周期"理论，萨默斯认为它更多适合描述中短期现象，而对于解释经济增速的趋势性下降却无能为力。

两派在如何看待高债务和低增长之间的关系上，也存在分歧。罗格夫倾向于认为高债务是低增长的原因，具体而言，一旦债务水平超过GDP的90%，那么高债务很可能成为长期拖累经济增长的重要因素，并且这一效果通常会持续20年以上。而萨默斯正相反，他认为当前的高债务问题，更多是经济长期停滞的结果，是由于各国央行为了接近"自然利率"并维持充分就业而采取宽松货币政策的结果。在如何看待低利率现象上，长期停滞理论将其视为低增长的结果。而罗格夫等人则将其归咎于金融抑制以及各国央行的政策选择，一方面，各国金融机构在危机后纷纷限制了风险较高和小规模借贷人的贷款能力，这抑制了信贷需求；另一方面，美国、日本、欧洲央行纷纷采取竞争性的量化宽松政策，使得资金供过于求，压低了市场利率。

两方不同的观点导致了对于后续政策的不同建议。债务超级周期理论给出的政策建议主要有债务减免、债务重组以及提高通胀目标等。类似地，IMF 在向其成员国提供救援时，财政紧缩往往是附带条件之一。而在萨默斯等人看来，两害相权之下，政府加杠杆仍是更为可取的。虽然这会造成财政赤字一定程度的上升，但从维持宏观经济稳定的角度来看还是利大于弊的。一是可以避免失业和通货紧缩，同时给私人部门留出修复资产负债表的时间；二是当去杠杆过程完成后，政府偿还债务并不受影响，尤其是在资金成本（利率）如此之低的情况下。

2. 全球储蓄过剩理论

全球储蓄过剩（Global Saving Glut）理论是由美联储前主席本·伯南克（Ben S. Bernanke）提出的，他指出危机后以中国为代表的新兴经济体和主要产油国一味追求安全资产，同时大幅增加外汇储备，使得全球合意储蓄超过合意投资，这才造成了全球性的低利率以及低增长。相比于长期停滞理论，全球储蓄过剩理论更多是站在一个全球资本流动的视角来理解低利率现象。除非全球经济都出现长期停滞，否则总存在具有吸引力的海外投资机会，这也正是伯南克对萨默斯长期停滞理论的主要批评之一。换句话说，如果将全球视为一个大的开放经济体，那么长期停滞问题就不应该局限于美国等发达经济体内部去看，而应从全球资本流动视野予以考察。以长期停滞理论所强调的人口因素为例，只要世界上还存在人口增速较快的国家，那么这就不能用于解释全球性的经济增长乏力。针对这一批评，萨默斯及其合作者在后续研究中逐渐开始探讨开放经济下的长期停滞。他们认为开放经济下，长期停滞的一些重要结论依旧成立，甚至在政策溢出效果下还会被放大。此外，萨默斯还批评全球储蓄过剩理论难以解释实际利率的长期趋势性下降。若以"全球所有国家的经常账户盈余之和 / 全球 GDP"作为全球过剩储蓄的一个粗略替代指标的话，那么全球储蓄过剩的势头在 2005 年后就已经得到遏制，这就与实际利率的趋势性下行相矛盾。

在经济增速放缓的原因上，两派也存在不同见解。在伯南克看来，美国经济增速放缓的真正原因并非萨默斯所言的国内总需求（投资、消费）不足，而是受到长期低迷的出口和巨额贸易逆差的拖累。全球过剩储蓄大量流入美国购买美国国债，这一方面压低了美国长期国债利率，另一方面也推高了美元价值，打击了美国出口。正因如此，伯南克将低利率和过剩储蓄的原因归结于主要经常账户盈余国的政策，例如，亚洲新兴市场国家在亚洲金融危机后纷纷采取的"减少对外负债、增加外汇储备"政策。

全球储蓄过剩理论认为经济复苏应该从减少造成全球储蓄过剩的政策扭曲上入手，如减少汇市干预、推动国际资本流动等。从这些政策建议来看，伯南克认为有理由对未来经济前景保持乐观，因为危机前的两大主要经常账户盈余阵营都在朝着减少过剩储蓄的方向改变。以中国为主的新兴经济体正在减少对出口的依赖，同时其外汇储备增速也在明显放缓。对于主要产油国来说，国际油价的下跌可能会缓解全球储蓄过剩问题。

长期停滞的需求侧解释

一、长期停滞是主要由结构性需求因素引致的一种长周期现象

到底该如何理解持续困扰着全球经济的低增长、低利率和低通胀现象？萨默斯是对的吗？面对纷繁的理论争鸣，我们先通过两个宏观经济学基础模型推测一下。

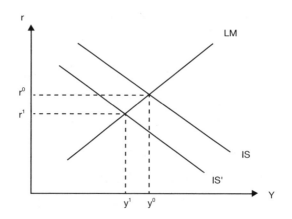

图 2-1　IS-LM 曲线示意低增长和低利率问题

一个是 IS-LM 模型，如图 2-1 所示，如果经济均衡产出由 y^0 下降至 y^1，也即经济出现了低增长问题，与此同时，均衡利率由 r^0 下降至 r^1，出现低利率问题，那么显然问题应该出在描述产品市场均衡的投资储蓄曲线 IS。如果是描述货币市场均衡的 LM 曲线出问题，那么在产出 y 下降的同时，我们应该观察到利率 r 的上升。IS 曲线向左移动，意味着问题出在投资不足或者储蓄过剩。

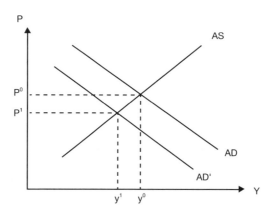

图 2-2　AD-AS 曲线示意低增长和低通胀问题

一个是总需求—总供给（AD-AS）模型，如图 2-2 所示，如果经济同时出现低增长和低通胀问题，即均衡产出由 y^0 下降至 y^1，产品市场均衡价格由 P^0 下降至 P^1，那么问题应该出在总需求曲线 AD。如果是总供给曲线 AS 出问题，那么在产出 y 下降的同时，我们应该观察到价格 P 的上升。AD 曲线左移，意味着总需求不足。

综上，同时发生低增长、低利率、低通胀的经济现象，其原因恐怕不在于货币供给不足，而在于投资不足和储蓄过剩；不完全在于供给侧，而在需求侧。此外，世界经济发展中的一些长期要素，如人口、收入分配、生产率等，也确实如后文将要论述的，正发生着趋势性转变。因此，在宏观经济学的演进能够给出更令人信服的理论框架之前，本书倾向于大体上认同萨默斯的看法，把长期停滞看作主要由结构性需求因素引致的一种长周期现象。

二、人口因素

在阐述长期停滞理论时，汉森和萨默斯同时强调了人口因素，它是结构性需求因素中最重要的一个。人口发展趋势的转变有几个关键转折点，一是刘易斯转折点，标志着劳动力从过剩转向短缺，工资水平开始不断上升；二是劳动年龄人口进入负增长，基本标志着人口红利的消失；三是人口进入负增长。

人口红利的消失，是全球包括发达经济体和新兴经济体在内所共同面临的困境。根据联合国人口数据，全世界刨除撒哈拉以南非洲的劳动年龄人口（15~64 岁人口）增长已经在 2008 年到达高峰并逐渐下降，预计到 2035 年后将变为负增长；而撒哈拉以南非洲的劳动年龄人口呈现不断增长趋势，预计到 2055 年将达到顶峰，直到 2100 年之后才进入负增长。

蔡昉认为，人口发展趋势的不同阶段对于经济增长有着不同意义。以劳动年龄人口负增长为标志的人口红利消失之后出现的经济增长减速是供给侧潜在增长率下降的反映，因此这种减速通常是缓慢发生的，并不意味着发展的终结。然而，在人口进入负增长这个巨大转折点之后，由此导致的增长减速通常是结构性需求不足的反映，可能发生得更为剧烈和急迫，处理不当就有可能导致发展的终结。对于具有未富先老特点的国家而言，可能更是如此。

日本是一个典型案例，其先后完整经历了二元经济发展、刘易斯转折点、人口红利消失转折点以及人口负增长等发展过程，其中的教训不啻一座学术研究的富矿。一般认为，日本在 1960 年左右跨过刘易斯转折点。在出现劳动力短缺并导致工资上涨的条件下，日本加快推动重化工业化，利用消费、投资和出口的需求拉动，GDP 增长速度仍然能保持不低于潜在增长率。与此同时，日本由于过度刺激经济，逐渐积累起房地产和股市泡沫，导致 20 世纪 80 年代末泡沫破灭。

随后在 90 年代初，日本经历了劳动年龄人口从增长到萎缩的转折，标志着人口红利的消失。从此以后，日本固然也在提高潜在增长率方面做了努力，然而更典型的是一直采取宽松的货币政策和扩张性的财政政策以及补贴性的区域和产业政策刺激需求，试图达到符合甚至超过潜在增长能力的实际增长速度。然而，过低的人口出生率、迅速的人口老龄化，以及其在 2010 年后进入人口负增长阶段，极大地制约了需求的扩大，日本经济陷入"失去的十年"和"失去的二十年"，并率先进入发达国家的长期停滞行列。20 世纪 90 年代以来，即便在很低的潜在增长率情况下，日本经济的实际增长率仍然在大多数时候低于其潜在增长能力，说明确实在需求侧出现了问题。

美国作为移民国家，人口总规模的变化趋势并不像日本如此紧迫，但由于人口生育率下降、预期寿命提高、战后婴儿潮一代退出劳动市场等因素，21 世纪以来美国也经历着劳动人口供给数量减少，劳动参与率下降的困境。如在 1972—1996 年间，美国劳动参与率年均增长 0.4 个百分点。而在 2007—2014 年间，该指标年均下降 0.8 个百分点。仅这一变化就导致美国人均 GDP 增速下降 1.2 个百分点。与此同时，疲弱的经济环境，则进一步削弱了人力资本积累和劳动参与率。如格莱泽基于美国的研究显示，与衰退相关联的失业并不会随着经济复苏而完全恢复。人力资本将在失业中就此永久性地失去，劳动参与率也随之降低。此外，战后以来美国等发达国家的教育普及程度迅速提高，其中所积累的大量人力资本支撑了战后经济的复苏与繁荣。但自 20 世纪 70 年代始，进一步普及教育和提高人力资本的潜力趋于消失。戈登研究显示，这种现象在美国尤为严重，特别是在高中和大学阶段的教育普及率上，美国均在发达国家中居后。

三、收入分配因素

日趋恶化的收入分配格局，提高了储蓄倾向，抑制了消费需求，是长期停滞理论中另一重要的结构性需求因素。实际上，早在经济繁荣的大稳定时期，发达经济体普遍经历了收入分配不平等的持续恶化。尽管在 2008 年全球金融危机与经济衰退中，这一局面曾暂时逆转，但其长期恶化的趋势并未改变。诺贝尔经济学奖得主斯蒂格利茨在《不公平的代价》一书中也指出，美国的收入和财富分配不公在二战结束后的最初 30 年间曾持续改观，但在最近 30 年来却不断恶化，并且情况比欧洲、加拿大、澳大利亚等主要发达经济体更堪忧。例如，在 1979—2007 年间，即使在扣除税负后，美国前 1% 的顶层收入人群的收入增长了 275%，前 21%~80% 的人群收入增长则低于 40%，而末端的 20% 人群收入仅增长 18%。富者愈富贫者愈贫的趋势由此可见一斑。需要强调的是，如此的分配格局不仅会造成社会动荡、阶层固化，更会严重挫伤市场的创新创业活力，阻碍人力资本积累，抑制消费需求，加重财政压力。

改革开放以来，我国也同样经历着贫富差距拉大的过程。收入最高的 10% 家庭的收入占比从 1978 年的约 27% 上升至 2015 年的约 40%，财富占比从 1995 年的约 40% 上升至 2015 年的 67%；而收入较低的 50% 家庭的收入和财富占比都在不断下降，2015 年的收入占比为 15%，而财富占比仅为 6.5%。皮凯蒂等指出 1978—2015 年，中国的人均国民收入增长了 9 倍多，美国只增长了 59%。无论在中国还是美国，收入较低的 50% 家庭的收入增长都小于平均增长，而收入最高的 10% 家庭的收入增长要高于平均增长。中美之间的关键区别在于，在中国收入较低的 50% 家庭也从增长中受益，而在美国收入较低的 50% 家庭则一无所获。1978—2015 年，中国收入较低的 50% 家庭的平均收入实际增长 5 倍以上，虽然低于平均水平，但仍然非常可观。相比之下，美国收入较低的 50% 家庭的平均收入在此期间增长率为负。中国收入较低家庭绝对收入增长使得收入不平等程度相对较轻。但是，如果未来绝对经济增长下滑，那么分配问题的回旋空间就会急剧收缩。

长期停滞的供给侧解释：生产率因素

虽然萨默斯强调从需求侧来解释长期停滞，也即实际产出长期低于潜在产出的现象，但在其本人提出的解释因素中也不乏供给侧因素，所以本书更愿意将"供给侧理论"视作长期停滞理论的一种补充，而不是互相排斥。因为这两派在核心观点上是一致的，即世界经济发生了趋势性转变，而造成这种转变的主要因素是长期结构性因素。国内一些学者，如王曦和陈中飞在考察发达国家长期停滞现象成因时，也同时考察了需求侧和供给侧因素。

长期停滞的供给侧解释多从生产率的角度进行讨论。比较有代表性的是戈登的观点。他认为当下的经济情况，与汉森在 20 世纪 30 年代提出长期停滞理论的时候并不完全相同。1938 年时的经济危机完全是由总需求不足造成的，而不存在总供给不足问题，当时的生产率增速在整个美国经济史上都处在较高水平。而到 2015 年时，美国的产出缺口已经有所缩小，然而过去 5 年的生产率增速却仅为 20 世纪 30 年代后期的四分之一，所以当前的经济困境主要是潜在产出下降的问题。

据戈登测算，美国无论是劳动生产率还是全要素生产率（Total Factor Productivity，TFP），自 20 世纪初期以来，都呈现持续下降态势。劳动生产率增速，以单位劳动时间的实际 GDP 衡量，从 1920—1972 年的 2.81%，下降至 1972—2004 年的 1.95%，到 2004—2014 年进一步下降至 1.22%。全要素生产率增速可以说是可获得的衡量创新与技术进步的最佳指标，它从 1920—1972 年 2.01%，下降至 1972—2004 年的 0.98%，到 2004—2014 年进一步下降至 0.54%。另有研究显示，欧洲、日本等主要发达经济体自身的创新能力有限，而对美国的知识技术外溢依赖度较高，所以也步美国后尘，20 世纪 90 年代以来经历了程度不同的生产率增速下降。

戈登认为，生产率下降的现象，主要是技术创新放缓带来的。自工业革命以来的经济高速增长来源于影响深远的科学技术创新，如蒸汽机、铁路、电力和内燃机，以及计算机和通信技术的发明和普及。这些技术进步对生产效率的提升、生活水平的提高至关重要，其影响远非近年来的技术创新可比。与前两次工业革命相比，信息革命与计算机的普及带来的影响较为有限，只为金融业等少数几个行业带来更高的效率，而无法像蒸汽机的发明一样被广泛应用于各行各业的生产过程。在部分学者看来，这是 1970 年以来经济增长放缓的主要内因。

针对以上技术进步停滞的观点，存在较多不同意见。艾肯格林（Eichengreen）指出，在过去的一百年里，悲观主义者不断做出此类预言，但都没有成为现实，在戈登提及的技术进步黄金时代，如 1890 年西方进入电气时代，由于经济需要一段时间来适应新技术，也存在着生产效率放缓的现象。近年来经济增速的放缓，也可以部分地理解为下一次技术进步前经济适应与调整的转型期。莫克尔（Mokyr）也对技术进步的前景持较为乐观的态度，认为人类在计算、材料和基因工程等领域取得的进展通过向科学研究提供的工具对生产效率带来长期深远的影响，这比其直接影响更为重要。并且，GDP 和 TFP 等经济指标可以有效地描述物质生产时代的经济活动规模，但并不能准确地反映信息时代一些技术进步对消费者福利的重大影响。戈登对于这些意见的回应是，TFP 早在信息时代到来几十年前就已经出现停滞，更重要地，GDP 在每个历史时期几乎总是倾向于低估技术进步对于社会福利的影响。

技术进步放缓之外，生产率下降还存在其他一些解释。布鲁金斯学会（Brookings Institution）2020 年的一份报告，全面梳理了近年来所有对生产率下降进行解释的文献，认为比较有代表性的解释还包括：（1）对生产率增长的错误衡量。生产率下降可能是由于在计算中错误衡量通胀、新产品质量以及互联网时代带来的未被捕捉的盈余等因素导致的，而不是真正的经济变化造成的。虽然生产率在某种程度上肯定被错误衡量了，但已有研究都指出，单是衡量错误并不足以解释 2004 年之后生产率增长的放缓。（2）产业结构变化。在美国，由于贸易和消费模式的转变，那些生产率高增长的制造业在就业中所占的份额有所下降，而生产率增长较慢的服务业在经济中所占份额不断上升，这样的产业结构变化倾向于降低总体生产率增长。（3）经济衰退的余波。周期性经济衰退会以多种方式给产出和生产率增长造成更长期的影响，而不是像传统宏观经济理论通常认为的，经济长期增长与商业周期之间是泾渭分明的。此外，（4）研发不足，（5）基础设施和公共资本不足，（6）知识产权制度面临挑战，（7）监管障碍，（8）市场竞争减弱，市场活力放缓，（9）人力资本和劳动力增长放缓等，也都是生产率下降的解释因素，限于篇幅，不再赘述。

长期停滞对中国经济政策选择的启示

虽然目前看来，低增长、低利率、低通胀的经济长期停滞现象仍主要出现于发达经济体，但世界经济作为中国经济增长的长期背景，这一趋势性的转变将对中国经济产生深远影响，同时也对中国的经济政策选择有着重要启示，主要体现在以下三个方面：

第一，发达经济体陷入长期停滞，外需长期乏力，中国经济将相对更加依靠内需，双循环是必然的政策选择。值得一提的是，新冠肺炎疫情大流行、中美经贸冲突，更加助长了许多国家的内顾倾向，使得全球供应链断裂和脱钩的风险不断上升，也使长期停滞愈益成为不可避免的世界经济长期态势。因此，充分发挥我国超大规模市场优势和内需潜力，主动推动国内国际双循环有着格外重要的战略意义。

第二，国内要防止需求侧增长陷入长期停滞，在老龄化和收入分配上采取措施。中国正在经历人口老龄化的加速过程，也日益接近人口总量的峰值，既面临与发达国家类似的挑战，也面临独特的"未富先老"的挑战。应实施积极应对人口老龄化的战略，以激发养老相关产业以及老年人有特殊需要的生产领域的巨大投资需求。而改善收入分配状况的意义如何强调都不为过，在中国经济增长减速的条件下，提高居民收入水平的空间有限，改善收入分配状况决定着超大规模消费潜力能否得到挖掘，成为现实需求拉动力。

第三，国内也要防止供给侧增长低迷，通过供给侧结构性改革提高潜在增长率。Raiser 和 Soh 的研究表明，尽管中国的生产率增速在 2008 年全球金融危机前保持强劲，但自那以后，它对产出增长的贡献就小得多了。因此，着眼于促进创新和提升经济发展质量的供给侧结构性改革仍然需要持续发力。

参考文献

[1] 蔡昉：《中国经济如何置身全球"长期停滞"之外》，《世界经济与政治》2020年第9期。

[2] 陆旸、蔡昉：《人口结构变化对潜在增长率的影响：中国和日本的比较》，《世界经济》2014年第1期。

[3] 汤铎铎、刘磊、张莹：《长期停滞还是金融周期——中国宏观经济形势分析与展望》，《经济学动态》2019年第10期。

[4] 王胜邦、聂欧：《经济长期停滞：现象、原因、对策及启示》，《金融监管研究》2015年第7期。

[5] 王曦、陈中飞：《发达国家长期停滞现象的成因解析》，《世界经济》2018年第1期。

[6] 张晓晶：《发达经济体"长期停滞"新常态与中国应对方略》，《开放导报》2015年第2期。

[7] 朱民：《世界经济：结构性持续低迷》，《国际经济评论》2017年第1期。

[8] 邹静娴、申广军：《金融危机后"长期停滞"假说的提出与争论》，《国际经济评论》2019年第4期。

第三章

新冠肺炎疫情后的全球价值链

　　2008 年全球金融危机后，世界经济进入深度调整期，贸易保护主义和新冠肺炎疫情加速全球价值链重构，中美在科技、贸易、投资等领域的脱钩风险明显提高。市场、成本、技术和政府等因素是推动全球价值链发展演变的主要力量。金融危机前，这些力量推动全球价值链从"亚太—欧非"两极模式向北美、欧洲和亚洲"三足鼎立"的格局转变。一方面，制造业中劳动密集型产业呈现向劳动力成本更低的发展中经济体持续转移的特征；另一方面，服务业的可贸易程度显著提高，但高端制造业和现代服务业仍由发达经济体主导。金融危机后，全球价值链发展出现倒退趋势，且越复杂的价值链活动下降幅度越大。在大国关系变化、贸易战和新冠肺炎疫情下，产业链供应链的安全问题也愈发突出。随着主要经济体提高宏观层面的供应安全保障力度，全球价值链的运行效率将可能下降，其延伸的长度或将收缩。经济的国家安全属性越强的产业回归区域化、本土化的可能越大。疫情后全球价值链将在多重因素的作用下，寻找新的稳态，既难返"超级全球化"，也不会完全终结。未来全球价值链重构将呈现三方面特征：一是围绕终端市场需求，形成新的区域集聚模式；二是不同产业的价值链依据供应链脆弱性程度和国家安全属性差异呈现不同的发展趋势；三是价值链的要素密集度将呈现知识化、数字化和资本化的趋势。

2020 年初以来，新冠肺炎疫情先后在亚洲、欧洲和美洲等地蔓延。尽管部分新冠疫苗已获批上市，但受新冠病毒变异、疫苗实际效果、疫苗储备和普及情况等的影响，全球疫情形势仍不稳定且区域间极不平衡。疫情阻断商品和要素的跨国流动，对全球经济造成严重冲击。根据国际货币基金组织预测，2020 年全球经济将陷入深度衰退（下降 3.5%），为二战结束以来的最严重下滑，且主要经济体的产出缺口依然为负。疫情还从两个方面引起全球价值链的加速重构。一方面，疫情从供给和需求两端挤压全球产业链，造成终端需求下降和局部供应中断，并通过全球生产网络向其他经济体传递负面影响；另一方面，疫情促使产业链供应链的安全属性上升到前所未有的高度，对以效率导向的全球化格局形成重大挑战。疫情后的全球价值链重构正成为关系主要经济体增长前景的重要问题。

中国在疫情后的全球价值链重构中面临较大挑战。疫情之前，中国就面临要素成本上涨、贸易摩擦加剧和产业向外转移等方面的压力。一方面，随着国内工资水平持续上涨，一些劳动密集型产业或生产过程中可分离并外包的劳动密集型任务已出现向人力成本更低的地区转移的势头。另一方面，随着中国快速跻身高科技产业，美国认为中国威胁到它的全球主导地位，中美关系进入质变期。自特朗普 2017 年上台以来，美国政府蓄意减少在贸易、投资、科技、人文等领域与中国的接触，"脱钩"成为中美两国经贸合作与社会交往中一个不可忽视的重大风险。新冠肺炎疫情进一步加速了这种趋势。特朗普政府在疫情上采取"甩锅中国"策略，加快推动医疗等特定产业链的"去中国化"，不断扩充针对中国的出口管制实体清单，限制中资企业赴美上市融资、进入美国市场等。遏制中国的科技崛起已成为美国两党共识，拜登政府也不会明显改善中国科技产业的外部环境。

国际分工趋势与全球价值链的发展

国际分工的深化带来全球价值链的不断延伸。早在 18 世纪，"古典经济学之父"亚当·斯密就指出分工通过将复杂劳动分解为若干简单劳动，能够节省劳动时间并促进机器使用，进而带来劳动生产率的提高和国民财富的积累。然而，早期的分工主要停留在企业内部、企业之间、产业或社会层面，表现为一国内部的价值链延伸与深化。直到第二次世界大战后，在科学技术革命、跨国公司以及超国家的经济一体化组织的推动下，社会分工逐步跨越民族、国家界限并形成国与国之间的分工模式，各国劳动生产率和经济增长潜力进一步释放。由此，价值链从国家内部向国家之间延伸，并形成了跨越区域和产业的全球价值链。

一、总体趋势

全球价值链从不断深化到出现倒退。根据国际清算银行报告（《第 87 期年报》），工业革命以来，世界经济共经历了两次全球化浪潮。第一次全球化浪潮起始于工业革命时期，到第一次世界大战和大萧条后退却。第二次全球化浪潮起始于第二次世界大战结束后，并在内容和层次上超过第一次全球化水平。这主要来自在技术进步、贸易和投资自由化等带动下，新兴和发展中经济体广泛参与国际分工体系，全球化生产和中间品贸易快速兴起。根据约翰逊（Johnson）和诺格拉（Noguera）的论文，1970—2008 年全球出口中的增加值占比从 80% 以上下降至 65% 左右，且制造业是推动这一变化的主要力量。然而，2008 年全球金融危机后，世界经济进入深度调整期，低增长、低通胀、低利率和高债务、高赤字等风险交织，民粹主义、贸易保护主义抬头，全球价值链发展出现倒退趋势，具体表现为商品和资本的跨国流动程度降低，全球关税削减进程趋缓，贸易限制措施增多等。

复杂价值链活动占比下降，纯国内生产活动占比上升（图 3-1）。根据《2019 年全球价值链发展报告》，全球经济活动可划分为四类——纯国内生产活动、传统价值链活动、简单价值链活动和复杂价值链活动[①]。2008 年全球金融危机以前，各类价值链活动占全球 GDP 比重呈上升趋势，且复杂价值链活动增长最快。而 2012—2016 年，各类价值链活动增速均有所下降，且复杂价值链活动降幅最大。相反，2016 年纯国内生产活动占比较 2011 年上升超过 2 个百分点。以中国为代表的新兴经济体产业升级、国内中间品对进口中间品替代增加是导致这一变化的重要原因之一。2015 年中国最终需求和出口的国内增加值占比分别较 2005 年提高 9.6 和 5.7 个百分点。

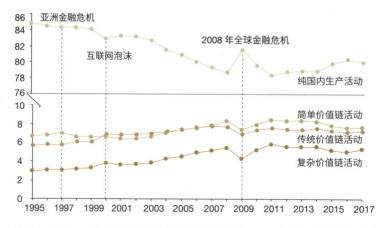

图 3-1　1995—2017 年四类增加值创造活动占全球 GDP 比重的变化趋势（%）

资料来源：《2019 年全球价值链发展报告》第 1 章 Recent Patterns of Global Production and GVC Participation。

---

① 纯国内生产活动：不跨境；传统价值链活动，以消费为目的的跨境；简单价值链活动，以生产为目的的一次跨境；复杂价值链活动，以生产为目的的两次及以上跨境。

二、结构特征

从区域分布看，全球价值链逐步从"亚太—欧非"两极模式向北美、欧洲和亚洲"三足鼎立"的格局转变（图3-2）。1995年，大多数亚洲经济体依附在以美国为首的亚太价值链内；而到2015年，亚洲经济体间的相互依赖不断增强，逐步从亚太价值链中分离，形成了以中国为中心，以日本、韩国、新加坡和中国台湾等为副中心的亚洲价值链。这一时期的全球价值链在区域格局上呈现出两方面的鲜明特征。一是发达经济体与新兴经济体间的贸易往来加强，尤其是欧洲、北美与亚洲价值链间的贸易往来明显增加。二是欧洲和亚洲区域内贸易的重要性凸显[1]。欧洲始终是区域经济一体化水平最高的地区，且在复杂价值链活动中尤为突出。亚洲区域内贸易增长最为明显。2000—2017年，区域内贸易在亚洲产业

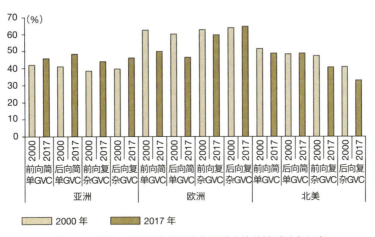

图 3-2　亚洲、欧洲和北美制造业区域内价值链活动参与度

注：GVC 为 Global Value Chain（全球价值链）的缩写。图中条形图表示各地区相应
　　价值链活动中区域内部分占比。

资料来源：《2019 年全球价值链发展报告》。

---

[1] 因区域间贸易的替代，北美价值链活动中区域内贸易占比出现不同程度下降。在简单价值链活动中主要受亚洲经济体的挤出，而在复杂价值链活动中同时受到亚洲和欧洲经济体的挤出，且受欧洲在后向复杂价值链活动中的挤出更大。

链中的平均占比从 40.3% 上升至 46%，其中在前向和后向复杂价值链活动中的占比分别提高 5.4 和 6.6 个百分点。

从行业构成看，服务贸易在全球价值链中的重要性日益突出。随着数字技术、互联网和电信技术的发展，零售、软件开发、业务流程外包、医疗教育等服务业的可贸易程度显著提高，全球价值链从农业到制造业、从制造业到服务业不断深化。据世界贸易组织（WTO）统计，2019 年全球服务贸易进出口总额为 11.8 万亿美元，占全球货物和服务贸易总额的 23.6%[①]，较 1970 年的 9% 提高了 14.6 个百分点。同时，服务贸易增长势头明显高于货物贸易。2005—2019 年，服务出口增速 9.4% 是货物出口增速 5.7% 的 1.6 倍，2011—2019 年扩大到 11.8 倍（两项数据分别是 4.8% 和 0.4%）。分销服务、金融服务和电信—计算机—广告服务是占比最高的三类服务贸易，2017 年分别为 19.9%、18.6% 和 13.2%；而计算机服务、研发服务和卫生服务则是增长最快的服务贸易，2015—2017 年年均增速在 10% 以上。

制造业中劳动密集型产业呈现持续转移的特征。劳动密集型产业对成本变化敏感，但对技术水平、资本设备、产业配套和基础设施要求相对较低，随着主要经济体要素相对成本的变化，呈现出向低收入经济体不断转移的特征。以纺织服装产业为例，受原材料成本和劳动力成本的驱动，该产业自工业革命以来先后经历了从英国向美国、从美国向日本、从日本向"亚洲四小龙"、从"亚洲四小龙"向中国等发展中经济体、从中国向东南亚、南亚和非洲国家的五次转移。此外，随着时间推移，劳动密集型产业的转移内容更加丰富，除了纺织服装等传统行业外，还包括其他行业生产过程中可分离并外包的劳动密集型任务。宋泓也指出产业转移的重点由以前的劳动密集型产品向电子、化学、运输工具以及

---

① 如果考虑货物贸易中来自服务业的增加值、未纳入统计的设计、品牌和运营流程以及免费数字服务的价值，2017 年服务贸易总额甚至可能超过货物贸易总额。

机械等中间产品和零部件的生产活动转化，比如中国内地的 iPhone 组装以及印度的呼叫中心业务等。

　　高端制造业和现代服务业仍由发达经济体主导。根据经济合作与发展组织的分类，高端制造业包括药品、飞机和航天器、计算机和办公机械、半导体和通信设备、测量—医疗—导航—光学和检测仪器等。现代服务业指以现代科学技术为主要支撑，建立在新的商业模式、服务方式和管理方法基础上的服务产业，包括新型信息技术服务、现代金融服务等。当前这些产业的全球价值链主要由发达经济体主导。如美国、德国和法国在飞机、航天器及其零部件，光学、摄影、测量、检查、精密、医疗等器械和仪器行业，英国在涡轮喷气机、涡轮螺旋桨和其他燃气轮机行业，德国、瑞士和比利时在以剂量或零售包装储藏的药物产品行业，美国、英国、德国和瑞士等在金融中介、房地产租赁和服务、研发服务行业均占据领先地位。

全球价值链分布的决定因素

　　根据第一章中关于经济全球化的定义，全球价值链是经济全球化驱动下全球产业布局和国际分工的重要表现。这意味着推动经济全球化的因素也是推动全球价值链形成的重要力量。根据伊普（Yip）和后来研究者的总结，市场、成本、技术和政府是塑造全球价值链格局的四股主要力量。市场因素包括共同的客户需求和偏好、全球性客户等；成本因素包括规模经济、国别间成本差异以及采购效率和物流支持等；技术因素包括生产模块化、产业链垂直细分、新兴技术竞争等；政府因素则主要包括贸易政策、各类技术标准和共同市场规则等。这四股力量的变迁和相互作用，不仅较好地解释了过去全球价值链的发展与演变，也能在一定程度上预示疫情后全球价值链的发展与重构。

一、市场因素

从共性需求到差异化需求。不同国家的消费者对相同产品或服务的需求使得企业更容易进入国际市场。相反，不同的需求和偏好则要求企业针对当地情况开发特定的产品和服务种类，增加了市场进入成本。需求差异越少，或开发成本越低，则市场进入越容易。此外，需求差异也影响全球生产布局。大规模的共性需求促进了以母国市场为中心的"中心—外围"式离岸生产模式的发展，而差异化需求则要求以东道国市场为中心的近岸生产模式。从行业上看，民用航空、计算机、汽车、软饮料、处方药等多数制造业的共性需求程度高于商业银行、图书出版、电影娱乐等服务性行业。这也是过去多数制造业的全球化程度明显高于服务业的重要原因之一。

从发达经济体到发展中经济体。全球需求中发展中经济体的重要性不断提升。1995 年，全球 81% 的消费来自发达经济体。这促进了围绕发达经济体最终需求的全球价值链布局。2017 年，发达经济体在全球消费中的占比降至 62%，而发展中经济体的占比升至 38%，较 2007 年提高 12 个百分点，其中中国、除中国外亚洲发展中地区和美洲发展中地区分别提高 6 个百分点、2 个百分点和 2 个百分点。根据麦肯锡的预测，到 2030 年，中国、除中国外亚洲发展中地区以及欧洲发展中地区在全球消费中的占比还将继续上升 6 个百分点、2 个百分点和 2 个百分点。这势必将吸引更多的跨国公司围绕发展中经济体的终端需求形成新的全球价值链分布格局。

二、成本因素

影响全球价值链发展的成本因素有很多，其中较为重要的两类是国际贸易成本和生成要素成本。

国际贸易成本总体呈下降趋势。国际贸易成本通常包括两类：一类是国际运输成本，另一类是跨境成本。根据芬斯特拉（Feenstra）和泰勒（Taylor）的研究，国际运输成本使得国际贸易总成本提升21%，跨境成本则使国际贸易总成本提升44%。国际运输成本又可以分为货运成本（约占11%）和中转成本（以时间成本为主，约占9%）。根据G20全球基础设施中心2017年《全球基础设施建设展望》报告，电力、公路、电信、铁路、水资源、港口、机场是全球经济发展最重要的七类基础设施，2007—2015年这七类基础设施投资年均增速为2.9%，占全球投资总额的12%。跨境成本包括关税和非关税壁垒成本（8%）、语言成本（7%）、货币差异所产生的成本（14%）以及安保和其他成本（9%）。随着国际贸易和投资自由化、国际支付清算和国际治理体系的不断完善，这类成本过去总体不断降低。

要素禀赋优势的动态变化推动全球价值链演变。根据赫克歇尔—俄林模型，各国的贸易类型与其比较优势（即要素的相对成本）密切相关。外包理论也表明资源禀赋带来的要素价格差异是主导货物和服务中间环节外包的重要力量。从劳动、土地和环境成本看，发展中经济体仍占据比较优势。这促使劳动密集型产业随各国人力成本相对优势发生变化，呈现向人力成本更低地区不断转移的特征。从资本和制度成本看，发达经济体则占据比较优势。1317—2018年，基于八个主要发达经济体利率史构建的全球实际利率，以每年1.59个基点（1个基点等于0.01个百分点）的速度下降。资本相对劳动价格下降促使技能偏向型技术进步，而发达经济体在这方面的价值链重构中占据领先优势。

三、技术因素

技术进步对全球价值链发展存在双刃剑效应。一方面，标准化、模块化和数字化使得复杂技术的可扩散程度大大提高，进而为发展中经济体融入全球化提供了机遇。标准化、模块化和数字化技术的发展大幅降低了生产所需的研发、其他补充技能投入以及信息传递和跨境交易成本，增加中间品、服务以及技术的可获得性，促使发展中经济体和中小企业融入全球价值链。从宏观视角看，近 20 年来，发达经济体与新兴经济体间的贸易往来加强，尤其是欧洲、北美与亚洲产业链间的贸易往来明显增加。从微观视角看，以中国为代表的发展中经济体的企业在跨国公司的供应商中愈发重要。

另一方面，新兴技术正在改变传统工业的生产方式，增加发展中国家经济赶超的技术壁垒。技能偏向型技术进步引发对中低技能劳动力的替代，进而削弱发展中国家在传统劳动密集型产业上的比较优势。金克尔等发现在制造过程中使用工业机器人的企业将生产活动外包到欧洲以外的概率明显降低。世界银行（《2016 年世界发展报告》）曾预测受自动化进程影响，发展中经济体未来或将有近七成的岗位消失。这意味着发展中经济体的成长空间和窗口正在收窄。此外，在物联网、大数据、人工智能、生物科技等构建的数字经济时代，大规模定制、动态供应链、智能生产和服务、精准推送等将成为现代工业的特点，这将明显增加发展中经济体赶超的技术壁垒。

四、政府因素

2008 年全球金融危机后，西方国家的政治结构发生变化，呈现以反对全球化为核心主张的政治民族主义化和民粹主义化，并迅速演化为非合作性的反全球化策略。这具体表现为：一是多边贸易谈判长期止步不前。在美国阻挠下争端解决机制陷于瘫痪，WTO 的机制和公信力持续减弱。欧洲经济一体化受到英国"脱欧"等的冲击。区域和双边贸易安排也在特朗普政府单边主义和"美国优先"的对外政策下快速回落。二是关税削减进程趋缓，贸易限制措施增多。二战结束后至 1995 年发达国家的平均关税下降超过 35 个百分点，1996—2006 年进一步下降 3 个百分点，而

2006—2017 年仅下降 0.6 个百分点，2018 年以来受中美贸易摩擦影响还可能有所回升。2018 年 10 月 16 日至 2019 年 10 月 15 日，WTO 成员方采用的贸易限制措施大幅提高，2009 年至今累计生效的进口限制措施覆盖了全球约 8% 的进口额（WTO《总干事年度报告》）。而中国是面临贸易摩擦最多的国家之一。

主要经济体调整产业政策，打破原有的全球分工体系。2008 年全球金融危机后，发达国家开始反思制造业空心化问题，纷纷提出"再工业化"的口号，以期实现制造业尤其是高端制造业的回流与振兴，如《振兴美国制造和创新法案 2014》、德国的工业 4.0 计划、英国的振兴国家制造业战略计划、法国的新产业政策以及西班牙的再工业化援助计划等。与此同时，中国、东盟、印度等新兴和发展中经济体，也相继出台了《东盟关于向工业 4.0 转型的宣言》以及印度制造计划等战略规划，试图通过加大科技研发投入，提升制造业竞争力，推动制造业高质量发展和产业升级转型，以实现全球价值链地位攀升，并避免被锁定在全球价值链的低端。

供应安全对全球价值链的影响

二战结束以来的全球价值链主要以效率为导向，而近年来大国关系变化、贸易战和新冠肺炎疫情使得产业链供应链的安全问题愈发凸显。供应链安全并不是一个新问题，但之前的讨论多集中在微观企业层面，鲜少有宏观、产业以及政策层面的广泛关注。在贸易战和新冠肺炎疫情的冲击下，供应链安全被提升至经济安全和国家安全的高度。一是特朗普政府不断泛化国家安全的概念，如认为华为和中兴设备不可信、会危及美国的通信和网络安全，抖音短视频国际版（Tik Tok）存在隐私和数据收集行为、会危及美国的数据和网络安全等。二是随着美国不断升级对中国的高科技产业遏制力度，也使得中国及其他发展中经济体更深刻地认识到在关键技术和核心零部件上面临被"卡脖子"的问题。三是疫情暴露了全球产业链供应链的脆弱性，促使各国反思供应链的稳定性和安全性问题。此外，疫情还凸显了医用物资和医疗设备等商品的经济安全属性和国家安全属性，促使各国对战略物资范围的重新划定。

主要经济体着力加强宏观层面的供应安全保障。与特朗普政府泛化的国家安全概念相比，拜登政府强调重建美国国内供应链，保障关键设备的供应安全，包括医疗用品及设备、能源和电网技术、半导体、关键电子技术、电信基础设施以及关键原材料等领域。拜登政府还计划审查美国国际供应链中的国家安全风险，并将要求国会颁布每四年一次的强制性关键供应链审查法案。欧洲经济一体化水平较高，尤其是在汽车、民用航空等复杂价值链活动中，政治和体制的相似性也使得欧洲各国的供应链相对安全。即便如此，法国、德国及荷兰也相继提出要寻求经济伙伴多元化、避免供应链的单一依赖。日本官方明确表示将考虑让那些对一个国家依存度较高、附加值高的产品生产基地回归日本或向东南亚各国转移，实现生产据点的多元化，并为此提供了一定的财政支持[①]。中国也多次在政策文件中强调供应链安全的重要性，并提出"要着力打造自主可控、安全可靠的产业链、供应链，力争重要产品和供应渠道都至少有一个替代来源，形成必要的产业备份系统"[②]，"分行业做好供应链战略设计和精准施策，推动全产业链优化升级"[③]。

---

① 2020 年 3 月 5 日，日本首相安倍晋三在未来投资会议上指出，考虑让那些对一个国家依存度较高、附加值高的产品生产基地回归日本或向东南亚各国转移，实现生产据点的多元化。4 月 7 日，日本政府通过共 108.2 万亿日元的紧急经济对策和 2020 年度补充预算案，其中 2435 亿日元用于支持日本企业调整海外生产据点布局。

② 习近平：《国家中长期经济社会发展战略若干重大问题》，2020 年 4 月 10 日在中央财经委员会第七次会议上的讲话。

③ 《中共中央关于制定国民经济和社会发展第十四个五年规划和二〇三五年远景目标的建议》。

从总量上看，保障供应安全可能意味着全球价值链效率的下降和长度的收缩。既有全球价值链布局主要以效率为导向，通过集结各国优势资源以服务全球市场需求。在这一生产框架下，国际分工不断细化，生产过程阶段化和碎片化，产业内和产品内贸易大幅增加，全球价值链跨区域纵横延伸。以苹果公司为例，其前 200 大供应商[①]涉及中国台湾（46个）、美国（40个）、中国大陆（含香港，40个）、日本（39个）和韩国（14个）等多个区域。在积极、稳定的外部环境下，这种价值链布局帮助苹果公司实现了经济效益的最大化；但当外部冲击导致局部供应链中断时，其整个产业链也可能会被迫陷入生产停顿，且中断环节越是核心对整个产业链的冲击越大。主要经济体为保障经济的长期稳定发展，大型跨国公司为保障企业的健康平稳运行，开始越来越多地关注供应链的安全性和稳定性，并尝试为关键环节引入相对低效的战略备份，甚至探讨将供应链收缩于外部环境相对稳定的区域，甚至是国内的可能性。

高端制造业和现代服务业的供应链脆弱性最高，其价值链转向多元化、区域化甚至本土化的可能性最大。Korniyenko 等指出一种中间产品的供应国（或出口国）越集中于少数国家，则该类产品的供应链脆弱性越高。根据这一定义，利用 2017 年全球进口地—出口地—产品层面贸易数据，可得到全球贸易中供应链较为脆弱的产品分布。如图 3-3，机电、音像设备是供应链脆弱性产品占比最多的行业，数量占比为 33%，金额占比则达到 52%。而供应链脆弱性产品分布列于第 2~9 名的行业，在以数量统计和以金额统计的排名中并不完全一致。其中，贱金属及其制品、光学—医疗等仪器、塑料和橡胶制品以数量计排名较以金额计排名更为靠前，而矿产品、化工产品和运输设备以金额计排名较以数量计排名更为靠前。类似地，信息技术、金融租赁等现代服务业的供应国也高度集

---

① 前 200 大供应商占其 2018 年原材料、制造和组织采购金额的 98%，详见 Apple Supplier Responsibility 2019, https://www.apple.com/。

中于少数发达经济体。在这些产品或服务中，供应链脆弱性和经济的国家安全属性越高，则打造本土供应链的必要性越高，价值链回归本土化的可能性也越大；反之，供应链脆弱性较高但经济的国家安全属性相对有限，则可能偏向通过多元化或区域化分散风险。

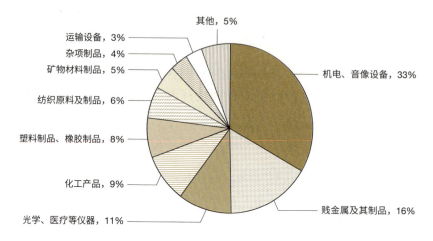

a. 以数量计占比

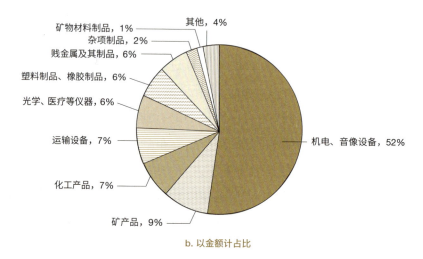

b. 以金额计占比

图 3-3　全球供应链脆弱性较高产品的行业分布

资料来源：联合国商品贸易统计数据库（UN Comtrade 数据库）和作者整理。

疫情后全球价值链的发展趋势

从总量上看，疫情后的全球价值链活动将减缓甚至收缩。具体表现为各类价值链活动特别是复杂价值链活动在全球增加值创造活动中的占比可能出现阶段性下降。这是因为一方面疫情后阻碍全球价值链深化的逆全球化力量仍然存在，甚至较疫情前有所强化；另一方面疫情促使更多国家关注供应链安全问题，并成为一股新的反对全球价值链深化的力量。此外，关于疫情后经济全球化趋势的研究也预示疫情后的全球价值链活动将减缓甚至收缩。英国《经济学人》杂志提出"慢全球化"（Slowbalisation）的观点，指出商品和要素的全球流动摩擦加剧，跨国公司与母国利益冲突加剧，未来亚洲、欧洲和北美的供应链将更靠近终端市场，区域内经济体之间的联系加深。郑永年提出的"有限全球化"观点甚至认为疫情后的全球化将回归"经济主权"时代的态势，国际贸易可能会回到 20 世纪 80 年代的形式，部分产业将向本国回流，但不会走向"自给自足"，也不是所谓的"去中国化"。

从结构上看，在市场、成本、技术和政府等多重因素的作用下，全球价值链将寻找新的稳态，并将呈现出以下三方面特征。

第一，围绕终端市场需求，形成新的区域集聚模式。全球需求的地理格局变化是重塑价值链的力量之一，并将吸引跨国公司围绕终端需求形成新的区域集聚模式。2008 年全球金融危机之前，发达经济体是全球价值链上的消费主体；而金融危机之后，发展中经济体在全球消费中的比重不断攀升。这势必将吸引更多的跨国公司围绕终端需求形成新的区域集聚模式。当前中国快速崛起的国内市场已经吸引了全球投资者的关注，根据中国美国商会发布的 2019 年《中国商务环境调查报告》，62%

的企业视中国为全球投资的首要或前三大投资目的地。此外，全球消费需求中个性化、差异化、复杂化需求比重不断提升，跨国公司需要更贴近东道国市场，才能及时、准确地捕捉当地需求和偏好变化。主要经济体产业政策和对外政策调整，也使得离岸生产模式的相对成本增加。这些力量使得全球价值链中供给满足需求的方式也将发生转变，即从以母国市场为中心的"中心—外围"式离岸生产模式为主向以东道国市场为中心的近岸生产模式转变。

　　第二，依据供应链脆弱性程度和国家安全属性，不同产业的价值链构成将可能呈现不同的发展趋势。对于供应链脆弱性不高、国家安全属性不强的产品，如纺织、服装、鞋履和家具等劳动密集型产业，成本因素和政府因素导致的区域间相对优势变化是主导这类产业价值链调整的重要力量。疫情后这类产业的价值链将可能呈现多元化布局、向低成本地区转移的特征。对于供应链脆弱性较高的产品，多元化、区域化、集群化、本土化及其组合都是主要经济体和跨国公司可能的策略选择。经济的国家安全属性越强的产品，如医疗用品及设备、半导体、关键电子技术和关键原材料等，其产业链受政府因素影响而回归本土的可能性越大。对于经济的国家安全属性较强，但生产链条较长、供应商数目众多、难凭一国之力完成的产业，比如汽车、计算机、机电设备和民用航空等，其价值链可能呈现多元化、区域化和集群化多重组合的特征，即对关键供应商进行多元化备份，将主要价值链布局在区域内部，甚至是在少数国家间构建产业集群等。对于劳动密集型服务价值链，如零售和批发、运输和存储、餐饮和酒店等，其贸易强度本来就较低，且与商品贸易、旅游和商务旅行存在联动关系，预计疫情后变化不大。而对于知识密集型服务价值链，如专业服务、金融中介、信息技术服务等，其价值链发展取决于各国高技能劳动力储备和东道国政策监管的相对强弱。

　　第三，全球价值链的要素密集度构成将呈现知识化、数字化和资本化的趋势。一方面，知识和无形资产对全球价值链的重要性不断提升。
2000—2016 年，全球价值链中研发和无形资产资本化支出占总营收比例
从 5.4% 上升至 13.1%。所有类型价值链活动的知识密集度均有不同程度
提升，其中制药和医疗设备、机械设备、计算机和电子占比较高（依次
为 80.0%、36.4% 和 25.4%）且提升幅度较大（依次为 66.3、29.3 和 17.4
个百分点）。与此相对应，价值链创造活动向研发和设计等上游活动、
营销和售后等下游活动转移，而制造环节的价值占比下降。另一方面，
自动化和人工智能技术以及长期化的低利率环境，将使得制造的技术和
资本密集度不断提高。当前正在发生的新兴技术（如人工智能、3D 打印等）
大多为技能偏向型，对中低技能劳动力存在明显替代。同时，新兴技术
正逐步改变工业生产方式，增加发展中国家经济赶超的技术壁垒。此外，
2008 年全球金融危机以来，主要发达经济体普遍推行较为宽松的货币和
财政政策，使得资本相对劳动的价格下降，并促进产业链的数字化和资
本化。但不同国家不同产业要素密集度演变速度存在时空差异，如机电
产品等技术密集型产品走向知识化、数字化和资本化速度预计将快于纺
织服装等传统劳动密集型产品。

　　疫情后，发达经济体基于供应链安全考量，将会加快完善国内或区
域的产业链布局。尽管中国在要素成本上涨、贸易摩擦加剧和供应链安
全引致的全球价值链重构方面面临更大挑战，但随着新兴经济体参与全
球治理能力增强、中国国内市场崛起以及在第五代信息技术、人工智能
和大数据等方面的领先优势，中国在疫情后的全球价值链重塑中也存在
发展机遇。为应对疫情后全球价值链的不利变化并抓住有利发展机遇，
构建国内大循环为主体、国内国外双循环相互促进的新发展格局，成为
中国保障产业链供应链安全性和稳定性，实现向全球价值链中高端攀升，
促进国内经济高质量发展的必然选择。

　　在国内循环上，一方面要深化要素市场化配置改革，加快制度性开

放步伐,打通生产、分配、流通、消费各个环节,提高国内大循环效率,充分发挥我国超大规模市场的潜力和优势,巩固并提高我国在全球价值链中的竞争优势。另一方面要加大研发创新力度,深化科技体制改革,优化创新资源配置,依靠国内大循环和新型举国体制,集中力量实现我国关键核心技术的自主可控和自立自强,改善我国产业基础能力薄弱的被动局面。在国际循环上,一方面要坚定不移地全面扩大开放,加强区域共同市场建设,通过更好地利用国际市场和国际资源,形成重要产品和供应渠道的备份系统,提升产业链韧性和抗风险能力。另一方面要加强国际科技创新合作,主动融入全球科技创新网络,特别是要积极构建与广大发展中经济体的科技创新共同体,打造国际创新资源开放合作平台,加强关键技术领域的科技人才交流与合作。

参考文献

[1] 蔡昉:《全球化、趋同与中国经济发展》,《世界经济与政治》2019年第3期。

[2] 崔晓敏、杨盼盼、徐奇渊:《如何理解稳定产业链供应链》,《中国金融》2020年第14期。

[3] 蒋小荣、杨永春、汪胜兰:《1985—2015年全球贸易网络格局的时空演化及对中国地缘战略的启示》,《地理研究》2018年第3期。

[4] 马盈盈、崔晓敏:《后疫情时代全球产业链的发展与重构》,《2021年世界经济形势分析与预测》(张宇燕主编),社会科学文献出版社2021年版。

[5] 宋泓:《国际产业转移新趋势》,《招商周刊》2004年第26期。

[6] 姚枝仲:《新冠疫情与经济全球化》,《当代世界》2020年第7期。

[7] 张文汇:《欧美再工业化及其挑战》,《中国金融》2013年第5期。

[8] 张宇燕:《理解百年未有之大变局》,《国际经济评论》2019年第5期。

第二编

中国经济面临的挑战

第四章

从高速增长到高质量发展：供给侧视角

　　在改革开放以后的 40 余年中，我国充分利用劳动力丰富等要素禀赋优势，在经济全球化深入发展的外部环境下，实行市场和资源两头在外的国际大循环，快速推动了工业化，提高了劳动生产率，实现了经济的高速增长。近年来，随着外部环境和我国发展所具有的要素禀赋的变化，国际大循环动能明显减弱，国内大循环活力日益强劲。外部环境和要素禀赋变化，对我国经济动能产生了什么影响？我国从高速增长转向高质量发展过程中存在哪些供给侧方面的问题？未来政策应如何有效应对？本章针对这些问题进行了分析。从经济增长核算方程入手，本章发现未来劳动力要素会因数量下降而对中国经济增速产生不小的冲击；而在提高劳动力要素质量方面中国尚未充分做好准备；在劳动生产率增速下降的情况下，杠杆率继续有所走高。我国在畅通双循环、培育新优势，助力经济高质量发展过程中，必须持续提高生产要素质量和配置效率。为此，我国在新发展格局下需要深化户籍制度改革，增加劳动参与率；持续提高劳动要素质量，适应产业转型升级需要；深入实施创新驱动发展战略，提升全要素生产率；构建与实体经济发展相适应的金融体系，提高金融资源配置效率。

国内大循环为主体、国内国际双循环相互促进的新发展格局的提出，不能仅理解为我国应对外部环境变化的战略调整，更是经过多年发展我国经济要素禀赋条件发生了变化、我国经济从高速增长转向高质量发展的必然要求。从新常态的提出，到供给侧结构性改革，再到高质量发展和构建双循环新发展格局，是从认识新常态、适应新常态到引领新常态的成功跨越，也是从单纯注重经济增长速度到更加注重人的全面发展和社会福利可持续增进的巨大进步。

从经济新常态到双循环

改革开放后的 40 余年，中国经济保持了高速增长，1979 年至 2010年，中国经济年均实际增速高达 10%，比同期世界经济年均实际增速高出7个百分点。中国经济高速增长达到的速度和持续的时间都超过了经济起飞阶段的日本和"亚洲四小龙"，创造了人类经济发展史上的新奇迹。在这期间，中国利用自身劳动力资源丰富的比较优势，在经济全球化深入发展的外部环境下，实行市场和资源两头在外的国际大循环，快速推动了工业化，提高了劳动生产率，由低收入国家步入中等收入国家行列。

受 2008 年全球金融危机影响，中国经济增速出现了较大幅度的下降，在采取一些反危机的需求扩张政策后，经济增速在随后两年企稳。在全球经济逐步复苏，短期需求扩张政策退出后，2011 年中国经济增速出现了超过 1 个百分点的下滑，降至两位数以下。在接下来的数年里，经济增速下降仍在持续。当时，对是否要继续实施经济刺激政策，以扩张总需求存在一些争议。而解决这一争议，主要看中国经济的实际增速是否降到了潜在增长率以下。如果实际增速已经达到或超过了潜在增长率，那么刺激需求可能会造成一些不良后果。因此，分析中国经济潜在增长率的变化是解决问题的关键。

一、潜在增长率由什么决定

一国经济潜在增速主要取决于劳动、资本等生产要素投入状况，以及这些要素组合进行生产的效率，即通常所说的全要素生产率（TFP）。因此，直接决定一国潜在经济增长率的因素主要在供给侧而非需求侧。如果从人口角度切入，将一国经济总量按以下公式进行分解，可以更加清楚地看到这一点：

$$GDP = Y = \frac{Y}{L} \cdot \frac{L}{POP_L} \cdot POP_L$$

其中，L 是参与劳动的人口，POP_L 代表劳动年龄人口，在我国主要是指 15~59 岁年龄人口。这意味着，GDP 增长率 = 劳动生产率增长率 + 劳动参与率增长率 + 劳动年龄人口增长率。劳动年龄人口短期内难以改变，因此其变化趋势较其他变量更为确定。从我国劳动年龄人口的变化来看，2010 年，中国劳动年龄人口达到最高峰，之后数量出现持续下降。这是中国人口的第一个转折点。在越过第一个转折点后，以往有利于提升经济潜在增长率的这一正向因素，就转为了负向因素。

如果继续对劳动生产率进行分解，在通常的生产函数假设下，劳动生产率增速又取决于全要素生产率提升与人均资本增长率。在人口红利消退的情况下，除非全要素生产率的提升足以抵消人口红利下降的影响，否则资本边际产量（MPK）递减终究会发挥作用，从而抑制投资和人均资本的增长率。因此，劳动年龄人口下降会同时从劳动生产率和劳动年龄人口两个方面影响经济潜在增长率。

2004年春天，"缺工"这个词开始被珠三角和长三角大小私营企业主所提及；20多年来，这几乎是第一次让老板们为了一个普通农民工而展开了争夺战。在珠江三角洲，往年人头攒动的民工潮已经慢慢淡去。在号称"童装之都"的浙江湖州织里，企业老板们为了留住日益紧缺的工人，不仅为春节期间往返家乡的工人提供专车接送，甚至还有老板在大年初八专程赶到安徽、江西一家家给自己的员工拜年。民工的月工资平均也从1200元涨到了1400元。如果以出现民工荒以及随后持续的工资上涨为经验证据，那么2004年中国到达了刘易斯转折点。

二、认识新常态

中国劳动年龄人口在2010年达到顶峰，随后开始下降。在中国越过刘易斯转折点后，相对稳定的资本边际产量开始逐步下降。在劳动年龄人口减少后，全社会固定资本增长率也开始进入下降通道。（图4-1）虽然不同机构和学者对2010年前后，中国经济潜在增长率的估算存在一些

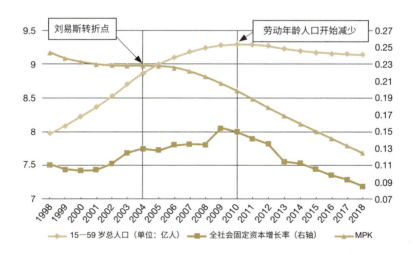

图4-1 中国15~59岁劳动年龄人口、资本边际产量与固定资本增长率

资料来源：15~59岁劳动年龄人口来自世界银行WDI数据库，全社会固定资本参照陈昌兵2014年的测算方法得到；资本边际产量经HP滤波处理，以展现较长期的变化趋势。

差别，但基本趋势保持一致，中国经济潜在增速由高速转向了中高速。例如：蔡昉和陆旸 2013 年估算，中国经济潜在增长率，1995—2009 年为 9.8%，2011—2015 年降到 7.2%，2016—2020 年继续下降到 6.1%。从中国经济的实际增速来看，2011—2015 年分别为 9.6%、7.9%、7.8%、7.4% 和 7.0%，增速确实出现了下降。

基于对中国经济潜在增长率的判断，学界和决策层在 2013 年前后逐步形成了中国经济进入了新常态的共识。经济增长由高速向中高速转换是经济新常态的基本特征，通过需求扩张提高经济增速，不仅投资效率会持续下降，债务杠杆会继续攀升，还会增大金融风险发生的概率，同时也难以从根本上扭转经济短暂回升后继续下行的态势。加强供给侧的改革，提升经济潜在增长率是长期更为有效的办法。

三、高质量发展的提出

中国在依靠要素大量投入促进经济高速增长的过程中，也带来了人力资本积累缓慢和资源配置效率不高等问题。2012 年，中国第三产业增加值占比首次超过第二产业，特别是 2019 年中国的城市化率超过 60%，中国已进入以城市经济为主导拉动经济增长的阶段。城市化率的提高推动了消费与服务的比重持续上升，经济结构服务化特征越来越明显，国际经验表明经济结构服务化与国内循环的重要性提高密切相关，同时也是推动高质量发展的重要阶段，即提高人的消费福利水平和更加依赖于经济中的创新贡献。中国多年的投资和出口导向的规模赶超发展的时期已渐行渐远，高质量发展要求的持续提高消费和创新贡献是当前的主要任务。

从一些国家在二战结束后的经济增长实践看，单纯经济增长可能出现有增长无发展（Growth without Development）的局面。同时，没有要素质量的提高和配置效率的改进，持续的经济增长也会面临诸多困难，特别是经济从中等收入向高收入跃升的过程中，情况更是如此。正是着眼于中国经济发展阶段的深刻变化，党的十九大做出了中国经济已由高速增长阶段转向高质量发展阶段的重大论断。

四、向高收入国家跃升大致会经历的阶段

从后发国家人均收入由低向高跃升的过程来看，大致会经历以下三个阶段。

第一个阶段是在经济发展的初期，社会中的人力资本和物质资本都处于较低水平。在此情形下，劳动生产率的提高往往有赖于物质资本、人力资本和社会环境等因素，且这些因素具有互补性。正如经济学家曼昆和巴罗所指出的那样，在人力资本水平太低且提高缓慢的发展中国家，单靠实物资本的投资很难取得良好的技术外溢效果。此时，如果人力资本难以适应技术提升的要求，物质资本积累所带来的技术外溢效应将难以实现，经济增长很快陷入停滞。

幸运的是，改革开放之初的 1980 年中国 15 岁以上人口平均受教育年限为 4.9 年，普遍高于亚洲一些发展中国家，也高于拉美九国平均 4.6 年的水平，且我国社会环境稳定。这为改革开放初期，从国外引进技术设备实现规模报酬递增提供了基础。

第二个阶段是当经济发展取得一些进步，社会具有一定的人力资本，但技术水平离前沿经济体仍较远，此时实物资本投资对技术水平会产生较大的影响，即随着实物资本的积累，技术水平在"干中学"机制的作用下也随之提高。资本靠高储蓄和吸引外资快速积累，而剩余劳动力在开放中转变为人口红利，创造了劳动要素的比较优势。此时，单纯依靠实物资本投资这种非平衡性的增长有可能实现经济持续的扩张。但如果缺少环境投资且经济扩张造成自然资源的过度开采和环境的损害，则经济发展的可持续性会下降，也会增加受到环境、生态危机等方面冲击的风险。

第三个阶段是当经济得到相当程度的发展，技术水平已经非常接近前沿水平时，企业通过对物质资本投资实现"干中学"所带来的技术进步逐步消失。劳动力从农业向城市部门的转移出现放缓甚至停滞，人口红利开始消退。此时，仅仅依靠物质资本投资推动的经济增长和消费增加会因物质资本边际产量递减规律的制约而难以持续，只有通过要素质量和配置效率的提升才有可能实现持续稳定的发展。同时，随着物质消费水平的提高，人力资本和自然环境的改善对居民所带来的直接边际效用水平的相对重要性显著提升，因此人力资本积累和自然环境改善能带来更大的福利改进。

2019 年，中国人均收入水平达到 10410 美元，2020 年经济实现正增长且人民币汇率升值，使得以美元计价的收入水平可能会有超过 8% 的提升。从目前的情况来看，中国已经跨过第二阶段进入第三阶段。在第二阶段，中国依靠自身的劳动要素禀赋优势，实行的是市场和资源两头在外的国际大循环，参与国际循环的基础主要是劳动力、土地等廉价生产要素。

在此过程中，中国提升了劳动生产率，实现了从低收入国家向中等收入国家的迈进，但也存在产品附加值不高以及部分资源过度开采和环境破坏等问题。

在我国劳动力相对丰富等比较优势逐步消退，要素禀赋走向更加均衡的过程中，继续以要素投入和资源环境损耗为代价参与国际大循环所能获取的利益会相应下降，无法支撑中国经济高质量发展。推动中国经济继续发展必须实现要素质量的提升，由要素驱动转向创新驱动。而2008 年全球金融危机的爆发所带来的对外需的冲击，国际贸易保护主义抬头和单边主义盛行，再加之新冠肺炎疫情的全球暴发，极大增加了全球经济发展的不稳定性和不确定性。这使得形成以国内大循环为主体、国内国际双循环相互促进的新发展格局更为必要。从经济发展新常态到双循环发展新格局，正是中国经济从高速增长转向高质量发展阶段的内在要求。

从供给侧看高质量发展面临的挑战

在以往的高速增长期，中国技术进步处于"干中学"的技术进步路径，引进设备相当于一方面实现了资本深化，另一方面由于人口红利，使资本与劳动力结合加快，使劳动生产率提升水平较快。随着中国技术水平的不断提高，引进设备投资已经不是提高全要素生产率水平的最重要因素，在劳动力负增长的情况下，当前最为重要的是通过要素质量提升和提高配置效率来提高劳动生产率。

一、人力资本积累与产业升级

一般认为，人力资本的积累主要通过受教育实现，并把受教育年限作为人力资本的重要代理变量。根据巴罗和李 2013 年提供的 1970—2010 年包括中国在内的多个国家和地区 15 岁以上人口平均受教育年限的数据（表 4-1）可以看出，改革开放之初的 1980 年，中国 15 岁以上人口平均受教育年限为 4.9 年，在 9 个国家或地区中排名第 5；2010 年排名已经下降到了第 8，仅高于印度。在 1980 年 15 岁以上人口平均受教育年限低于 6 年的国家或地区中，经过 30 年，中国仅提高了 2.6 年，增长最慢，比增长最快的马来西亚整整少了 2 年。可见，在我国主要利用劳动力、土地等廉价生产要素参与国际大循环就可以获得高速经济增长的过程中，人力资本要素质量提升没有得到足够重视，提升速度比较缓慢。到 2010 年 15~59 岁劳动年龄人口开始下降、人口红利消退的时候，我国还没有做好产业转型升级的人力资本储备。

表 4-1 包括中国的全球 9 个国家和地区 15 岁以上人口平均受教育年限

	1970	1975	1980	1985	1990	1995	2000	2005	2010
中国	3.6	4.1	4.9	5.3	5.6	6.3	6.9	7.3	7.5
美国	10.8	11.5	12.0	12.1	12.2	12.6	12.6	12.9	13.2
日本	7.8	8.4	9.1	9.6	9.8	10.5	10.9	11.3	11.6
印度	1.6	2.0	2.3	2.9	3.5	4.1	5.0	5.6	6.2
印尼	2.8	3.2	3.6	3.9	4.2	4.6	5.2	6.4	7.6
马来西亚	4.2	4.8	5.8	6.7	7.0	8.4	9.1	9.7	10.4
泰国	2.5	3.0	3.6	4.2	4.9	5.5	5.7	7.0	8.0
菲律宾	4.7	5.5	6.2	6.6	7.1	7.6	7.9	8.2	8.4
拉美九国	4.0	4.2	4.6	5.3	6.0	6.7	7.3	8.0	8.5

资料来源：Barro and Lee（2013）。

根据每 10 年一次的人口普查数据，1990 年、2000 年和 2010 年中国成年人的平均受教育年限分别为 6.2 年、7.6 年和 8.9 年，在过去的 30 年平均每 10 年增加 1.3 年，按此推算，2020 年中国成年人的平均受教育年限可能为 10.2 年。在产业升级过程中，以第二产业劳动密集型为起点，若需转到第三产业劳动密集型，要求劳动者的受教育年限从 9.1 年提高到 9.6 年；转到第二产业资本密集部门，要求受教育年限提高到 10.4 年；而要转到第三产业的技术密集型，要求劳动者受教育年限提高到 13.3 年。

如果按照 2020 年成年人平均 10.2 年的受教育年限，那么目前的产业升级，由第二产业劳动密集型向第三产业劳动密集型转型比较容易，而由第二产业劳动密集型向第二产业资本密集型或第三产业技术密集型转型还面临一些困难。大量受教育程度较低的劳动力向城市劳动密集型的低效服务业聚集，并随经济波动在各行业间漂移，难以提升专业素质，容易造成人力资本的耗散。

二、提高劳动生产率为什么这么重要

如果将第一节中 GDP 核算公式中的劳动年龄人口项分解为劳动年龄人口占比与总人口的乘积，则 GDP 增速 = 劳动生产率增长率 + 劳动参与率增长率＋劳动年龄人口占比增长率＋总人口增长率。从影响 GDP 增速的后三项因素来看：中国总人口增长率自 20 世纪 70 年代以来长期处于下降状态，在未来十年内大概率会迎来负增长。劳动年龄人口则在 2010 年开始下降。2010—2019 年，中国劳动年龄人口数量和占比已连续九年出现双降。2000—2005 年，中国劳动年龄人口年均增长率为 1.80%，2005—2010 年，降为 0.80%，2010—2005 年平均增速为 −0.25%，2015—2019 年进一步下降到 −0.40%。随着 1962—1972 年这波生育率高峰时期出生人口开始陆续步入退休年龄，中国劳动年龄人口占总人口比例今后一段时间会出现急速下降。

　　根据世界银行的统计数据，中国的劳动参与率也在持续下降，但下降的幅度有所放缓。2000—2010 年、2011—2015 年和 2016—2019 年劳动参与率年均增速分别为 −0.0712%、−0.068%、−0.061%。随着经济从工业化阶段向更高发展水平的城市化阶段演进，生活水平和生活质量持续提高对人口增长的诱致效应将递减。这会进一步导致中国像其他发达国家一样，在城市化阶段人口增长向低度均衡路径收敛。同时，中国即将迎来以总人口减少为标志的第二个人口转折点。因此，在决定经济增速的四类分解因素中，今后可依靠的或许只有劳动生产率一项，其余三项中的劳动年龄人口占比和总人口增长率短期内根本无法扭转。

三、劳动生产率和全要素生产率增长放缓

　　劳动生产率的变化受各产业劳动生产率变动和产业结构变迁影响。随着城市化往深度演进，中国产业结构也逐渐由传统的产品经济向以城市化为主的服务经济转型。就三次产业增加值占 GDP 的比重而言，2010 年以来，我国第一和第二产业占比总体呈下降之势，而第三产业占比则逐步提高。2019 年第二和第三产业占比分别为 39.0% 和 53.9%。自 2012 年第三产业占比首次超过第二产业后，第三产业逐渐取代第二产业成为

中国经济增长的主要推动力。

随着中国城市化进程的快速发展，第三产业发展会持续加速，服务业的产出效率及其带动的工业体系升级成为了中国经济转型的根本，如果服务业自身效率不能得到改进，而且难以服务于工业体系升级发展的需要，则高质量转型就会受到阻碍。

事实上，我国第三产业劳动生产率增速始终低于第二产业，虽然第三产业劳动生产率在 2013 年后有所改善，但 2016 年后又趋于下降且持续低于第二产业。在第三产业的比重不断提高的情况下，其劳动生产率水平正逐步主导国内整体劳动生产率的高低，如果不能有效地提高服务业劳动生产率，那么其就会制约经济增速（图 4-2）。经济高质量发展的基础需要制造业与服务业的协调推进。从城市化的知识经济特征看，服务业发展以其溢出效应为制造业和整体经济效率提供动力和保障。但是，中国转型时期产业发展的不协调问题仍很突出。

图 4-2　2008 年全球金融危机以来的中国各产业及整体的劳动生产率情况
资料来源：国家统计局数据经整理计算。

另一个更为严峻的挑战是效率提升对中国经济增长贡献的下降，根据中国社会科学院经济研究所《中国经济报告 2020》测算，1985—2007

年全要素生产率（以下简称为 TFP）提升对经济增长的贡献率为 25.1%，2008—2019 年下降到 22.3%。根据世界大企业联合会（The Conference Board）发布的数据，2017—2019 年 TFP 对中国经济增长的贡献率分别为 43.5%、43.4% 和 40.6%。尽管很多机构和研究者根据不同模型和数据所得具体结果存在一定差异，但 TFP 增长和贡献率下降是一个重要事实。如果不能逆转 TFP 贡献率下降和持续提高劳动生产率，高质量转型就难以完成。

随着中国经济结构变动，中国经济资源配置方式和效率驱动模式也随之调整，具体表现如下：一是工业占 GDP 的比重下降，服务业比重不断提高，经济结构服务化格局逐步形成。二是要素驱动的低成本工业化出现了严重的规模收益递减，需要人力资本提升以及将信息、制度等非独占性要素纳入生产体系。最近提出的数据要素，就属于可纳入增长方程中规模递增的非独占性新要素。而支撑高质量发展的医疗、教育、社会保障等公共服务行业或部门主要集中于第三产业。在服务业比重不断提升的同时，我国还没能实现通过服务业结构升级促进其他生产要素特别是劳动力要素质量的提升，从而有效实现增长的效率补偿。

因此，高质量增长其实蕴含着两个简单但非常重要的结论，一是需要持续提高劳动生产率；二是需要 TFP 的持续改善，特别是 TFP 贡献率不断上升。在中国现阶段，随着人口红利衰退，劳动参与率降低，必须通过持续的劳动生产率提高才能抵消人口红利下降对经济增长的侵蚀；而只有通过 TFP 增长才能持续有效地提高劳动生产率，同时 TFP 的增长也可冲抵资本深化过程中资本边际回报率的下降。当前，中国以单位投资带来的 GDP 增量表示的资本边际产量（MPK）出现持续下降，说明资本深化过程中没有得到劳动力增长和 TFP 改善的冲抵，特别是在 2008 年全球金融危机后下滑趋势更为明显，而美国的 MPK 除在金融危机前后有所下滑外，其余时间则保持相对稳定。

四、劳动生产率增速放缓与杠杆率提升

在人口红利消失、TFP 不能得到持续改善的情况下，为维持一定的经济增速需要单位劳动产出即劳动生产率不能下降得过快，这往往又会转向对宽松货币政策的依赖。21 世纪初，中国劳动生产率快速上升，以 M2/GDP 表示的杠杆率稳中有降，但受 2008 年全球金融危机的冲击，劳动生产率增长开始放缓。为应对危机，2009 年宽松货币政策启动，M2/GDP 开始快速上升，货币、信用和债务与 GDP 之比都呈现一致性的上升趋势。

随着国内发展阶段的转变，劳动生产率增长持续放缓。在实施供给侧结构性改革并取得阶段性成效后，2017 年中国经济增速出现暂时回升，同时去杠杆政策加强，M2/GDP 才逐步缓中有降（图 4-3）。但随着经济形势变化，2018—2019 年，劳动生产率又转为下降，2019 年 M2/GDP 重拾回升势头。在新冠肺炎疫情的巨大冲击之下，2020 年中国劳动生产率增速预计会下滑到 2.3% 左右，M2/GDP 飙升至 2.15 左右的水平。

图 4-3　2000—2020 年中国全员劳动生产率增速与 M2/GDP 情况

注：2020 年的全员劳动生产率增速为预测值。

劳动生产率与杠杆率的关系，实际上体现了实体经济与金融之间的均衡机制。劳动生产率提高才能有效维持增长，从而逐步吸收杠杆，否则单纯通过加杠杆的方式维持增长，会进一步压低资本的边际回报率，侵蚀企业盈利能力，从而影响整个宏观经济的稳定。

五、基于中国 A 股上市公司的视角

这里我们通过对中国宏观经济非常具有代表性的 A 股上市公司展开分析。中国 A 股上市公司现已涵盖国民经济全部 90 个行业大类，国内 500 强中有超过七成已登陆 A 股市场，其经营情况直接影响整个国民经济运行质量，构成了整个宏观经济重要的微观基础。近 10 多年来 A 股上市公司业绩表现与中国宏观经济走势高度贴合，即使是在受新冠肺炎疫情严重冲击的 2020 年也是如此。

通过对中国近 4000 家 A 股上市公司财务报表进行分析可以发现，2012—2019 年 A 股上市公司单位资产息税前利润均低于融资成本。[1] 从表 4-2 可以看出，与宏观经济走势相一致，上市公司单位资产息税前利润，自 21 世纪初至 2008 年全球金融危机爆发之前，呈逐步上升之势，金融危机爆发后快速下滑，后受"四万亿"计划带来的需求扩张影响，在 2010 年有所反弹后转为逐步回落，2015 年到达 4.4% 的低点。受供给侧结构性改革的影响，单位资产息税前利润在 2016 年有所回升，2017 年上涨到 5.4%，2018—2019 年由于受经济下行压力加大的影响，单位资产息税前利润开始下行，2019 年仅为 4.9%，而融资成本为 8.2%。

在不考虑税盾效应的情况下，融资成本高于单位资产息税前利润会侵蚀企业盈利能力，从而造成资产负债率越高，净资产收益率（ROE）越低的局面。在新冠肺炎疫情的冲击之下，预计中国 A 股上市公司 2020

---

[1] 这里选取的 A 股上市公司剔除了金融和房地产企业，以主要反映实体经济的经营状况。

年的负债率会进一步升高，这对缓解企业的暂时性困难会有所帮助，但在上市公司平均投资回报率低于平均负债成本的情况下，财务杠杆的上升会进一步压低公司的资产收益率并累积风险。

表 4-2　2004—2019 年中国 A 股上市公司经营及资产负债率情况（剔除 ST 股票）

	净资产收益率	总资产收益率	单位资产息税前利润	资产负债率	融资成本
2003	0.088	0.044	0.074	0.494	0.059
2004	0.112	0.055	0.078	0.518	0.054
2005	0.111	0.052	0.084	0.539	0.054
2006	0.121	0.056	0.086	0.548	0.072
2007	0.131	0.062	0.093	0.539	0.083
2008	0.085	0.038	0.061	0.560	0.083
2009	0.090	0.039	0.059	0.575	0.065
2010	0.113	0.049	0.070	0.572	0.068
2011	0.103	0.044	0.066	0.581	0.064
2012	0.081	0.034	0.056	0.587	0.069
2013	0.085	0.035	0.055	0.592	0.059
2014	0.077	0.032	0.053	0.589	0.069
2015	0.058	0.025	0.044	0.575	0.077
2016	0.064	0.027	0.046	0.569	0.072
2017	0.081	0.036	0.054	0.563	0.084
2018	0.075	0.033	0.052	0.565	0.081
2019	0.071	0.031	0.049	0.567	0.082

资料来源：Wind。经计算整理。

提升要素质量和配置效率

通过前两节的分析，可以发现我国实际经济增速下降主要是由供给侧因素决定的经济潜在增长率下移引起的。新时代我国经济发展的基本特征，就是由高速增长阶段转向高质量发展阶段。在过去相当长一段时期内，我国充分利用劳动力丰富等要素禀赋优势参与国际大循环，实现了经济的快速发展，成为经济体量位居全球第二的经济体，但近年来，随着外部环境和我国发展所具有的要素禀赋的变化，市场和资源两头在外的国际大循环动能明显减弱。

在我国要素禀赋走向更加均衡，人均收入跻身中高收入国家行列，第三产业增加值过半的情况下，国内大循环活力日益强劲。面对这种局面，要降低劳动力供给下降带来的冲击，需持续提升生产要素质量和配置效率，提高劳动生产率。在畅通双循环、培育新优势中，推动经济高质量发展。

一是深化户籍制度改革，加强财税等相关领域制度改革配套，打通劳动力要素供给的堵点。我国劳动年龄人口已持续下降多年，未来这一状况会因生育高峰期出生人口进入退休年龄而加速。提高劳动参与率可以部分缓冲劳动年龄人口减少带来的冲击。目前，我国常住人口城镇化率与非常住人口城镇化率之间相差超过了15个百分点，这就意味有超过2亿在城镇生活居住的人口尚未获得城镇户籍。在户籍与一些基本公共服务相挂钩的情况下，未获得户籍的中年劳动者往往会因子女教育等多种原因过早地退出城市劳动力市场，这会降低劳动参与率，也不利于有这种预期的劳动力在工作的早期进行人力资本的投资。

现在一些中小城市户籍制度的限制已基本取消，而相对于中小城市来说，大城市的集聚效应更强，对劳动力的吸引力也更大，因此大城市的户籍制度改革是今后的重点。在大城市的户籍制度改革中，面临的困难主要是如何提供足够的基本公共服务，平衡好原户籍居民的利益，以降低改革的阻力。

为此，必须进行相应的税收体制改革。从以流转税为主导的税收体制，转向以直接税和间接税为双支柱的混合型框架，直接税可以为地方财政提供主税种，更好地让地方能够将本地纳税与服务直接匹配，逐步形成纳税人与享受公共福利相匹配的格局。在部分公共服务领域，允许私人投资并提供一定的激励，如允许私人部门提供准公共服务产品，给予适当税收减免，从而增加市场化的服务性提供，满足公共服务中的差异化需求。

二是注重提高劳动力要素质量，适应产业转型升级的需要，打通产业转型升级的堵点。劳动力素质主要包括身体素质和受教育水平两个方面。根据世界银行 WDI 数据，中国居民平均预期寿命，1993 年比 OECD 国家低 5.8 年，2017 年有所缩小，但仍低 3.7 年。提高居民平均预期寿命特别是健康预期寿命可以相应增加老年人的劳动参与率。从目前我国劳动力的平均受教育年限来看，与发达国家相比，劳动力平均受教育年限较低，与一些新兴市场国家相比，劳动力平均受教育年限提升速度较慢。

部分劳动力平均受教育年限提升较快的新兴市场国家，在实施义务教育后，其义务教育年限进行了上调。巴西在实施了多年 8 年制义务教育后，2013 年将义务教育年限提高到了 14 年；菲律宾则在 2010 年将义务教育年限由 10 年提高到 11 年，2018 年又继续上调到 13 年。如果从1986 年颁布义务教育法算起，我国九年制义务教育已经实施了 30 多年，其间我国的产业结构已经发生了非常大的变化，未来产业转型升级的需求更加迫切。因此，现阶段应该在普及九年制义务教育的基础上，向前（高中阶段）和向后（学前教育阶段）延长义务教育时间。适度延长义务教育的时间，对改善教育公平也会有一定的促进作用。

在我国新增劳动力减少的情况下，由新增劳动力带动的劳动力整体平均教育水平的提高作用也将锐减，如何提高存量劳动力的受教育水平也是非常重要的议题。为此，可考虑借鉴一些发达国家推进终身教育的成功经验。一是为终身教育提供法律保障。日本早在1990年就制定了有关终身教育的法律，其他发达国家也先后为此专门立法。二是为终身教育提供经费、时间和师资保障，实行带薪培训制度。三是建立和完善社区学习网络。提供时时可学、处处能学的学习条件，通过构建终身学习体系，为下一步分阶段延迟退休年龄打好基础。

三是深入实施创新驱动发展战略，提升全要素生产率，打通产业链堵点。科学技术是第一生产力。改革开放之初，我国就明确提出科学技术是推动现代生产力发展的决定性力量。作为一个技术水平相对落后的发展中国家，我国在过去较长一段时间内，以技术引进和吸收为主推动产业升级，大幅降低了自主研发风险，提高了生产效率，最大限度地发挥了后发优势。然而，随着技术水平及产业结构与发达国家趋近，获得技术转移的难度上升。

通过与OECD国家工业行业技术差距的比较，可以发现我国与世界先进技术水平差距较大行业的技术差距缩小速度较快，而技术差距较小行业的技术差距缩小速度较慢，说明在我国技术水平逐步逼近世界先进水平的进程中，技术引进的难度在加大，在国际形势发生深刻复杂变化的情况下更是如此。在加快构建双循环新发展格局的过程中，加快技术创新步伐将是打通供应链堵点的基本途径，也是推动TFP提升的重要手段。

根据全球创新指数报告提供的数据，尽管中国整体创新水平近年来呈上升趋势，但相对于经济体量而言，中国的创新水平与其经济大国的地位还很不相称：中国GDP总量2010年跃居全球第二位，但2010—2017年中国创新水平还未进入世界前20强，2018年也仅排名第17位。我国创新水平与美欧等发达国家的科技水平仍有明显差距。不管是从创新投入的支出结构还是人员占比来看，我国的基础研究还很薄弱；在一些关键核心技术领域仍受制于人；科技成果的转化率仅为10%左右，远低于发达国家40%的水平；科技创新生态体系建设相对滞后。

中国仍具有巨大的创新成长空间，需要创造健康、富有活力和成效的创新生态系统，通过高质量的创新投入和产出开拓新的生产力源头和未来增长点。这一方面需要加强基础研究领域的投入力度，打破传统僵化的科研管理制度，建立符合科技创新规律、突出质量贡献的科技评价体系；另一方面要完善以市场为导向的科技创新机制，构建以市场为导向的重点领域关键核心技术攻关机制，加强知识产权保护，健全科技成果转化激励机制。

四是构建与实体经济发展相适应的金融体系，提升金融资源配置效率，打通资本要素流动的堵点。在我国工业化的初期和中期，建立在成熟技术和市场基础上的，以银行为主导的间接融资模式对推动资本深化、提高劳动生产率发挥了非常重要的作用。在后发国家经济追赶的过程中，一般要经历从技术引进和资本积累到创新驱动的阶段。

创新需要更具灵活性和包容性的投融资环境，银行负债端的低风险性会促使其在资产端采取更加谨慎的经营模式。在这种模式下，商业银行在追求效率和稳定收益之间权衡的过程中，会更加倾向于后者，使商业银行在贷款选择上的企业规模和所有制偏好难以避免。因此，通过银行中介把储蓄资金引入企业的间接融资模式越来越不适应创新发展的需要。

在构建与实体经济发展相适应的金融体系过程中，应坚持市场化、法治化原则深化资本市场改革，大力发展资本市场优化融资结构，这对于拓宽储蓄转化为投资的渠道、促进科技创新、降低杠杆率、提高金融资源配置效率具有至关重要的作用。

2019年以来，随着科创板和创业板改革相继落地，注册制正稳步推进。下一步，应全面实行股票发行注册制。注册制要求具有信息优势的发行人真实、完整、准确、及时地披露对投资人作出投资决策有影响的信息，这决定了投资人每笔交易是否公平、高效，宏观上就形成了整个资本市场的资源配置效率。公司是否能融到资、融多少资以及如何定价都应该由市场说了算，监管机构所要做的是如何提高发行人的信息披露质量。加快形成以国内大循环为主体、国内国际双循环相互促进的新发展格局，培育新形势下我国参与国际合作和竞争新优势，需要构建与实体经济发展相适应的金融体系，提高金融资源的配置效率。

参考文献

［1］蔡昉：《认识中国经济的短期和长期视角》，《经济学动态》2013年第5期。

［2］蔡昉：《如何开启第二次人口红利》，《国际经济评论》2020年第2期。

［3］蔡昉、陆旸：《中国经济的潜在增长率》，《经济研究参考》2013年第24期。

［4］陈昌兵：《可变折旧率估计及资本存量测算》，《经济研究》2014年第12期。

［5］中国经济增长前沿课题组：《中国经济长期增长路径、效率与潜在增长水平》，《经济研究》2012年第11期。

［6］中国经济增长前沿课题组：《中国经济转型的结构性特征、风险与效率提升路径》，《经济研究》2013年第10期。

［7］张平：《创建"消费—创新"新循环》，《文化纵横》2020年第6期。

［8］张平、杨耀武：《效率冲击、杠杆上升与大国稳定政策的选择》，《现代经济探讨》2020年第1期。

［9］张自然、张平、袁富华、楠玉：《中国经济增长报告（2017—2018）》，社会科学文献出版社2018年版。

第五章

人口老龄化的挑战：需求侧视角

　　人口转变及其特征影响经济发展，既得到了经济史的证明，也反映在经济理论的演变过程中。相关理论分别描述了在人口过度增长的不发达状态、特定人口年龄结构和丰富劳动力转化为增长源泉的过程，以及经济增长陷于低于潜在增长率状态的人口原因。中国的人口转变遵循了一般规律，经历过打破贫困陷阱和收获人口红利的发展阶段，如今日益表现出具有世界上最快的老龄化速度、最大规模的老年人口以及未富先老的特征。这几个特征构成未来很长时期中国发展的重要人口国情。随着人口峰值的临近，中国的老龄化将对社会总需求产生不利影响，特别是总量效应、结构效应和分配效应对消费需求的抑制。有效应对这一挑战并化危为机，要从供需两侧推进改革，促进国内循环为主体的国内国际双循环，包括健全国内统一市场、维护公平竞争、激励市场主体创新、强化基本公共服务等；同时从生育政策、养老保障体制、涉老产业政策和公共服务供给体系等方面，实施积极应对人口老龄化的国家战略。

中国总和生育率低于 2.1 的更替水平已经长达近 30 年，这必然导致人口老龄化日益加深，且不可逆转。应对人口老龄化的挑战，从供给侧着眼，要立足于改革获得发展新动能，提高生产率和供给侧潜在增长率；从需求侧着眼，面对即将到来的第二个人口转折点，关键是挖掘消费需求潜力，稳定和扩大需求因素，提高需求侧潜在增长率，以保障实际增长率符合供给侧潜在增长能力。本章从需求侧探讨人口老龄化影响经济增长的机理和方式、在中国未富先老条件下的特殊表现，以及方向正确且具有可行性的政策应对，着重阐释第二个转折点如何不利于消费需求的扩大，并提出政策建议。

人口与经济增长关系的理论演变

人口老龄化是一个引人关注的全球趋势。不仅发达国家普遍经历着迅速的老龄化，欠发达国家也在加速这方面的赶超。根据对 2020 年的人口年龄预测，在联合国定义的发达国家中，60 岁及以上人口占总人口的比例达到 25.9%，被定义为欠发达国家的这一比例也达到 12.1%，虽然被定义为最不发达国家的人口结构仍然年轻，目前这一比例仅为 5.7%，但是，这类国家的老龄化也即将进入加速的跑道。

经济学家、政策制定者和舆论界高度关注人口问题，为人口老龄化担忧，是因为历史经验表明，人口的状况及其变化趋势对于经济发展具有显著的影响，进而对社会发展乃至政治状况产生影响。经济学研究对此做出了应有的回应，在不同的时代分别构造了各种理论模型，尝试解释人口发展与经济增长的关系，并提出与理论相一致的经济政策建议。虽然相关的文献汗牛充栋，我们仍然可以按照特定的逻辑进行一个梳理和总结，也就是说，把经济史上特定的发展现象与学说史的发展脉络结合起来，可以归纳出三个基本经济学模型，有助于人们在面对各种学说泛滥的情况下，能够整体把握该领域的研究主线。

贫困陷阱模型。在经济学说史上，马尔萨斯是第一个深入分析人口与经济之间关系的学者，对经济理论、社会思潮和政策制定产生了持久的影响。马尔萨斯在其著名的《人口原理》一书中，从生活资料以算术级数增长、人口以几何级数增长的假设出发，认为不受控制的人口增长必然导致产出不能满足消费的需要，最后只能通过贫困、饥馑和灾荒等抑制人口增长。依据马尔萨斯理论形成的发展经济学理论认为，不发达状态是一种"贫困恶性循环"。由于人口相对于其他生产要素而言是过剩的，社会的生产率、产出和收入水平极为低下，经济增长的结果既不能满足消费的需求，也不能形成足够的储蓄从而形成资本，致使低生产率、低产出和低收入又成为下一个经济循环的起点。这个模型描述的就是一个以人口过度增长和劳动力过剩为前提，潜在增长能力处于低水平均衡的不发达状态。

人口红利模型。20 世纪 90 年代出现的以拉格讷·讷克斯为代表的经济学流派观察到，在特定的人口转变阶段上，会形成一个有利于经济增长的人口年龄结构，表现为非劳动年龄人口与劳动年龄人口之间的比率持续下降，从而使这个人口抚养比不断变小，通过生产要素供给和配置效率的改善提高潜在增长率。这种从人口因素中获得的经济增长额外增量，被称为人口红利。早在 20 世纪 50 年代，阿瑟·刘易斯构造的二元经济理论模型，把现代经济部门吸收农业剩余劳动力的过程和机制，作为劳动力无限供给条件下经济增长的途径，也适用于解释人口红利的实现过程。

也就是说，由于都是以特定人口转变阶段形成的人口结构特征解释经济增长源泉，所以，这两个理论尽管分别强调的是不尽相同的特质，也分别以人口红利和劳动力无限供给作为特征化表述，仍然具有十分相近的理论基因。由于劳动力无限供给在某种程度上是劳动年龄人口增长的结果，两者也都是发展中国家特定阶段的禀赋条件或经济特征，因此，这两种经济发展模型反映了一个获取人口红利的动态过程，为发展中国家实现赶超发展提供了理论依据。

长期停滞模型。凯恩斯承认，在特定发展阶段，马尔萨斯认为人口过快增长会导致生活水平降低是事实，同时也指出，在不同的发展阶段，人口增长的停滞也会给经济增长带来灾难性的结果。阿尔文·汉森把人口停滞造成的这种经济增长结果称为"长期停滞"。劳伦斯·萨默斯指出，在 2008 年全球金融危机发生前后，以美国经济为代表，世界经济已经处于这种以低通货膨胀率、低长期自然利率和低经济增长率为特征的长期停滞新常态。

长期停滞是一种供给侧现象，即由于劳动力短缺、技能供需不匹配以及资本报酬递减等因素构成对发展的制约，并表现为潜在增长率的下降；也是一种需求侧现象，突出表现在比较优势未能实现动态转换、市场主体投资意愿低、过大的收入差距导致消费不足和储蓄过度等因素制约，以致社会总需求不足以保障国民经济在潜在能力上实现增长。可见，这个模型所描述的，是一个在人口增长停滞和老龄化条件下的均衡状态，一旦国家的经济增长陷入这种状态，则会经常出现负增长缺口。

由于人口转变阶段与经济发展阶段之间具有紧密的逻辑关联，上述三个与人口相关的经济发展模型，也在时间上具有相互继起的关系，分别反映不同发展阶段的经济增长源泉和制约。新中国成立以来，特别是改革开放以来，中国先是经历了打破贫困陷阱的起飞阶段，随后在二元经济发展过程中兑现了人口红利，从而创造了减贫和高速增长的奇迹。在人口转变和经济发展都发生了阶段性变化的情况下，中国已经跨越了劳动年龄人口峰值和负增长的人口转折点，正在以供给侧改革应对潜在增长率下降的挑战。随着总人口峰值和负增长的转折点日益临近，必须高度关注和有效应对来自需求侧的挑战。

人口老龄化：一般规律和特殊国情

一般来说，老龄化主要是由两个因素导致的人口转变结果。第一是生育率的下降。由于一个社会的生育率经历从早期发展阶段的高水平到更高发展阶段的低水平的下降过程，早期的婴儿先后成长为青少年、劳动者和老年人，老年人口比重的提高正是这个人口"回声"的结果。第二是老年人口寿命的延长。人口健康水平的提高和人均预期寿命的增长，也在很大程度上表现为人们更加长寿，进一步提高老年人口的比重。因此，随着社会经济发展水平的不断提高，作为一个规律性结果，人口老龄化必然发生。

中国的生育水平经历了迅速和大幅度的下降。中国的总和生育率从1974年以来就大幅度低于世界平均水平，自1992年以来则始终低于2.1的更替水平。类似地，自20世纪70年代以来，中国人均预期寿命不仅显著高于世界平均水平，也始终高于中等偏上收入国家平均水平，明显地向高收入国家平均水平趋近。根据世界卫生组织的统计，2019年中国的出生人口预期寿命为77.4岁，60岁人口预期寿命为21.1年，出生人口健康预期寿命为68.5岁，60岁人口健康预期寿命为15.9年，都明显高于世界平均水平。因此，中国不仅符合人口不断趋于老龄化的一般规律，还表现出以下三个特点，有必要作为新的人口国情特征来把握。

首先，中国的人口老龄化速度显著快于世界平均水平，也快于几乎所有的其他主要经济体。根据联合国的预测数据，在2015—2055年间，中国60岁及以上人口的比重（我们可以称之为老龄化率）将以年平均2.35%的速度提高，同期这个比重的年平均增长速度，世界平均为1.53%，高收入国家平均为 0.97%，不包括中国在内的中等偏上收入国家平均为 2.17%，中等偏下收入国家平均为 1.98%，低收入国家平均为 1.44%。可见，无论与任何一个国家分组相比较，中国的人口老龄化速度都是更快的。

世界银行还把各国按照所处的人口转变阶段分别归入前人口红利组、早期人口红利组、晚期人口红利组和后人口红利组。以前的研究表明，这种分类与按照人均收入进行的分类有着高度的关联度，即上述四个组别总体上分别对应着低收入国家、中等偏下收入国家、中等偏上收入国家和高收入国家。因此，与前面根据老龄化速度比较得出的结论相类，和同处在任何人口转变阶段上的国家相比，中国的老龄化速度都是最快的。

其次，中国不仅拥有最大规模的老年人口，而且这个地位将在很长时间里继续保持，即便到中国总人口不再排在世界第一位的时候也是如此。按照目前的人口增长率和老龄化提高速度，2025 年印度总人口将会超过中国；中国人口占世界比重将从 2020 年的 18.1% 下降到 2055 年的 13.2%，同期中国 60 岁及以上人口的世界占比则仅仅从 23.4% 下降到 22.6%，始终保持在世界第一的地位。

最后，中国人口老龄化的特殊性在于，老年人口比重的世界排位远远超前于人均 GDP 的排位，即表现为未富先老。从发展阶段的角度来看，中国属于中等偏上收入国家，2019 年人均 GDP 为 10262 美元，比中等偏上收入国家的平均水平（9040 美元）高出 13.5%，与高收入国家分组的下限水平（12235 美元）仍有一定的差距。根据全国第七次人口普查数据，中国的老龄化率为 18.7%，其他中等偏上收入国家的平均水平为 12.5%，高收入国家平均水平为 24.1%。

如前所述，在未来的很长时间内，中国的老龄化速度都将是世界最快的，因此，按照目前的预测，大约在 2035 年前后，中国的老龄化率就会超过高收入国家的平均水平。与此同时，按照对人均 GDP 增长潜力的预测，2035 年中国的人均 GDP 按中位预测将达到 21730 美元，按高位预测可达 22999 美元，距现行的高收入国家平均水平（44540 美元）仍有较大的差距。可见，中国的未富先老特征将长期保持。

中国人口发展的这三个特征，将长期伴随着中国的经济发展，影响中国社会的诸多领域和方方面面，成为中国迈向社会主义现代化国家途中不可忽视的重要人口国情。这同时也意味着，在未来的发展中，我们必须学会与老龄化共舞，认识其挑战及其性质，形成应对挑战的战略思维和策略方针，通过深化改革构建国内国际双循环相互促进的新发展格局。

人口老龄化如何影响社会总需求？

根据人口预测数据，从 2010 年第一个人口转折点到 2025—2030 年第二个人口转折点，是中国老龄化发展最快的时期。所以，总人口到达峰值，意味着老龄化程度的加深，将从供给侧产生一个新的、叠加的冲击，并进而扩展为需求侧冲击。首先，潜在增长能力进一步减弱从而经济增长减速，降低基础设施的投资需求，降低企业通过投资扩大产出能力的意愿，进而降低资本形成对经济增长的贡献水平。其次，劳动力短缺和工资上涨，推动劳动力丰富的传统比较优势加速丧失，使国际市场对中国劳动密集型产品的需求加快转向其他国家的生产者，降低出口需求对经济增长的贡献水平。再次，经济增长和劳动力转移的减速，也会使劳动者收入提高速度减慢，相应弱化居民消费需求。

总体来说，人口峰值对消费需求的冲击来自三种效应。第一是总量效应。假设在其他条件不变的情况下，人口增长减速就意味着消费增长的减速，而人口总量的减少自然就意味着消费者人数的减少。第二是结构效应。在老龄化加速的进程中，一个国家通常由于老年群体的人口特征影响，社会总需求受到抑制。由于随着年龄的提高，劳动参与率趋于下降，劳动收入逐渐减少乃至消失，加上中国城乡养老保险尚处于低水平、广覆盖的阶段，老年人的消费力明显下降。第三是分配效应。在经济增长速度减慢的情况下，做大蛋糕的速度放慢，一方面对分好蛋糕提出更高的要求，另一方面分好蛋糕的难度也加大。如果收入差距过大，高收入家庭边际消费倾向较低因而具有较高的储蓄率，低收入家庭边际消费倾向高而收入却不足，甚至还要进行预防性储蓄，造成社会整体的储蓄过度和消费不足。

由于中国劳动年龄人口的负增长已经发生，上述结构效应甚至分配效应已经有所显现。中国劳动年龄人口的特点，是随着年龄提高受教育程度递减，由于新成长劳动力日益减少，受教育程度较低的大龄劳动力占比提高，劳动力整体的人力资本存量改善速度明显放慢，不同年龄段之间的人力资本反差越加明显。根据 2010 年第六次全国人口普查数据，在 20~34 岁人口组中，受过高中及以上教育的比例为 39.8%，随着年龄提高这个比例便依次递减，35~49 岁人口组降低到 23.4%，50~64 岁人口组进一步降低到 16.0%，而 65 岁以上人口组仅为 8.5%。那些年龄偏大的劳动者在就业市场上必然处于劣势地位，就业能力和劳动者技能难以适应要求。

因此，随着劳动力平均年龄的提高，技能缺乏和就业能力不足的现象日益突出，不仅造成渐进式延迟退休的政策无法如期推进，甚至很多劳动者在尚未达到退休年龄时便实际退出就业岗位，造成整体劳动参与率的显著下降。就业者实际退休年龄低，就意味着较早丧失劳动收入，老龄化成为新的致贫因素，甚至成为贫富差距扩大的原因，不仅阻碍消费充分发挥拉动经济增长的作用，还可能使一部分老年人陷入贫困。

关于总量效应和分配效应，或许可以从已经进入人口负增长的国家获取一些有益的镜鉴。如果我们不考虑人口很少（如低于 100 万）的国家，迄今为止，处于人口负增长的主权国家有 20 个。其中俄罗斯和中东欧国家占多数，这些国家在 20 世纪 90 年代初转型时期大多遭遇到经济和人口冲击，因此，后来出现早熟型人口负增长有其特殊的历史和现实因素。在这类国家之外，比较接近于按照人口转变趋势自然进入负增长阶段，并且一直实行市场经济的国家，是葡萄牙、日本、希腊和意大利。撇开这四个国家在经济增长速度和政府负债率等方面众所周知的不佳表现，我们可以看到在人口转入负增长阶段后，这四个国家分别都产生了过度储蓄的倾向。

从人口增长率成为负数的年份来看，葡萄牙和日本都是 2010 年，希腊是 2011 年，而意大利是 2012 年。这些国家在人口进入负增长之后，与转折点之前的大约十年相比，都显现出储蓄率（国民总储蓄占 GDP 比重）大于投资率（资本形成总额占 GDP 比重）即过度储蓄的趋势。我们用储蓄率与投资率的比率，反映投资需求与储蓄水平的关系，并称之为过度储蓄指数，可以粗略地反映投资需求疲软和储蓄过度的走势。如图 5-1 所示，在四个国家先后进入人口负增长阶段之后，这个指数都显著地攀升。

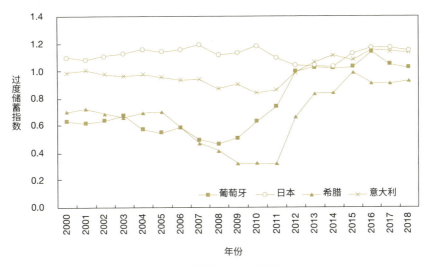

图 5-1　人口负增长导致过度储蓄的倾向

资料来源：World Bank, World Development Indicators, 世界银行官方网站：https://data.worldbank.org/。

如果一个国家的总需求长期处于不充足的状态，不能支撑经济按照潜在能力增长，便会形成负增长率。在这方面，日本可以作为一个典型的案例。日本在人口转变的过程中，先后经历了两个人口转折点，即劳动年龄人口和总人口的峰值。在人口红利消失因而潜在增长率下降的过程中，日本朝野各界都认为是需求不足制约经济增长速度，因此，从 20 世纪 80 年代起就实施了力度很大的刺激政策，到 80 年代后期，在一度把实际增长率推高到潜在增长率之上的同时，也造成了巨大且疯狂的股市泡沫及房地产泡沫。

在 20 世纪 90 年代初经济泡沫破裂之后，日本的 GDP 实际增长率从大幅度高于潜在增长率的水平上一路下行。与此同时，由于日本人口老龄化加剧和总人口增长减慢，需求不足的现象日益显现出来，反而越来越频繁地出现实际增长率低于潜在增长率即形成负增长缺口的情形。根据日本银行的计算，从 1993 年第一季度日本经济出现负增长缺口开始，截至 2020 年第一季度，在 109 个季度的数据中，有 69 个季度录得负增长缺口，频率高达 63%。

通过供需两侧改革突破需求制约

我们可以从两个人口转折点来看老龄化带来的两次对经济增长的冲击，特别是理论上的供给侧潜在增长率以及需求侧潜在增长率如何随着人口转变发生规律性的下降，以及这个总趋势的阶段性特征和两个潜在增长率降低过程中的相互关系。由于两个人口转折点分别对于供给侧和需求侧产生更明显的负面冲击，所以，如图 5-2 所示，在第一个转折点之后，供给侧潜在增长率下降速度快于需求侧潜在增长率；而在第二个转折点之后，需求侧潜在增长率下降速度很可能快于供给侧潜在增长率。

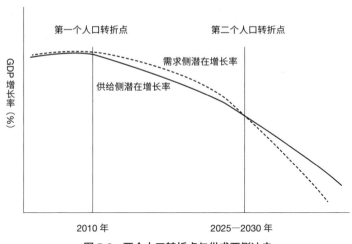

图 5-2　两个人口转折点与供求两侧冲击

　　如果不未雨绸缪做出准确判断，从改革开放发展诸方面予以有效应对，可能出现实际增长率不能达到供给侧潜在增长能力的情形，就会像日本经济在丧失人口红利之后那样，在供给侧潜在增长率不断降低的同时，需求侧潜在增长率下降更快，以致经常出现增长缺口。

　　在国民经济循环中，供给因素通过生产函数决定潜在增长能力，需求因素通过国民经济恒等式保障实现潜在增长率，可见，一个良性的经济循环，要以供需两端的平衡关系为前提。不仅如此，既然经济循环的供给侧和需求侧是相互关联、互为条件的，两侧之间既可能构成制约的关系，也可以形成促进的关系。因此，旨在扩大社会总需求的举措，分别存在于供需两侧。同样，消除妨碍需求扩大的体制机制障碍所要进行的改革领域，也分别存在于供需两侧。

　　供给侧的改革以改善生产要素供给和提高生产率为直接指向，以达到提高潜在增长率为最终目标。在不同时期，供给侧改革会有侧重点。例如，在经济发展进入新常态、潜在增长率下降的情况下，针对一度普遍存在的产能过剩、库存过多、杠杆率过高、僵尸企业大量存在等现象，供给侧结构性改革把去产能、去库存、去杠杆、降成本、补短板和处置僵尸企业作为重点任务，着眼于提高生产要素的使用效率和配置效率、营造创造性破坏的优胜劣汰竞争环境，通过提高劳动生产率和全要素生产率，达到提高潜在增长率的目的。

在社会总需求日益成为经济增长制约因素的情况下，供给侧改革有必要转向提升供给能力、供给结构和供给体系对国内需求的适配性、打通经济循环堵点进而扩大总需求的方向。例如，拓展和升级中国经济的比较优势，既有利于提高潜在增长能力，也可以通过提升产业和产品的国际竞争力，增加出口进而扩大外需。在更高的潜在增长能力下保持合理速度区间，有利于拓宽和掘深投资领域，稳定和扩大资本形成需求。提升产业链、供应链的完整性，促进国内市场成为最终需求的主要来源，可以实现供给创造需求的更高水平动态平衡。在保持居民收入增长与经济增长基本同步的条件下，居民消费需求可以得到合理扩大。

需求侧的改革以扩大"三套车"（出口、投资和消费）的规模和能力为直接指向，以获得符合潜在增长率要求的社会总需求为最终目标。需求侧改革的着眼点和着力点在于消除制约社会总需求的各种体制、机制和体系障碍，打破需求瓶颈造成的经济循环堵点。

首先，打破地区封锁和市场分割，健全和规范国内统一市场，避免每个地方都搞自我小循环，既是建立合理高效流通的要求，也是创造购买和消费便利条件的需要。形成健全和规范的国内统一市场，既关乎市场效率也关乎经济效率，是形成畅通的经济循环的基础条件。从产品生产的角度来说，只有做到供给和需求互相促进、生产和销售相互衔接，才能避免流通受阻和供需脱节的市场分割现象。在同时考虑到生产要素市场的情况下，遵循国内版雁阵模型促进产业转移，在更深、更广的层面发挥区域比较优势，是在人口红利消失条件下拓展比较优势的重要途径。此外，在高质量发展越来越需要以全要素生产率提高为可持续驱动力的条件下，国内统一市场也是提高全要素生产率的重要源泉——资源重新配置效率的必要前提。

其次，加强反垄断和反不正当竞争，是维护公平竞争、促进市场主体创新、保护消费者权益的必然要求。坚持市场在资源配置中起决定性作用的改革方向，构建充分竞争的市场环境，以制度安排保障企业不论规模大小、姓公姓私，政策上一律平等对待，公平参与市场竞争。政府的鼓励政策应该更多用于中小微企业，而对于大型、具有天然垄断性质的大公司，则应该加强规制，对垄断行为防患于未然。特别是针对平台企业侵犯消费者隐私和权益、利用算法操纵和欺骗消费者、借助科技手段针对特定人群制造数字鸿沟或设置过高门槛等行为，加强监管和执法，是让数字经济发挥扩大消费需求作用的必要市场制度保障。

最后，让居民住房、教育、医疗和养老回归基本公共服务性质，为普通家庭的消费解除后顾之忧。党的十九大报告指出，在幼有所育、学有所教、劳有所得、病有所医、老有所养、住有所居、弱有所扶上不断取得新进展。由于这七个方面涉及老百姓最关心、最直接、最现实的利益问题，补齐这方面的民生短板具有基本公共服务的性质。如果简单地把这些问题交由供求关系决定的价格机制来解决，就会出现市场失灵的现象，导致居民过度预防性储蓄，抑制消费的合理增长，终究会干扰正常的经济循环。

实施积极应对人口老龄化国家战略

党的十九届五中全会提出，实施积极应对人口老龄化国家战略。在"十四五"乃至更长的一段时间里，中国经济社会发展面临的诸多风险挑战，都与老龄化进程相关，存在于劳动力数量和素质、增长速度合理区间、养老保险可持续性、居民消费潜力、涉老产业发展等与人口均衡状况相关的领域。从以人民为中心的发展思想出发，结合中国人口发展的阶段特点，把握好新的人口国情，着眼于解决一系列经济社会发展问题，都可以统一在积极应对人口老龄化这个大战略框架之中。

未富先老、快速老龄化和超大规模老年人口等特征，将是中国在很长一个时期的重要国情，给经济社会发展带来严峻的挑战。与此同时，以改革的方式积极应对这些挑战并化解风险，可以为中国的现代化进程创造新的机遇，中国老龄化和老年人口的特点也可以转化为独特的优势。下面，我们先辨识和解读这些相关挑战。

迅速加深的老龄化对人口均衡发展产生了严重的冲击，正在逆转着长期以来具有的"生之者众、食之者寡"的人口年龄结构和抚养比特征。"十四五"期间乃至到2035年之前，将是中国人口抚养比（60岁及以上人口相对于15~59岁人口的百分比）提高最显著的时期，预计将从2020年的26.7%提高到2025年的33.0%，到2035年则达到50.9%。

迅速加深的老龄化给养老资源的筹集和供给带来挑战。中国作为发展中国家，特别是由于具有未富先老特征，在老龄化过程中面临的最大挑战将是养老资金的不足。目前的高收入国家，深度老龄化已经造成不堪其重的养老金负担。例如，在经济合作与发展组织中，养老金支出占GDP的比例平均达到7.7%，成员国中已经处于人口负增长的国家则大大高于平均数，如葡萄牙的这一比例为12.7%，日本为9.4%，希腊为15.5%，意大利为15.6%。因此，提高法定退休年龄、提高缴费率或者降低给付水平，不可避免地成为弥补养老金缺口的选项。虽然中国的养老金支出占GDP比例仍然较低，例如，2019年仅为5.3%，随着中国日益趋近第二个人口转折点，未来的老龄化速度将显著快于上述国家，养老金支出的增长速度也必然快于这些国家。

迅速加深的老龄化带来一系列问题，构成潜在经济社会风险的诱因，使人口问题有可能演化成意外事件的爆发点。老龄化减缓经济增长速度和加重养老负担是一种可以预见的"灰犀牛"事件进程，而由于养老问题涉及资金积累和运作等问题，在某个意想不到的时刻，某种突发危机还会触发具有"黑天鹅"事件性质的系统性风险。例如，有的研究者认为，在养老基金已经成为资本市场上的巨大组成部分，并且各类资金和金融资产风险加大的情况下，养老基金可能成为下一次金融危机的诱因。

中国老龄化仍将逐渐加深。不过，老年人口的年龄结构仍会在一定时期内保持相对年轻。按照规律，越是到更深度的老龄化时期，高龄老年人增长的速度越快，不仅养老负担显著加重，与老龄化相关的其他经济社会问题也更为突出。根据预测，在 2035 年之前，中国 60~69 岁年龄组的人口占全部老年人口的比重将保持在 50% 以上。2035 年之后，高龄老年人的比重将加速提高，70 岁及以上人口占老年人口比重将超过 50%，在 2055 年即到达老龄化峰值时将高达 57.7%，届时 80 岁及以上人口占老年人口比重也将达到 27.7%。因此，可以说在"十四五"期间乃至今后十年的时间里，中国仍然处于一个短暂的时间窗口期，积极应对老龄化，特别是在动员养老资源和满足老年人护理需求方面，需要加紧进行制度建设和资源调动。

积极应对人口老龄化战略涉及生育政策、退休制度、教育和培训体系、社会养老保险模式、收入分配格局、老年服务产业发展等一系列与人民日益增长的美好生活需要相关领域，《中共中央关于制定国民经济和社会发展第十四个五年规划和二〇三五年远景目标的建议》做出全面部署，与之相关的改革和发展任务需要进行顶层设计、系统集成、协同推进。以下政策领域和制度建设任务应该具有重要的优先序。

第一，按照优化生育政策，增强生育政策包容性的部署，推动人口生育率向更均衡、可持续的水平靠近，减缓人口增长率的下降趋势。按照一般规律和国际经验，中国的总和生育率很难再回到 2.1 的更替水平，但是，尽可能与经济发展阶段相匹配，如回升到更接近 1.8 的水平，仍可产生有利于人口长期均衡发展的效果。因此，应稳妥推进生育政策改革，尽快实现家庭自主生育。与此同时，也要推进配套的公共服务体系建设，降低生育、养育和教育孩子的家庭成本，形成育儿友好型的社会环境，提高家庭生育意愿和养育子女的能力。

第二，从设计养老金支付方式和加强在职培训等方面入手，提高老年人的实际劳动参与率，出台延迟法定退休年龄的时间表和路线图。养老金支付方式的设计重在增强老年人劳动参与的积极性和延迟退休的有利性，加强在职培训着眼于提高老年劳动力的劳动技能和就业能力。在从这两个方面提高实际劳动参与率的前提下，渐进式延迟（法定）退休年龄就更加人性化，最大限度达到政策意图和个人意愿的激励相容。

第三，建立健全尊老敬老事业、养老产业和老年服务产业发展的政策扶助体系，调动全社会资源和积极性，构建老年友好型社会。特定人口年龄结构的形成，是以往所实施相关政策和发展路径的结果，因此，很多有助于应对老龄化的事业和产业，具有公共品的性质，需要政府提供真金白银的政策扶持。此外，既然人口老龄化是不可逆的趋势，未来的经济社会发展都应该立足于利用老年人力资源和满足老年人的需求。因此，相关涉老产业的发展作为老龄化社会的新经济增长点，应该成为产业政策的重点扶持领域。

第四，基本公共服务供给体系应充分考虑人口老龄化不断加速和加深的因素，做到供给的均等化和社会保障给付的可持续。社会养老保险资金应在缴费的基础上，开辟更广泛的资金筹措来源，包括保持养老基金的保值增值、提高国有资产划拨充实社保基金的制度化和机制化水平，确保在抚养比进一步提高情况下养老金可持续支付。尽快建立长期护理保险制度，切实做到老有所养、老有所护。加强执法力度消除就业市场上的年龄歧视，提高有能力、有意愿工作的老年人的实际劳动参与率。

2019年，中国有9.7亿人口获得基本养老保险制度的覆盖，其中

55.0% 的人口参加了城乡居民养老保险，主要是农村居民和农民工，以及城镇居民中非就业人员或者灵活就业人员；其他 45.0% 系由城镇职工基本养老保险所覆盖，其中也分为两种类型：大约 87.2% 系企业职工，其余部分系行政事业单位职工。目前，不同类型的基本养老保险之间存在着待遇上的差别，特别表现为城乡居民养老保险待遇大大低于城镇职工基本养老保险。

从这个现状可以引申出两点政策含义。其一，提高社会养老保险水平，需要着力缩小针对不同群体的基本养老保险项目之间待遇水平的均等化程度。其二，鉴于城乡居民养老保险系自愿参加、低缴费率以及各级政府予以补贴，因此，从这个模式入手提高基本养老保险制度的普惠性，是在扩大覆盖率基础上逐步提高保障水平的可选路径。

参考文献

[1] 谢伏瞻主编，蔡昉、李雪松副主编：《迈上新征程的中国经济社会发展》，中国社会科学出版社2020年版。

[2] 蔡昉：《从中等收入陷阱到门槛效应》，《经济学动态》2019 年第 11 期。

第六章

需求"三驾马车"变化与趋势

　　消费、投资和净出口被称为拉动经济增长的"三驾马车"。未来在打造以国内大循环为主体、国内国际双循环相互促进的新发展格局进程中,这"三驾马车"将呈现怎样的趋势?本章系统梳理改革开放以来中国宏观需求结构的演变历程、分析其理论逻辑及发展趋势,将中国宏观需求结构演变划分了三个阶段。本章认为,虽然新冠肺炎疫情的冲击使需求结构暂时发生了很大偏离,但未来需求结构仍会逐步向消费主导型转变。这是中国发挥超大规模市场优势、加快形成双循环新发展格局的重要基础。针对未来的宏观需求变化趋势,加快构建新发展格局的政策着力点是:加大二次分配调节力度,以充分释放内需增长潜力并让发展成果更好惠及全体人民;加快构建创新生态体系,提升金融资源配置效率,提高投资收益,打通内循环的堵点;实现中国制造的品质革命,打造制造业竞争新优势,支撑新发展格局战略;同时,加强与周边国家的经贸合作,充分发挥区域经济合作比较优势,畅通国内国际双循环。

改革开放后 40 多年的经济高速增长期，中国受益于人口结构以及政策转变，实现了投资和外贸出口的高增长，消费占比曾下降到只占 GDP 的一半左右，中国一度因此被称为"失衡的巨龙"。通过这种所谓的"失衡"，中国经济实现了高速增长，进入了中高收入国家行列。但是显然这种"失衡"状态下的经济是不可持续的。加快形成国内大循环为主体、国内国际双循环相互促进的新发展格局，可以使得我国需求结构更加平衡，经济增长更高质量、更可持续、更有效率。

从"三驾马车"变化看双循环新发展格局

根据国民经济核算框架，由消费、投资和净出口构成的总需求决定了一国的产出规模，也即支出法核算的 GDP。因此，消费、投资和净出口也被称为拉动经济增长的"三驾马车"，它是凯恩斯主义对宏观需求的基本分析框架。凯恩斯主义认为，当经济不能自发使总需求与总供给趋于平衡时，有必要依赖政府对总需求进行调节。当总需求不足时，政府需要设法提高总需求；当总需求过度时，需要设法降低总需求。这里的不足和过度是相对于总供给来说的，也就是经济中的潜在产出水平。

在一个封闭经济体中，从支出角度看，总产出（GDP）是消费（C）和投资（I）之和，从收入角度看，GDP 可以用于消费（C）和储蓄（S）；对于一个开放经济体来说，则支出端要加上出口（X），收入端要加上进口（M）。[①] 因此，对于封闭经济体来说，投资等于储蓄（I=S），而在开放经济体中，投资等于储蓄减去净出口 I=S–(X–M)，或者说储蓄等于

---

① 因为这里的消费（C）和投资（I）指的是总消费和总投资，而不是私人部门的消费和投资，以便与本章所要分析的需求"三驾马车"一致，所以这里没有将政府部门单独考虑，也没有本国居民对外国人的净转移支付。

投资与净出口之和。

一、消费还是投资：如何做出权衡

在一个储蓄率事先给定的宏观经济模型中，经济中的宏观需求结构一成不变；但在人们可以对消费和储蓄率做出优化决策的模型当中，宏观经济的需求结构会受到经济中初始要素禀赋和外部冲击的影响，经济中的消费和投资占比会随时间推移而变动，以实现最大化的福利水平。

在经济产出是用于消费还是投资的权衡取舍过程中，起关键作用的是实际利率的高低，而实际利率主要取决于资本边际产量（MPK）。当人们放弃当前一单位消费可以在未来获得足够高的报偿时，就会倾向于放弃消费做出储蓄的决策。因此，我们可以获得一个非常直观的认识就是，在实际投资回报率较高的时候，消费率就会相对较低，储蓄率就会较高以换取未来更多的消费。

在改革开放后的相当一段时期内，我国最典型的一项要素禀赋特征就是劳动力资源丰富，在实行市场和资源两头在外的国际大循环过程中，实现了较高的投资回报率。按照经济学的一般规律，随着资本投入的增加，其回报率会逐渐下降。但我国劳动力无限供给的特征打破了资本边际产量递减规律。从20世纪90年代中期到2007年，我国资本边际产量除受亚洲金融危机影响时期有所下降外，在2001年加入WTO后还出现了一定程度的上升。

从这一时期的宏观需求结构看，最终消费率在GDP中的占比由升转降，2007年较2000年下降了13个百分点，或者说以投资率和净出口率之和表示的总储蓄率出现了相应程度的上升。在市场和资源两头在外且人民币汇率保持稳定的情况下，净出口率得以提高，同时MPK上升带动了国内储蓄率的抬升和外商及港澳台投资的流入，即出现了双顺差的局面。

在我国要素禀赋发生变化外加 2008 年全球金融危机冲击的情况下，从 2008 年开始，我国 MPK 出现了比较大幅度的下降。为稳定总需求，政府加大了投资的力度，使最终消费率在随后几年小幅走低，但随着 MPK 的下降，总储蓄意愿开始下降，消费率逐步抬升。2019 年，最终消费率比 2010 年提高了 6.1 个百分点。同时，随着收入水平提升和消费占比的增加，居民消费结构也在发生变化，实现了物质消费为主逐步向服务领域消费的转变，服务消费因生产和消费具有同时性，可贸易性差，需要依托我国超大规模市场优势促进国际合作，以强大的国内需求集聚全球优质资源。

二、宏观需求结构变迁的典型事实

相对于从绝对收入假说、相对收入假说到生命周期等一套系统的消费理论来说，经济学界对宏观需求结构变迁更多的是归纳了一些典型事实（Stylized Facts）。世界银行的钱纳里（Hollis B. Chenery）等经济学家对全球几十个国家工业化进程中经济结构的演变规律进行了深入研究，发现随着收入水平的不断提高，消费结构中食品消费占比不断下降，非食品消费占比不断提高，产业结构中第一产业增加值占比不断下降，工业和服务业增加值占比逐步提升；作为消费结构和产业结构提升的结果，投资率不断提高而消费率不断下降。

随着居民收入水平的继续提升，后期的研究者们发现，服务消费占比会进一步提升，相应地物质消费占比则趋于下降。相应出现制造业占比的下降和服务业占比的提升，从而造成投资率趋于下降而消费率会逐步回升。从中国具体情况看，第二产业增加值占比由 2000 年 44.5% 上升到 2006 年 47.6% 的高点后下降，2019 年降到了 39.0%，经历了先升后降的过程。在这一过程中，最终投资率确实也出现了先升后降；消费率则先降后升；与投资率走势保持基本一致的净出口率，则由 2000 年的 2.4%

攀升到 2007 年的 8.7% 后转为下降，2019 年下降到了 1.5%。

三、从国际循环到国内循环：动能此消彼长

中国与一些成功实现赶超国家略有不同的可能是人口结构转变得更快。在农村存在大量剩余劳动力的时期，城市工业部门只需以稍高于农业部门的收入就可以吸引到足够的劳动力。劳动力成本低不仅有利于增强出口产品的价格竞争力，也相应地压低了国内需求，因此为净出口增长营造了非常好的环境。2010 年后，中国 15~59 岁劳动年龄人口数量开始持续下降，这是中国人口的第一个转折点。2019 年 15~59 岁劳动年龄人口较 2010 年减少了近 3000 万，随着 1962—1972 年生育高峰期出生人口陆续进入退休年龄，未来一段时期，我国劳动年龄人口还会出现一个比较快速的下降。

在国内人口结构发生变化的同时，国际环境也在发生着深刻复杂的变化。从全球贸易来看，根据世界银行数据，货物和服务出口占 GDP 之比在 2008 年全球金融危机之后的十多年间，年均增长率仅为 0.13%，而在 1990—2008 年的年均增长率则高达 0.64%。近年来，一些国家的单边主义、贸易保护主义明显抬头，逆全球化思潮正在发酵，新冠肺炎疫情的冲击进一步增添了全球经济面临的不确定性和不稳定性。

随着外部环境和我国发展所具有的要素禀赋条件的变化，市场和资源两头在外的国际大循环动能明显减弱；而我国内需特别是消费需求潜力不断释放，这有利于形成超大规模市场优势。同时，随着居民收入水平的进一步提升，服务性消费的占比会继续提升，相对于物质性消费，服务性消费的可贸易性较差，这也为依托国内超大规模市场优势促进国际合作，以强大的国内需求聚焦全球优质资源提供了条件。

正是着眼于我国发展阶段、环境、条件变化，2020 年 8 月 24 日，习近平总书记在经济社会领域专家座谈会上指出，近年来，随着外部环境

和我国发展所具有的要素禀赋的变化，市场和资源两头在外的国际大循环动能明显减弱，而我国内需潜力不断释放，国内大循环活力日益强劲，客观上有着此消彼长的态势。① 未来一段时期，国内市场主导国民经济循环特征会更加明显，经济增长的内需潜力将逐步释放。

党的十九届五中全会通过的《中共中央关于制定国民经济和社会发展第十四个五年规划和二〇三五年远景目标的建议》提出要坚持扩大内需这个战略基点，加快培育完整内需体系，把实施扩大内需战略同深化供给侧结构性改革有机结合起来，以创新驱动、高质量供给引领和创造新需求。

2020 年 12 月召开的中央经济工作会议要求，加快构建以国内大循环为主体、国内国际双循环相互促进的新发展格局，要紧紧扭住供给侧结构性改革这条主线，注重需求侧管理，打通堵点，补齐短板，贯通生产、分配、流通、消费各环节，形成需求牵引供给、供给创造需求的更高水平动态平衡，提升国民经济体系整体效能。因此，有必要对我国宏观需求结构的演变历程、理论逻辑及发展趋势进行全面系统的梳理和分析。

中国宏观需求结构演变的历程与逻辑

一、1978—2018 年宏观需求结构演变

为揭示中国宏观需求结构演变历程，本章运用支出法 GDP 核算恒等式，即 GDP= 消费 + 投资 + 净出口，并且选取国家统计局公布的 1978—2019 年 GDP 支出法中的各项数据，计算了三大需求在 GDP 中的占比以

---

① 习近平：《在经济社会领域专家座谈会上的讲话》，《人民日报》2020 年 8 月 25 日。

及对经济增长的贡献情况（附图 6-1）。可以看出，改革开放至今的 40 余年里，中国宏观需求结构的演变历程大致可以分为三个阶段，不同阶段的经济增长拉动力量存在着明显差异。

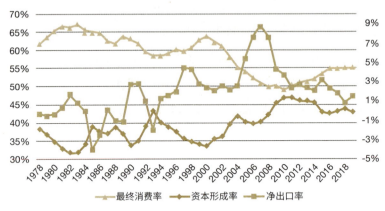

图 6-1　1978—2018 年中国宏观经济需求结构

资料来源：国家统计局。

第一阶段（1978—2000 年）：消费主导型。这一阶段，消费占据主导地位，最终消费率虽有所波动，出现先上升、后下降再回升的局面，但总体处于相对高位，平均为 62.8%，远大于资本形成率和净出口率之和。同时，最终消费支出对 GDP 增长的贡献率大多数年份超过资本形成总额和净出口的贡献率。

这一阶段，根据最终消费占比的变化，可以分为三个时间跨度较短的时期。第一个时期是 1978 年至 1983 年，这一时期消费率明显上升，1983 年较 1978 年提高了 5.4 个百分点。中国的改革发端于农村。农村经济改革初期是收入增长和收入差距缩小同时发生的美好时期，是一个兼顾公平和效率的时代。随着农民收入水平的提高，城乡居民收入比由 1978 年的 2.57，下降到 1983 年的 1.82，衡量全国居民收入分配差距的基尼系数由 1979 年的 0.330，下降到 1983 年的 0.264。收入水平的提高和分配差距的缩小，推动最终消费占比的提升，其中农村居民消费在 GDP 中的占比提高了 3.2 个百分点，这解释了总体消费率提升的 60%。

第二个时期是 1984 年至 1993 年，这一时期消费率出现明显下滑，1993 年较 1983 年下降了 8.8 个百分点。随着改革向城镇的推进，乡镇企业快速发展、非农产业向城镇聚集，投资需求加大。非农产业的发展为农村劳动力从农业转向工业提供了机会，但工业化发展存在地区间的不平衡，东部沿海地区的乡镇企业发展大幅优于中西部。这造成了工资性收入和家庭非农经营收入分配的极不平等。这一时期，消费占比的下滑主要由投资占比的提高来填补，1993 年的资本形成率为 43.4%，比 1983 年上升了 11.5 个百分点；净出口基本保持在相对平衡的状态。

第三个时期是 1994 年至 2000 年，这一时期最终消费率有所回升，净出口率开始增加。2000 年最终消费率较 1993 年上升了 5.4 个百分点，净出口率同期提高了 4.3 个百分点。与消费和净出口占比上升相对应的是投资率的下降，而投资率的下降主要是由存货增加下降引起，存货增加下降可以解释整体投资率下降的近 55%。国家统计局核算司原司长彭志龙曾指出，在一些行业或产品供不应求满足不了社会需要的情况下，一些行业或产品又供过于求，积压严重，结构性供需不平衡引起了存货量的走高。市场化取向改革强化了生产者面对市场的意识，企业加快资金周转的动力与银行降低不良贷款的压力，也迫使企业严格控制存货增加。

国有企业改革和对部分过剩产能的压缩，也降低了一些企业的投资需求。在市场化改革的推动下，1994 年 1 月人民币汇率实现了汇率并轨，通过压低汇率增强比较优势提升出口竞争力，中国从此开创了持续出口盈余的历史。当然，出口退税政策对促进出口也发挥了积极的作用。这一时期，民营和个体企业快速发展带来的农村居民向城市转移和居民收入水平提高，以及政府可支配财力占比的增强，对最终消费率的提升发挥了积极作用。

第二阶段（2001—2010 年）：投资与净出口拉动型。这一阶段，最终消费率出现了持续的下降，2010 年最终消费率为 49.3%，比 2000 年下降了 14.6 个百分点，不足 50% 的最终消费率也创下了 1978 年以来的最低水平。与最终消费率大幅下降相对应的是净出口率和投资率的上升趋势。同期，投资与净出口对经济增长的拉动作用超过了最终消费支出。受 2008 年全球金融危机影响，这一阶段可以划分为前后两个时期。

第一个时期是 2001 年至 2007 年，这一时期随着消费率的下降，投资率和净出口率出现双攀升。投资率由 2000 年的 33.7%，上升到 2007 年的 40.4%；同期净出口率也由 2.4% 上升的 8.7%。在加入世界贸易组织后，中国的出口得到了更加快速的增长，这相应也产生了巨大的投资需求。在大量农村剩余劳动力从农业部门向城镇工业部门转移的过程中，中国的人口红利得以有效实现。从中国常住人口城镇化率来看，2007 年比 2000 年提高了 9.7 个百分点，年均增长 1.4 个百分点。

这一时期，劳动力无限供给的特征打破了资本边际产量递减规律，从而实现了较大的投资回报率。较大的投资回报率有利于资本形成的快速增长。劳动力无限供给的状况使得劳动力报酬增长缓慢，在国民收入初次分配中，劳动者报酬占比出现了持续的下降。按照白重恩、钱震杰 2009 年的测算结果，劳动收入份额在 1995—2006 年间从 59.1% 逐年下降到 47.3%，相应地，资本收入份额则上升了 11.8 个百分点。廉价的劳动力优势，有利于出口和资本积累的快速增长，但同时也带来消费占比的快速下降。

第二个时期是 2008 年至 2010 年，这一时期消费率继续走低，受 2008 年全球金融危机影响，净出口率快速下跌，投资发力成为拉动经济增长的主要力量。在金融危机的冲击之下，净出口率由 2007 年的 8.7%，下降到 2010 年的 3.7%，下降了 5 个百分点。受危机影响所带来的经济增速下滑和预期不确定造成了消费增速出现放缓，最终消费率 2010 年为 49.3%，比 2007 年下降了 1.6 个百分点，这是 1978 年以来的最低水平。

为稳定经济，政府出台了较大规模的经济刺激措施，2010 年的投资率为47.0%，比2007年上升了6.6个百分点，超过了净出口率的下降。从对经济增长的贡献来看，2008年、2009年和2010年，投资分别拉动经济增长4.2、5.4和5.0个百分点，贡献率高达53.3%、85.3%和63.4%，成为拉动经济增长主要力量。

第三阶段（2011—2018年）：消费与投资双轮驱动型。这一时期，最终消费率重拾回升之势，从2010年的49.3%上升到2019年的55.3%。投资率在波动中缓慢下降，2010年投资率为47.0%，随后逐步下降到2016年的42.7%；在供给侧结构性改革的推动下，2017年至2018年投资率有所回升，在经济下行压力加大的情况下，2019年投资率下降为43.1%。同期，净出口率也在波动中缓慢下降，2017年至2019年保持在2%以下。从三大需求对经济增长的拉动来看，货物和服务净出口拉动经济增长的百分点在正负1以内波动，多数年份为负。最终消费支出对经济增长的贡献率始终保持在50%以上，平均贡献率为60.5%；投资支出对经济增长的年平均贡献率为39.9%，消费和投资成为驱动经济增长的双轮。

这一阶段我国产业结构优化进程加快，新兴消费领域的热潮正在加速，促使消费和投资在国民经济增长中扮演着更为重要的角色。同时，由于国际贸易保护主义抬头和单边主义盛行，中美贸易摩擦持续，导致我国出口增长放缓，贸易顺差增速下降，净出口对GDP增长的贡献率大部分年份为负。考虑到国际环境的不确定，以及资本边际回报率下降，未来我国投资和出口对经济拉动的作用将减弱，经济增长将回归到消费主导型的经济增长模式。

二、新冠肺炎疫情对宏观需求的冲击

2020年，在突发的新冠肺炎疫情冲击之下，我国统筹推进疫情防控和经济社会发展，使国内的生产生活较快恢复，但三大需求恢复情况尚存在一定的不平衡。这主要表现为国内最终消费恢复明显弱于固定资产投资和出口恢复状况，同时民间投资占比较高的制造业投资恢复较慢，表明经济增长的内生动力仍待修复。在新冠肺炎疫情的巨大冲击之下，国际经济格局变革调整的进程正在加速。我国国内生产生活较快恢复，不仅有利于经济率先复苏，也为保持全球供应链稳定做出了巨大贡献。

2020 年第二季度以来，在国内疫情防控取得重大战略成果，而海外疫情持续蔓延的情况下，中国经济恢复进程明显好于发达国家及全球平均水平，特别是复工复产状况明显好于世界其他国家和地区。在海外疫情持续，每日新增确诊病例持续攀升的情况下，中国外贸出口增速与全球日新增确诊病例（不含中国）呈现出非常相似的走势（图 6-2）。在世界很多地区产能恢复受阻，而防疫物资需求增加和基础生活需求必须持续的情况下，中国的产能有效缓解了疫情对供给端冲击的影响。

从世界贸易组织已经公布的数据来看，虽然受疫情影响世界主要国家出口出现了严重的萎缩，但中国出口仍维持增长，因此在世界主要国家出口中的占比明显提升，特别是进入第二季度以来这种上升势头更为明显。[①]

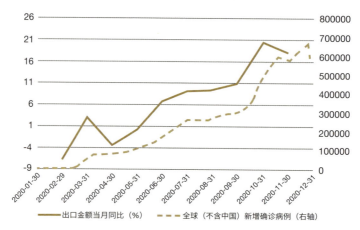

图 6-2　全球（不含中国）每日新增确诊病例与中国出口增长情况
资料来源：每日新增病例来自 WHO，出口金额来自海关总署网站。

---

① 每日新增确诊病例为近 7 天来的日平均值，出口增速滞后 1 个月，以反映当月全球（不含中国）新增确诊病例对下月中国出口的影响。

从三大需求对 GDP 增长的拉动作用来看（表 6-1），疫情冲击之下，2020 年，最终消费支出、投资、货物和服务净出口对经济增长的拉动分别为 -0.5、2.2 和 0.6 个百分点，其中最终消费支出、投资、货物和服务净出口对经济增长的贡献率分别为 -22.0%、94.1% 和 28.0%，最终消费支出减少成为拖累 GDP 增速的主要原因。但分季度来看，最终消费支出对经济增长拉动作用逐步回升，并在三季度转正，相应地投资和净出口的贡献率逐步减弱。

表 6-1　2020 年各季度三大需求对经济增长的拉动百分点和贡献率

季度	最终消费支出		资本形成总额		货物和服务净出口	
	拉动百分点	贡献率（%）	拉动百分点	贡献率（%）	拉动百分点	贡献率（%）
2020 年一季度	-4.3	63.5	-1.4	20.8	-1.1	15.7
2020 年二季度	-2.4	-73.3	5.0	154.6	0.6	18.7
2020 年三季度	1.4	28.1	2.2	45.7	1.3	26.2
2020 年四季度	2.6	39.6	2.5	38.3	1.4	22.1

资料来源：根据国家统计局数据整理。

受国内外疫情防控成果差异造成的供给面恢复的鲜明反差影响，进入 2020 年二季度，中国外贸出口快速攀升，但全球其他地区的产能利用也在缓慢恢复，受疫情影响，这一恢复进程可能会出现一些反复，但全球供给面总体逐步复苏的态势不会改变。同时，在后疫情时期，因疫情影响而造成的经济衰退和社会贫富分化加剧将促使一些国家民粹主义和民族主义浪潮进一步上升，全球社会之间的不信任感将增加，中国所面临的国际环境比疫情前可能不会有太大改观，甚至会面临更加复杂的局面。中国外贸出口、技术合作和对外投资未来可能会受到一些不利影响。这对我国进一步扩大内需特别是提升居民消费需求的数量和层次，着力打通供应链的堵点，加快形成以国内大循环为主体、国内国际双循环相互促进的新发展格局提出了较为迫切的现实需求。

中国宏观需求结构演变的未来趋势

从中国经济发展进程来看，从 20 世纪 90 年代中期开始，特别是加入 WTO 以后，中国充分发挥劳动力丰裕的比较优势，深度参与国际产业分工，以进出口总量与 GDP 之比表示的贸易依存度 2006 年一度达 64.0%，净出口总额与 GDP 之比 2007 年达到 8.6%，创下各自的峰值水平。中国实际上已经高度依赖外部市场，因此当面临外部需求冲击时，中国的经济增速会出现较大幅度的波动。

从 20 世纪 90 年代至新冠肺炎疫情暴发之前，中国遭受的重大外部需求冲击主要有两次。一次是亚洲金融危机时期，1997—1999 年中国外贸出口平均增速为 9.2%，较 1994—1996 年的平均增速下降了 9.6 个百分点；同期的中国 GDP 平均增速也较前三年下降了 3.1 个百分点。另一次则是全球金融危机时期，2008—2010 年中国外贸出口平均增速为 10.9%，较 2005—2007 年的平均值降低了 16.3 个百分点，同期的中国 GDP 平均增速也较前三年下降了 2.9 个百分点。

一、最终消费需求将成为促进经济发展的主导性力量

与出口占比提高相对应的是中国消费支出在 GDP 中的占比下滑，以及居民部门在初次收入分配与可支配收入中占比的减少。由于在初次分配中，居民部门收入中的劳动者报酬占比接近八成，因此劳动者报酬占比变化会主导居民部门在国民收入初次分配中的状况。

对于 20 世纪 90 年代中期以后中国 GDP 中劳动收入份额的下降，学者们曾给予了高度关注。按照白重恩、钱震杰 2009 年的测算结果，劳动收入份额在 1995—2006 年间从 59.1% 逐年下降到 47.3%，相应地，资本收

入份额则上升了 11.8 个百分点。劳动收入份额及居民收入占比降低会造成最终消费支出占比的下降。图 6-3 显示了 GDP 中劳动收入占比、住户部门收入份额与 GDP 中最终消费支出占比的走势存在较为明显的一致性。

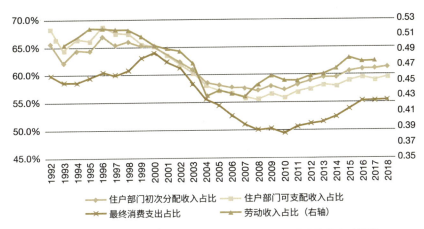

住户部门初次分配收入占比　　住户部门可支配收入占比
最终消费支出占比　　劳动收入占比（右轴）

图 6-3　中国劳动收入占比、住户部门收入份额与最终消费占比的变动情况
资料来源：根据国家统计局数据整理。

　　造成中国劳动收入份额占比在 20 世纪 90 年代中期以后较长时间内出现下降的原因，主要是劳动人口从农业部门向城市部门的转移以及产业结构变迁引起的。在农村存在大量剩余劳动力的时候，城市工业部门只需要以稍高于农业部门的收入就可以吸引到足够的劳动力，此时城市部门劳动生产率大幅高于农业部门，造成劳动收入占比的持续下降。

　　随着农村剩余劳动力的持续转移，其数量逐步减少；2010 年后，中国越过人口的第一个转折点，2019 年劳动年龄人口较 2010 年已减少近 3000 万。同时，在各产业劳动收入份额占比的比较中，农业部门的劳动收入份额高于服务业部门，而服务业部门又高于工业部门，未来中国服务业的占比还会有一个逐步提高的过程。因此，随着人口结构与产业结构的变迁，中国的劳动收入份额会出现由降转升的局面，从而带动住户部门收入份额增加和消费比重上升。

中国劳动收入份额、住户部门收入份额和最终消费支出占比，分别在 2007 年、2008 年和 2010 年到达谷底后，总体均呈现出了持续上升的态势，未来这种上升的态势应该还会延续。这是未来中国经济宏观需求结构变动的主导性力量，也是中国形成超大规模市场优势，加快形成以国内大循环为主体的重要基础。

在劳动收入占比提升的过程中，由于劳动收入相对经营性收入和财产性收入的集中度会低一些。因此，随着劳动收入在国民收入中占比的提升，居民初次收入分配差距过大的状况会得到一定程度的矫正，但调整幅度可能有限。从国家统计局公布的全国居民收入分配基尼系数来看，2008 年基尼系数在到达 0.491 的高位后，曾出现了连续 7 年的下降，2016 年又转而出现 3 年的上升，居民收入分配差距的扩大又会对消费增长形成一定的抑制作用。

二、投资占比将缓慢下降

影响未来我国投资占比的因素可以分为正反两个方面。从有利于未来中国投资的方面来看，2019 年中国的常住人口城市化率为 60.6%。按照发达国家 80% 以上的城市化率来计算，"十四五"期间乃至到 2035 年，中国的城市化水平还会保持一定程度的增长。在推动形成优势互补高质量发展的区域经济布局的情况下，未来中国的一些中心城市和城市群等发展优势区域的经济和人口承载能力会得到加强，这形成了对城市基础设施及人口集中地区房屋的投资需求，中国在全面建设社会主义现代化国家新征程中需要逐步实施这些建设投资，这也是完成建设周期的一个过程。同时，随着 5G、物联网、互联网、人工智能、大数据、区块链等新技术的发展和运用，中国必须加强相关领域的投资以引领未来的经济发展，这是提升供给侧能力和水平的重要方面，也会形成相应的巨大投资需求。

以 5G 为例，根据中国信息通信研究院的预测数据，到 2025 年 5G 网络建设投资累计将达到 1.2 万亿元，仅网络化改造一项，未来 5 年投资规模就有望达到 5000 亿元；另外，5G 网络建设还将带动产业链上下游以及各行业应用投资，预计到 2025 年将累计带动超过 3.5 万亿元投资。

当然，还有些因素会制约未来中国投资的增长。随着劳动要素在国民收入初次分配中占比的提高，相应的资本收入份额就会减少，这将总体上降低对投资的激励。从在固定资产投资中占比超三成的制造业投资来看，在人口越过第一个转折点后，中国固定资产投资增速由 2011 年的 31.8% 下降到了 2019 年的 3.1%，年均下降高达 3.6 个百分点。

随着中国即将迎来以总人口进入负增长为标志的第二个人口转折点，这给中国经济带来的冲击可能主要在需求侧。相对于第二次人口转折对消费需求的冲击来说，投资需求有可能受到了更大程度的影响。综合以上两方面因素，未来中国资本形成总额占 GDP 的比重将缓慢下降。在人口等因素难以根本扭转的情况下，如何通过创新和提高金融资源配置效率将成为延缓投资增速下降、提高经济发展质量的重要手段。

三、净出口占比将保持在小幅的正向区间

从净出口总额与 GDP 之比来看，发达国家或成功实现追赶的新兴工业化国家，大致都经历了净出口占比较高而后逐步下降的过程。美国在二战后的 1947 年，净出口占 GDP 之比达到 4.4% 的历史高点，1950 年即下降到零值附近，并在布雷顿森林体系瓦解后，长时间保持逆差状态。德国则在 2002 年欧元正式流通后，净出口占 GDP 之比出现快速增长并维持高位，2015 年达到 7.2%，随后几年有所放缓。东亚的日本净出口占 GDP 之比，在 1986 年到达 3.8% 的历史高点，随后的年份出现长时间的下降，2011—2015 年贸易出现逆差，年均为 –1.5%；2016—2019 年转正，年均 0.6%，贸易收支逐步走向平衡。

韩国作为成功跨入高收入国家行列的东亚国家，曾经是日本产业转移

的承接国和积极实施出口导向战略的国家，1984 年韩国对外贸易开始转为顺差，除个别年份外，其对外贸易持续保持顺差，1984—2019 年贸易顺差占比年均为 2.6%，1998 年其外贸顺差占比一度高达 11.3%，随后出现下降，1999—2019 年基本维持在 3.5% 左右。中国净出口与 GDP 之比，2007 年曾高达 8.6%，随后出现下降，2019 年为 1.5%（图 6-4）。从较长时间跨度的多国商品和服务净出口数据中可以看出，一国随着自身人口结构变动、产业结构变迁和国际形势变化往往很难长期维持净出口的优势地位。

在部分发达国家或成功实现赶超国家的对比中还可以发现，德国相对于其他国家的净出口占比要高一些，这主要得益于两个因素：一是德国具有发达的制造业；二是德国有欧盟和加入欧元这个货币联盟的有利外部环境支撑。相应地，中国制造业具有比较好的基础，能否实现制造业的升级，在成本优势逐步降低的情况下，寻找到新的竞争优势是关键。在成功签署《区域全面经济伙伴关系协定》（RCEP）后，中国在外贸领域可能会迎来一些新机遇。因此，未来中国净出口占 GDP 之比应该会维持在 2%~3% 的水平。

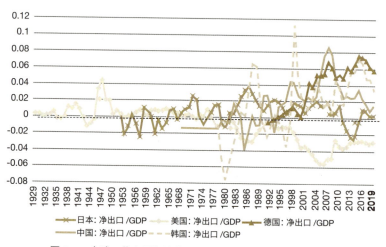

图 6-4　全球一些主要经济体净出口与 GDP 之比的变动情况
资料来源：IMF。

加快形成新发展格局背景下如何优化需求结构

在加快形成双循环新发展格局的背景下，为进一步优化宏观需求结构，更好发挥"三驾马车"拉动经济增长的作用，可考虑从以下方面入手。

一是在劳动收入占比回升的过程中，要通过税收和转移支付等手段加大二次分配的调节力度，使发展成果由更多人分享。经济发展方式将继续转向消费拉动型，这是中国形成超大规模市场优势，加快形成以国内大循环为主体的重要基础。在劳动收入在国民收入中占比提升而居民收入分配差距依然较大的情况下，需加大税收和转移支付的调节力度，改革以间接税为主的税收结构，逐步增加直接税比重。间接税具有明显的累退性，在我国直接税占比低、个人所得税几乎成为"工薪税"的情况下，需增加直接税比重并将财产性收益等统一纳入征税范围。同时，应逐步实现公共服务的均等化，在经济发展基础上提升社会保障的覆盖面和保障水平，以充分释放内需增长的潜力。

二是加快构建创新生态体系，提高金融资源的配置效率。创新发展是提高投资回报率的重要手段，在促进创新发展方面，中国需求构建一整套有利于创新的生态体系。按照理查德·达舍等 2017 年的归纳，创新生态系统是一个以企业为主体，大学、科研机构等中介服务机构和政府为系统要素载体的复杂网络结构。因此，创新生态体系的构建需要多领域的改革配套，而不仅是某一领域的单兵突进。同时，金融资源配置效率不高也制约着投资收益的提高，这需要加快构建与实体经济发展相适应的金融体系，坚持市场化、法治化原则深化资本市场改革，逐步改变间接融资占绝对主导地位的局面，提高直接融资的比重。这对于拓宽储蓄转化为投资的渠道、促进科技创新、提高金融资源配置效率具有至关重要的作用。

三是实现中国制造的品质革命，打造制造业的竞争新优势。第一，协同推进企业技术创新、管理创新与制度创新。技术是品质领先的保证，但仅仅依靠技术创新还不够，必须协同推进管理创新和制度创新。第二，协同推进国家质量基础设施建设与企业质量品牌管理体系建设。一方面，要从国家战略高度重视标准、计量、认证和检验检测工作；另一方面，要强化企业质量主体地位，支持企业加强品牌建设。第三，协同推进质量法制完善和市场体系建设。加大完善有关产品安全、产品担保和产品责任等方面的法律，强化运用法律手段解决质量法制中的突出问题。进一步完善市场体系，加快建设统一开放、信息透明、竞争有序的市场体系。

四是以成功签署《区域全面经济伙伴关系协定》（RCEP）为契机，加强与周边国家的经贸合作，充分发挥区域经济合作的比较优势。RCEP是以地理位置临近的发展中经济体为中心的区域自贸协定，也是全球规模最大的自贸协定。一些东盟国家有着丰富的劳动力和自然资源，中国与东盟国家产业间和产业内合作的前景广阔。近年来，中国与东盟国家的贸易和投资额持续增长，这有利于中国降低对欧美等发达国家市场的依赖，构建区域增长新引擎。同时，中国与日韩间的技术合作也存在较大的空间。因此，中国通过签订RCEP并在未来区域合作中发挥积极作用，能够实现外贸占比的相对稳定甚至适度增长。

参考文献

[1] 白重恩、钱震杰：《国民收入的要素分配：统计数据背后的故事》，《经济研究》2009年第3期。
[2] 蔡昉：《探索适应经济发展的公平分配机制》，《人民论坛》2005年10月17日。
[3] 蔡昉：《如何开启第二次人口红利？》，《社会科学文摘》2020年第6期。
[4] 蔡昉：《中国应为下一个人口转折点未雨绸缪吗？》，《经济与管理研究》2020年第10期。

［5］黄群慧：《理解中国制造》，中国社会科学出版社2019年版。

［6］罗长远、张军：《劳动收入占比下降的经济学解释——基于中国省级面板数据的分析》，《管理世界》2009年第5期。

［7］理查德·达舍等：《创新驱动型经济增长的制度基础》，《比较》2017年第5辑。

［8］李稻葵、刘霖林、王红领：《GDP中劳动份额演变的U型规律》，《经济研究》2009年第1期。

［9］李实、［加］史泰丽、［瑞典］古斯塔夫森：《中国居民收入分配研究III》，北京师范大学出版社2008年版。

［10］李实：《中国收入分配制度改革四十年》，《中国经济学人（英文版）》2018年第4期。

［11］卡恩、李思勤：《中国的收入和不平等——1988年至1995年住户收入构成、分配和变化》，《中国居民收入分配再研究》，中国财政经济出版社1999年版。

［12］彭志龙：《从存货变化看我国市场化进程》，《宏观经济管理》1999年第10期。

［13］汪同三：《改革收入分配体系解决投资消费失调》，《金融纵横》2007年第22期。

［14］中国信息通信研究院:《中国5G发展和经济社会影响白皮书》2020年12月15日。

［15］中国社会科学院经济研究所：《中国经济报告（2020）——大变局下的高质量发展》，中国社会科学出版社2020年版。

［16］张平、杨耀武:《效率冲击、杠杆上升与大国稳定政策的选择》，《现代经济探讨》2020年第1期。

第三编

国民经济双循环与产业发展

第七章

宏观经济调控的双循环视角

改革开放以来，中国注重利用国内外两个市场、两种资源，从供给侧、需求侧发力实现内部、外部平衡。改革开放前期，中国实施出口导向发展模式并采取相应宏观政策导向，形成了国际大循环带动国内循环的格局。改革开放后期，中国对基于国际大循环的宏观政策导向逐渐调整，使国内市场成为经济增长主要动力源。改革开放过程中，面对因2008年全球金融危机等带来的国际市场需求萎缩，中国通过阶段性实施扩大内需战略促进内外平衡；经济发展新常态以来，针对由供给侧体制制约导致国内供给结构不能适应需求结构变化及产业链、供应链的安全性、稳定性等问题，中国通过将供给侧结构性改革贯穿宏观调控全过程促进供求矛盾缓解；进入国内外变局新阶段以来，针对由需求侧体制制约导致国内需求潜力无法充分释放、经济循环不畅、强大国内市场建设受阻等问题，中国正通过推进需求侧改革（或需求侧管理）来破解。为更好"加快构建以国内大循环为主体、国内国际双循环相互促进的新发展格局"，宏观调控要统筹做好稳增长、防风险和保安全：应着力挖掘激发内需潜力活力，助力实现经济稳增长；统筹防范财政金融等风险，持续优化全社会杠杆率；应以科技、供应链、粮食和能源等为重点保障安全。

改革开放以来，中国通过积极融入国际大循环，在较长时期内形成了欧美作为金融研发消费中心、中国作为生产制造中心、一些资源能源大国作为资源品输出中心的国际经济大循环模式，并带动国内经济循环。但随着中国经济逐渐发展进入新阶段，国内市场变得更加重要，消费、投资对经济增长的贡献率保持在高位，外需贡献率几乎可以忽略甚至为负，中国经济对外贸易依存度、出口额占 GDP 比重总体持续下降。

当前，中国到了新的发展阶段：更好立足国内市场，打通国内循环堵点，才能更好争取国内、国际循环的主动权，更好利用国内外两个市场、两种资源实现更可持续的发展。当下中央提出构建双循环新发展格局，正是以国内市场为主体，以国内市场循环作为动力源，通过打通国内市场的生产、分配、流通、消费循环中的堵点，来实现国内市场的良性循环、释放国内市场的庞大潜力，将循环主动权掌握在中国手中并借助国际市场更好地发展。

宏观调控目标：内部平衡与外部平衡

从国内外宏观调控实践看，宏观调控的目标一般是为了实现内部平衡与外部平衡。宏观经济调控通过实施货币政策、财政政策以及在开放型经济条件下实施外贸政策和外汇管理等，最终实现充分就业、物价水平、国际收支和经济增长等目标保持基本稳定，宏观经济政策目标的实现和工具运用都比较注重利用国内外两个市场、两种资源。

改革开放以来，在不同时段统筹利用国内外两个市场、两种资源，促使中国经济持续稳定发展取得了重要成绩。中国在利用国际、国内市场的考虑和侧重点也在变化调整：在有些时候，国际市场的重要性相对更大，宏观调控会更倚重国际市场；在有些时候，国内市场的重要性相对更强，宏观调控会更倚重国内市场。特别是，如果将中国对外开放粗略分为前期和后期，国际、国内市场的相对重要性和主次关系就出现了比较明显的变化。

改革开放早期，中国经济打破封闭的国内循环，逐渐走出国门。20世纪80年代，为了积累外汇、利用外资以缓解国内资金缺口等，中央采纳国家计委经济研究所王健同志的国际大循环战略构想，并在随后推动了沿海经济发展战略的落地，开启了出口导向的经济发展模式，进而不断创造国内需求，形成了依靠国际大市场带动国内市场发展的国际、国内大循环，国际市场具有主导的重要性。

随着中国经贸规模扩大，国际市场空间日渐收窄，国内市场的重要性上升。特别是近年来，中国面临的经贸摩擦不断增多，来自某些发达国家的经贸纠纷、科技打压等更加频繁，产业链、供应链的安全性、稳定性问题更加突出。同时，国内市场已经相当庞大，但供给结构无法适应需求结构升级的问题日益突出，国内外市场的相对重要性在变化，但生产、分配、流通、消费的循环中存在的堵点严重制约国内市场潜力的释放。

一、积极利用国际市场的外向型发展模式并实施相应宏观政策

一个国家在经济发展的早期阶段，通常面临资本积累不足的问题，从而制约了经济起飞和后续的工业化进程。而要打破资金不足的约束，要么通过自身缓慢的积累，要么借助于外部力量。从历史上看，借助外部力量来缓解资本不足的方法主要有三种：对外掠夺、借外债、开放市场引进外资。对于新中国来说，从建国到改革开放之前，国内外的政治经济环境都使新中国几乎难以采取三种中的任何一种方式。

在20世纪50年代，由于美国等对中国实行的封锁，中国主要利用工农业产品价格剪刀差实现资金积累，利用本国市场消费自己的产品，

从而对内实现了内循环发展，对外和东欧国家进行了极为有限的交换贸易。到了 60 年代，由于和苏联关系的破裂，中国经济被迫进入到封闭的内循环状态，与外部世界联系很少，几乎与发达国家没有任何科技交流。

改革开放以后，中国与国际市场的联系日益增多，通过开放市场引进外资促进经济发展成为可能。1987 年，时任国家计委经济研究所的王建同志向中央提出了国际大循环的构想，引起了中央决策者的重视，并促成了沿海发展战略的提出：一是利用我国劳动力充裕的资源优势，发展劳动密集型产业。二是吸引外商及港澳台投资，大力发展三资企业。三是实行两头在外，大进大出，使经济运行由国内循环扩大到国际循环。

1992 年邓小平南方谈话之后，中国经济对外开放程度不断提高。同时，发达国家的资本、产能持续向发展中国家转移。粗略统计，1992 年到 2011 年，中国累计实际利用外资金额达到了 1.14 万亿美元，成为全球外资重要的投资目的地，从全球第 12 大出口国迅速成长为全球最大出口国，成为世界制造业的中心，解决了很多发展中国家普遍遇到的外汇短缺、国民储蓄短缺问题，中国多方面深度融入全球经济，国际大循环构想下的沿海经济发展战略取得了巨大成功。

二、出口导向发展模式遇到瓶颈并调整相应宏观政策导向

通过实施出口退税等鼓励出口的政策措施，中国在改革开放较长时期内经历了从原材料向加工贸易和初、中、高级制成品出口逐步进化升级的出口导向的发展模式，由此带来的弊端逐渐显现：经济过度依赖于出口及对应相关行业的投资，对出口产品的国内需求却不足，不但使中国面临严重的国际收支失衡和外部压力，而且国内也面临收入分配地区差距扩大，产业升级面临瓶颈制约，国内贸易市场开拓成本较高，资源开发带来了生态环境恶化等。

并且，随着中国经济体量逐渐增大，进出口贸易额占据全球市场份额明显上升，对外出口的市场空间逐渐收窄。2006年，中国进出口贸易依存度达到64%的峰值，外向型特征十分明显。这对于一个大国经济体而言十分少见。在此背景下，中国逐步对出口导向的发展模式进行调整。

2006年发布的"十一五"规划提出"立足扩大国内需求推动发展，把扩大国内需求特别是消费需求作为基本立足点，促使经济增长由主要依靠投资和出口拉动向消费与投资、内需与外需协调拉动转变"。2011年发布的"十二五"规划进一步提出"构建扩大内需长效机制，促进经济增长向依靠消费、投资、出口协调拉动转变"。由此可见，出口导向的发展模式的思路逐渐发生变化，中国宏观经济政策导向的重心逐渐从国际市场向国内外相协调转变。

随着中国经济进入新常态，中国经济又面临新挑战：一是从国内看，人口数量红利减退，依靠劳动密集型产业吸引外资、获取国际竞争优势的时代逐渐失去。二是从国际看，全球经济陷入长期停滞的新常态，发展中国家在国际市场的出口扩大主要取决于不同国家间的行业、产品竞争优势，全球贸易市场广阔、持续做大蛋糕的甜蜜时代逐渐成为过往。

随后的几年时间，尽管中国仍然注重高水平引进来、大规模走出去，通过直接投资等渠道引进高质量的国外资本、先进技术，通过"一带一路"倡议等走出去的渠道对外输出直接投资、广泛建立对外经贸联系，但中国出口额在全球市场中的占比于2015年达到峰值，此后到2019年都一直保持在比较稳定的水平，中国对外贸易依存度近年来下降至30%多的水平。

三、更重要的国内市场正成为"国内、国际市场双循环的主体"

从改革开放以来中国经济对外贸易依存度和"三驾马车"对中国经

济增长贡献率数据看，国际市场、国内市场对中国经济的相对重要性的阶段性变化就能更明显地呈现出来。近年来的相关数据更是直接反映出了正在进行中的转变：更加重要的国内市场正在并将成为"国内、国际市场双循环的主体和循环动力源"。

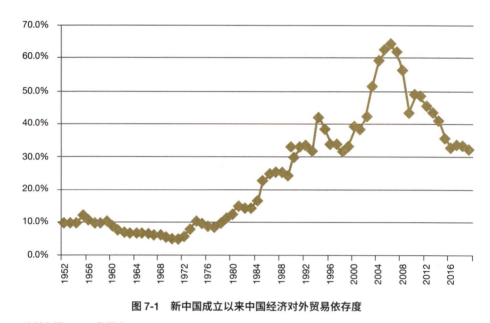

图7-1 新中国成立以来中国经济对外贸易依存度

资料来源：wind 数据库。

如图 7-1 所示，中国经济对外贸易依存度的阶段性变化，在一定程度上反映出中国经济对国际市场依赖在 2008 年全球金融危机前后出现了转折性变化。新中国成立到改革开放以前，中国经济对外贸易依存度长期在 10% 以下的水平，1979 年的中国对外贸易依存度为 11%。自 20 世纪 80 年代起才逐渐持续波动上升，到 2006 年，中国经济对外贸易依存度升至 64% 的历史峰值。而自 2008 年全球金融危机爆发以来，中国经济对外贸易依存度持续下降，2015 年以来持续稳定在约 30% 的水平。

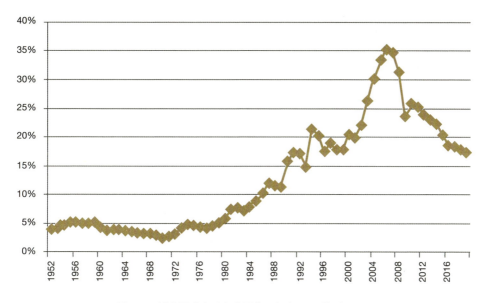

图 7-2　新中国成立以来中国出口额占 GDP 比重

资料来源：Wind 数据库。

如图 7-2 所示，如果仅看中国出口额占 GDP 比重，也呈现出跟对外贸易依存度相同的变化趋势特征。新中国成立到改革开放以前，中国出口额占 GDP 比重长期在 5% 以下。改革开放以来持续上升。2006 年，中国出口额占 GDP 的比重达到 35.4% 的历史峰值，随后也逐渐下降，到 2019 年降至 17.4%。而作为世界第一大和第三大经济体的美国和日本，出口额占 GDP 的比重都在 10% 左右。

一般来说，一个国家的收入水平、经济体量上升和服务业占比提高是自然而然的趋势。2019 年，中国第三产业占 GDP 的比重已经提高到 53.9%，预计未来服务业占比还会继续提升。从世界主要大国历史经验看，经济体量越大、收入水平越高、服务业占比越高的国家，国内生产总值中有更大的比例在国内消化。由此预计，中国出口额占 GDP 比重下降将可能成为长期不可逆的趋势，经济越来越依靠国内循环。

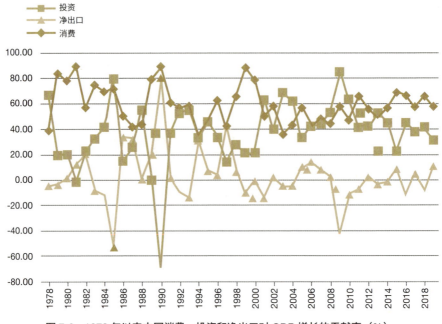

图 7-3 1978 年以来中国消费、投资和净出口对 GDP 增长的贡献率（%）

资料来源：Wind 数据库。

如图 7-3 所示，特别是 20 世纪 80—90 年代，在中国经济体量比较小的时候，净出口对 GDP 增长的贡献率保持在较高水平。1998 年以来，随着中国经济体量变大，内需对中国经济增长的贡献明显保持在较高水平。数据显示，2008 年以来，国内需求对经济增长的贡献率有 7 个年份超过 100%。2019 年，消费对经济增长贡献率达到 57.8%，连续 6 年成为经济增长第一拉动力。经常项目顺差占国内生产总值的比重已经由 2007 年的 9.9% 下降至 2019 年的不足 1%，外部失衡明显缓解。

反过来，从中国角度看，近年来，中国对全球经济增长贡献率已经连续多年超过 30%，持续成为推动全球经济增长的主要动力源。目前，中国已经是全球第二大经济体，在国际分工链和价值链上不断攀升，对全球经济的影响力和外溢效应进一步增强。快速发展的中国经济也意味着中国国内市场蕴含着巨大的发展潜力，中国有约 14 亿人口，人均国内生产总值已经突破 1 万美元，有约 4 亿的中产群体，是全球最大和最有潜力的消费市场，完备的工业体系、巨大的创新潜能和市场优势更加显现，工程师红利等将进一步释放。

与此同时，传统的低要素成本优势已不可持续，国际大循环动能明显减弱，继续作为"世界工厂"、处于价值链中低端国际分工地位、简单参与国际大循环已难以为中国经济持续健康发展提供强劲动力，现实迫切需要中国更多依靠国内大循环，为未来的经济发展提供更强的内生动力。

参考美国、日本、德国等大国经济发展规律和历史经验，大国发展到一定阶段，必将逐步从外向型发展模式转变为以内循环为主的模式。国际经济学界主流观点认为，大国经济依靠内需驱动才能稳定长远发展，一个经济强国通常是内循环经济占 GDP 的 80% 以上。如美国，当今经济增长基本上是以消费驱动的，目前消费占 GDP 的比重高达 85%~90%，其经济模式大致是"消费带动生产—生产促进收入—收入增加消费"，是比较典型的以国内经济循环为主的发展模式。

宏观调控发力点：需求侧与供给侧

改革开放以来，中国宏观调控始终注重统筹国内外市场和内外平衡，坚持需求侧和供给侧调控结合的辩证法，针对经济运行的主要矛盾和矛盾的主要方面，从供需两侧综合施策、精准发力。中国宏观经济的主要矛盾突出表现为供求不平衡，在不同阶段，矛盾的主要方面有时候在供给侧，有时候主要在需求侧，且具体的形态在不断变化，针对阶段性供求矛盾的特征和变化，中国宏观调控实施了扩大内需战略、供给侧结构性改革和需求侧改革（或管理）。

一、针对国际市场需求急剧萎缩，阶段性实施扩大内需的战略

1997 年是中国改革开放的一个重要节点，也是中国宏观经济调控转变的一个重要节点。1997 年以后，中国供不应求商品比例下降到 5% 以下，进入买方市场，中国经济从供给约束转为需求约束。自此之后，面对先后出现的亚洲金融危机和 2008 年全球金融危机带来的国际市场需求萎缩，中国两次实施了扩大内需战略。

1997—1998 年爆发了亚洲金融危机，间接影响到中国的对外出口。为应对亚洲金融危机对中国出口需求的冲击，中国自 1998 年初实施扩大内需战略，通过启动实施积极财政政策和稳健货币政策以刺激国内需求，缓解危机造成的国际市场需求萎缩，并在此后不久推动实施西部大开发战略。

当时，财政部实施了以国债投资为主的财政扩张，在 1998—2001 年间共发行长期建设国债 5100 亿元，主要投资于基础设施如高速公路、交通、发电和大型水利工程等。央行执行与财政扩张政策配套的适度扩张的货币政策，通过 7 次降低存、贷款利率，大幅增加货币供应，四大国有商业银行对国债投资项目给予与财政拨款总额基本相等的配套资金支持。

2007 年的美国次贷危机演变为 2008 年全球金融危机后，通过金融、贸易等多种渠道向外扩散，导致国际市场需求大幅萎缩，给深度融入国际市场的中国经济带来巨大冲击，导致中国 2008 年季度 GDP 增速从三季度的 9.5% 迅速下跌至四季度的 7.1%，并进一步跌至 2009 年一季度的 6.4%。面临国际市场需求萎缩带来的需求不足问题，中国迅速实施扩大内需战略。

为此，国务院迅速出台了扩大内需、促进经济增长的十项措施：加快建设保障性安居工程，农村基础设施建设，加快铁路、公路和机场等重大基础设施建设，加快医疗卫生、文化教育事业发展，加强生态环境建设，加快自主创新和结构调整，加快地震灾区灾后重建各项工作，提

高城乡居民收入，在全国所有地区、所有行业全面实施增值税转型改革，加大金融对经济增长的支持力度。

并且，国务院还出台了针对钢铁、汽车、纺织、装备制造、船舶工业、轻工业、石化产业、电子信息业、有色金属和物流业的"十大产业振兴规划"等。各项扩大内需政策的投资资金来源包括中央财政资金和地方相应配套资金和银行配套信贷，总计约 4 万亿元规模。在一系列扩大内需政策作用下，中国经济迅速反弹，2009 年二季度的 GDP 增速回升至 8.2%，到三季度回升至 10.6%。

二、经济发展新常态以来将供给侧结构性改革贯穿宏观调控全过程

中国的宏观调控不仅注重从需求侧发力，也注重从供给侧发力。在扩大内需时，宏观调控也兼顾发展导向实施供给侧调控。在改革开放前期主要面临供给约束的阶段，中国对落后的小企业进行整顿和关停并转等，以此来实现有效压减产能并间接抑制投资需求。在 1998 年扩大内需中也根据改革和发展的长期需要，深化国有企业改革以增强微观企业活力，重塑提升供给体系以释放经济中长期潜力，等等。

2012 年前后，全球经济进入长期停滞的阶段，中国经济进入减速换挡的新常态，传统人口数量红利的衰减导致中国经济潜在增长率放缓，需求增速放缓成为国际市场、国内市场面临的共同制约。同时，中国通过扩大投资以拉动内需的边际资本产出效率明显下滑，靠传统基建刺激经济的老路副作用明显，并且货币政策和财政政策刺激经济的效应明显减弱，刺激政策持续推高全社会杠杆率水平、加剧潜在金融风险，需求侧扩张政策的副作用在加大。

在此背景下，需求增速放缓带来的供给过剩更加突出，与此同时还存在高品质日常消费品、精密机械制造品和教育、医疗等大量消费需求

外流的情况，共同反映出中国经济的低端产能结构性过剩、高端有效供给不足等问题尤为突出。而高品质日常消费品等一些高端产品和服务的有效供给之所以不足，主要是因为人才、资本、土地等要素供给侧方面的经济体制存在一些障碍，阻碍了人才、资本、土地等要素的活力和有效配置，从而抑制了有效供给。

为从深层次体制上解决经济发展新常态出现的需求增速趋势性放缓、供给结构性过剩的问题，特别是消费需求外流、中低端产品过剩、高端产品不足、传统产业产能过剩、房地产库存严重、地方政府债务风险积累等突出问题，2015 年末的中央经济工作会议提出供给侧结构性改革，针对中国经济中的突出问题和矛盾确定了"去产能、去库存、去杠杆、降成本、补短板"的重点任务，在落实重点任务时提出将供给侧结构性改革贯穿宏观调控全过程。

针对消费需求外流的问题，提出要更加注重提高国内供给体系质量和效率，以解决供给结构滞后于需求结构升级的问题。提出将供给侧结构性改革贯穿宏观调控全过程，也意味着供给侧结构性改革将是一个需要长期坚持推进的工作，通过深化供给侧改革以促进宏观调控实现总供求平衡。此后，2016 年、2017 年、2018 年的中央经济工作会议都提出继续深化供给侧改革，力图通过改革的办法持续优化供给结构，以适应需求结构的变化。

此后，国内外环境又出现了新变化，中国发展进入新阶段：国内方面，供给侧改革的去产能、去库存、去杠杆、降成本任务基本上取得了重要进展，而一些领域的体制机制短板等成为供给侧突出的问题，并且在推进供给侧改革过程中出现了投资增速的持续大幅回落；国际方面，中美经贸摩擦加剧等带来的不确定性、不稳定性持续上升，由此引发的对产业链、供应链外迁造成的稳定性、安全性担忧等日益加剧，外部出口需求面临难以预料的前景。

国内外环境的新变化引起宏观调控的思路不得不有所调整，一方面是供给侧的安全性、稳定性变得更加重要，另一方面是扩大总需求的必要性有所上升。在此背景下，2018年底的中央经济工作会议明确提出了"畅通国民经济循环""促进形成强大国内市场"。

"畅通国民经济循环"从供给补短板、供求衔接的角度强调要在"巩固、增强、提升、畅通"上下功夫。"巩固"的提法在肯定供给侧改革阶段性成绩的同时，指出降成本、补短板仍需努力。"畅通"的提法强调了打通"国民经济循环"，主要是针对国内供给、需求之间存在的分配环节等梗阻提出的。"促进形成强大国内市场"在强调通过创造国内有效供给满足国内需求的基础上，也从扩大总需求的角度强调增强消费、发挥投资关键作用的思路。

2019年3月的政府工作报告再次强调"畅通国民经济循环"，并从"持续释放内需潜力""推动消费稳定增长""合理扩大有效投资"等方面指出了"促进形成强大国内市场"的路径。2019年底的中央经济工作会议进一步明确以民生、基建和产业升级等补短板为切入点，将供给侧改革的"补短板"与"释放国内市场需求潜力"衔接起来，为"畅通国民经济循环"进而"形成强大国内市场"提供了抓手，成为未来较长时期宏观调控需把握的重点。

三、面临国内外变局的新阶段推进需求侧改革（或需求侧管理）

为"畅通国民经济循环"进而"形成强大国内市场"，近两年在以"补短板"为重点持续深化供给侧改革过程中，宏观调控的需求侧也在发力以"释放国内市场需求潜力"。然而，"释放国内市场需求潜力"面临的体制机制的制约日益突出，成为供需矛盾的主要方面、主要点，特别是近年来消费成为拉动中国经济"三驾马车"的核心驱动力后，推进需求侧改革（或需求侧管理）以持续释放需求潜力特别是消费潜力更加重要、更加迫切。

不同于早前为应对亚洲金融危机和 2008 年全球金融危机等而实施的总量性扩需求的政策，当前发展新阶段面临的"释放国内市场需求潜力"更多是深层次的体制性问题。发展新阶段推进需求侧改革（或需求侧管理）是要通过需求侧体制机制改革，打破国内需求潜力释放的体制性、结构性制约，从而为未来较长时期的需求潜力释放构建稳定、可持续的机制，从而与供给侧改革通过深化改革确保建立稳定、可持续的有效供给结构，形成动态相互匹配和相互支撑。

2020 年初新冠肺炎疫情暴发并在全球扩散蔓延，给国际市场需求和产业链、供应链带来了冲击，需求端的保护主义更加盛行、全球经济陷入深度衰退，美国及其盟友对中国采取了更多不友好措施[①]，给中国产业链、供应链的安全性、稳定性带来了新的更大程度的冲击，这些在未来较长期可能都会以各种形态持续存在。因此，持续深化供给侧改革特别是发力补齐产业链、供应链等环节、领域的技术短板等，仍是未来较长时期内贯穿宏观调控全过程的重要工作。

正是针对以上新变化、新情况，2020 年 5 月的中央政治局常委会会议提出了"要深化供给侧结构性改革，充分发挥我国超大规模市场优势和内需潜力，构建国内国际双循环相互促进的新发展格局"，2020 年底的中央政治局会议、中央经济工作会议进一步提出推进需求侧改革或需求侧管理，并提出了"坚持扩大内需这个战略"。

需求侧改革或需求侧管理致力于通过一系列需求侧的制度性改革，特别是以在合理引导消费、储蓄、投资等方面进行有效制度安排为重点，

---

① 如美国商务部宣布了新的针对中国的出口管制条例（EAR），并且升级了对华为的制裁。美国工业安全局进一步扩大针对中国出口管制的"实体清单"。美国政府发布《对华战略报告》，采取对华竞争的方针，等等。

通过完善社会保障体制、税收制度改革、转移支付制度改革等收入分配体制改革，促进收入分配结构持续优化，并进而促进居民收入持续增长、消费持续增加等，以及通过投融资体制改革等不断改善储蓄、投资结构，从体制机制上确保能实现国内总需求在中长期持续提升。

宏观调控新维度：稳增长、防风险、保安全

从全世界主要经济体的增长过程看，在人均 GDP 超过 1 万美元后，多数经济体的经济增速会放缓，并且通常会带来一些经济社会问题，而当下中国正处于这个阶段。并且，中国经济转向高质量发展过程中可能会因经济增长失速带来失业加剧、房地产泡沫破裂等各种风险。

为应对可能发生的各种经济社会风险，中国经济仍然需要保持一定的经济增速，即稳增长。而为了稳增长，尽管中国的政策空间比欧美发达国家相对充裕，但中国货币、财政政策的扩张空间却在收窄，一方面是全社会杠杆率（债务水平）已经上升到较高水平，财政赤字水平在上升，另一方面是财政政策、货币政策刺激经济的边际效果在下降，这都增强了经济体系的脆弱性，导致引发经济金融风险的可能性在上升，因此需要更重视防风险。

从国内看，中国经济增速持续放缓，财政赤字上升、全社会杠杆率较高、货币政策空间持续收窄，而为了满足最低限度的经济增长以免经济失速可能带来的其他经济社会问题，需要进一步加大财政政策和货币政策的扩张力度，而这又会导致财政状况的进一步恶化、引发财政金融风险的进一步积聚，这都使得中国经济的稳增长和防风险更为重要。

从外部环境看，国际上的保护主义和单边主义盛行，不少国家在美国的压力下，或多或少地对中国的企业和公司采取了"关门"政策，挤

压中国企业在国际市场的生存发展空间。国际经商环境因疫情蔓延和少数国家少数政客的操弄进一步恶化，大大限制了中国的海外市场的活动空间，不利于与国际社会的深入沟通，产业链、供应链的安全性要求上升。产业链、供应链等安全稳定是构建新发展格局的基础，因此需要保安全。

当前，由于中国经济发展内外环境变化，构建双循环新发展格局提出了宏观调控新维度，要统筹做好"稳增长、防风险、保安全"。

一、着力挖掘激发内需潜力活力，助力实现经济稳增长

挖掘内需活力潜力，能够为中国经济持续稳定增长奠定坚实基础。必须在合理引导消费、投资等方面进行有效安排。为此建议：

着力激发消费潜力。激发消费潜力应长短期并重，综合施策。短期看，应大力提升汽车、改善性住房等传统消费，加快培育新型消费，引导发展服务消费，破除各种不合理的消费限制，开拓城乡消费市场等。长期看，应着眼于改革完善促进增收、就业的体制机制，夯实消费长期根本。

短期方面：一是推动汽车消费由购买管理向使用管理转变，尽快放开汽车限购。二是促进房地产市场平稳健康发展，有效控制住房消费的挤出效应。三是进一步完善节假日制度，落实带薪休假制度，扩大节假日消费。四是有序取消一些行政性限制消费购买的规定，合理增加公共消费。五是应下大力气解决消费者权益保护不力、维权成本高、侵权成本低等问题，不断改善消费环境，强化消费者权益保护。

长期方面：一是深化收入分配体制改革，加快完善引导消费、储蓄、投资等高效分配、转化的体制机制，完善社保体制、职业技术教育体系等，加大教育、医疗、养老、育幼等公共服务支出。二是深化人力等要素流动体制改革，打破就业创造的体制机制梗阻，促进各类群体增收。

大力拓展有效投资。应发挥国家投资在外溢性强、社会效益高的领域的引导和撬动作用，加大新型基础设施等领域的投资。应鼓励企业加

大设备更新和技术改造投资。应扩大战略性新兴产业投资，增强新产业新业态顺应新需求新模式的能力。应聚焦农业农村、民生保障等既有需求又有空间的短板领域，进一步发挥有效投资对促进城乡区域协调发展、改善民生等的支撑作用。应提升跨区域协同水平和保障生态安全等，加大一批重大工程和重大项目建设投资。

加快完善流通体系。应加快建设现代综合运输体系和运输市场，完善综合运输通道布局。支持商贸流通设施改造升级，加快建立储备充足、反应迅速、抗冲击能力强的物流体系等。完善商贸流通等基础设施网络，加快建立健全数字化流通体系，畅通工业品下乡、农产品进城双向流通渠道，补齐农产品冷链物流设施短板，开展农商互联农产品运输链建设，优化城乡商业网点布局，鼓励商贸流通企业、电商等下沉供应链，加快农村流通设施数字化升级。

二、统筹防范财政金融等风险，持续优化全社会杠杆率

2020 年前三季度，中国经济杠杆率增幅为 27.7 个百分点，由上年末的 245.4% 上升到 270.1%，在世界主要经济体中处于较高水平。因此，在未来较长时期，应统筹防范财政金融等风险，持续优化全社会杠杆率。为此建议：

切实防范债务风险。加快地方债务置换，推动各地制定化解隐性债务方案。加快推进融资平台转型，鼓励各地建立地方政府、银行、融资平台协调机制，防止出现资金断裂引发的金融风险。要关注社保基金缺口风险，落实城乡居民养老保险待遇确定和基础养老金正常调整机制。进一步完善资产处置管理机制，拓展化债资金来源。鼓励各地创造性盘活、用好机关事业单位存款等各类存量资金，有序推进清算核资等盘活国有资产。

有效防控金融风险。全力压降不良贷款，有序推动国有、股份制商

业银行与各类金融资产管理公司的对接。做好中小银行专项债补充资本金方案，通过引入新股东改善治理结构。鼓励银行业金融机构综合运用重组、核销等多种手段加快处置不良资产，通过追加担保、资产置换等措施缓释相关风险。严密防范流动性风险，加强对城商行、农商行等中小银行的风险防控。建立防范地方金融风险稳控基金，解决相关机构的阶段性流动性问题。

与此同时，建立各级地方政府和监管部门的信息交流、风险通报和联动处置机制。有序处置高风险金融机构，重点监测高风险机构指标变化情况，开展督导、通报、约谈、处置工作。密切跟踪监测杠杆率较高、盈利能力较弱行业国企的流动性风险以及债券违约风险，建立及时干预和沟通机制，防止资金链断裂引发连锁反应。严厉打击非法金融活动，整顿规范地方金融秩序，做好各类交易场所清理整顿。防止风险在类金融机构与金融机构之间交叉传染。

有序发展直接融资市场，推进金融改革。稳步提高直接融资比重，积极有序发展股权融资，拓展多层次、多元化、互补型股权融资渠道。积极发展债券市场，扩大债券融资规模，丰富债券市场品种，统一监管标准。拓展保险市场功能，引导期货市场健康发展，发展壮大区域性产业基金、资产管理公司、产权交易公司等。因地制宜推进农信社、农合行股份制改造，探索建立农信系统投资机构，助力不良资产清收。

三、以科技、供应链、粮食和能源等为重点，保障安全

安全的发展环境对于构建双循环发展格局至关重要，如果没有了安全保障，发展就是空谈。为此，应综合研判未来中国经济发展面临的各类安全挑战，有重点、全方位地构筑安全保障。为此建议：

加快自主科技创新。强化战略科技力量是实现科技自立自强的关键，也是保障安全的重点。应进一步完善国家创新体系布局，协同部署产业

链和创新链，畅通关键环节，加快推进科技成果转移转化。应组织实施好重大科技任务，通过采取"揭榜挂帅"等方式加快突破关键核心技术制约。应着眼长远系统谋划重大项目布局，为解决事关长远发展的"心腹之患"问题提供战略性技术储备。应强化基础研究，加强基础学科建设，强化学科深度交叉融合。

与此同时，应加强高水平创新主体建设。加快推进国家实验室建设，重组国家重点实验室体系，加快推进综合性国家科学中心建设，支持北京、上海、粤港澳大湾区加快形成国际科技创新中心。应强化企业创新主体地位，促进各类创新要素向企业集聚，支持企业牵头组建创新联合体、承担国家重大科技项目，鼓励企业加大研发投入，加大对企业投入基础研究各类优惠，加强共性技术平台建设，推动产业链上中下游、大中小企业融通创新。

增强产业链供应链自主可控能力。产业链、供应链安全稳定是构建新发展格局的基础。应统筹推进补齐短板和锻造长板，针对产业薄弱环节，实施好关键核心技术攻关工程，尽快解决一批"卡脖子"问题。针对短板实施产业基础再造工程，加强应用牵引、整机带动，加快基础、关键技术和重要产品工程化攻关。应在培育发展新兴产业链中育长板，掌握关键核心技术，丰富和扩大国内应用场景，完善包容审慎的监管环境，构建新兴产业发展生态。

与此同时，应保持和发展好完整产业体系，推进新一代信息技术与制造业深度融合。应优化区域产业链布局，促进产业在国内有序转移，推动先进制造业集群化发展。发挥优质企业在产业链供应链现代化中的重要作用，支持大企业整合创新资源和要素，培育一批具有生态主导力的产业链"链主"企业，在产业链重要节点形成一批"专精特新"小巨人企业和制造业单项冠军企业，促进大中小企业融通发展。

保障好种子和耕地安全。种子是农业的"芯片"，耕地是粮食生产的"命根子"。中国种业自主创新确实与发达国家有差距，一些品种、领域和环节如果出现极端断供情况，将会影响农业发展速度、质量和效益。应加强种质资源保护和利用，加强种子库建设，开展种源"卡脖子"技术攻关，有序推进生物育种产业化应用。应持续保持水稻、小麦等品种的竞争优势，不断缩小玉米、大豆、生猪、奶牛等品种和国际先进水平的差距。

为此应实施一批行动计划：加快实施稳口粮行动，确保口粮绝对安全；继续实施大豆振兴计划，确保用于豆制品等的食用大豆国内自给；增加玉米种植，重点扩大东北地区和黄淮海地区玉米种植面积。此外，应加强耕地保障。一方面，坚决遏制"非农化"、防止"非粮化"，坚决守住18亿亩耕地红线。另一方面，大力提升耕地质量，鼓励社会和金融资本积极参与，多渠道筹集建设资金，构建多元化筹资机制等，重点推进高标准农田建设等。

保障好国家能源安全。能源安全是关系国家经济社会发展的全局性、战略性问题，对国家繁荣发展、人民生活改善、社会长治久安至关重要。中国已成为世界上最大的能源生产国和消费国，但仍面临能源供给制约较多、能源需求压力较大、能源结构不尽合理、能源技术总体落后等挑战。为此建议：

继续加强国内油气干线管网建设，稳步推进煤炭、石油、天然气和电力产供储销体系和石油储备基地建设，建立多元供应体系；构建清洁低碳能源生产新体系、推动能源科技装备创新发展，着力推动煤电改造升级，积极稳妥发展水电，安全发展先进核电；坚持节能优先，在经济社会发展全过程、各领域推进节能，抑制不合理能源消费；更好发挥中国在能源技术、资金、装备、市场等方面的优势，积极参与国际能源治理，实现开放条件下的能源安全。

参考文献

[1] 编写组：《〈中共中央关于制定国民经济和社会发展第十四个五年规划和二〇三五年远景目标的建议〉辅导读本》，人民出版社 2020 年版。

[2] 樊纲、张曙光、王利民：《双轨过渡与"双轨调控"（上）——改革以来我国宏观经济波动特点研究》，《经济研究》1993 年第 10 期。

[3] 韩文秀：《买方市场条件下的宏观调控》，《管理世界》1998 年第 5 期。

[4] 李扬：《新常态下的宏观调控要有新思路》，《国家行政学院学报》2015 年第 5 期。

[5] 刘树成：《我国五次宏观调控比较分析》，《经济日报》2004 年 6 月 29 日。

[6] 刘鹤：《加快构建以国内大循环为主体、国内国际双循环相互促进的新发展格局》，《人民日报》2020 年 11 月 25 日。

[7] 苗圩：《提升产业链供应链现代化水平》，《经济日报》2020 年 12 月 9 日。

[8] 穆虹：《完善宏观经济治理》，《人民日报》2020 年 12 月 22 日。

[9] 张晓晶：《中国经济改革的大逻辑》，中国社会科学出版社 2015 年版。

[10] 张晓晶：《认识中国宏观调控新常态》，《经济学动态》2015 年第 4 期。

[11] 张晓晶、王宇：《金融周期与创新宏观调控新维度》，《经济学动态》2016 年第 7 期。

第八章

双循环视角下的金融发展与改革

经济是肌体，金融是血脉，两者共生共荣。改革开放以来，金融体系为中国经济高速发展做出了重要贡献，但同时也还存在不少制约高质量发展的短板。从国内大循环视角看：一是金融体系尚不能为资金流动和资源配置提供灵敏有效的价格信号。二是金融结构亟待优化，从储蓄到投资的转化过程存在堵点。三是实体经济运行成本抬升，资产收益率下降，金融"脱实向虚"问题未能根治。四是防范化解重大金融风险任务未有穷期。从国内国际双循环视角看：一是人民币在国际货币体系中仍处于边缘地位，尚难担负起动员与配置全球资源的重任。二是金融基础设施建设有明显短板，总体受制于人。三是我国在国际金融体系中缺少定价权、话语权。

"十四五"时期，要以深化金融供给侧结构性改革为主线，持续推进金融改革开放：一要发挥好货币政策在需求侧管理中的关键作用。二要消除金融结构中的扭曲，推进资本市场基础性制度改革，优化金融机构体系。三要保持宏观杠杆率基本稳定，有效防范风险。四要继续推进利率、汇率和国债收益率曲线市场化改革。五要大力提升金融科技发展水平。六要在扩大金融开放的进程中统筹发展与安全，提高我国金融业国际竞争力。

经济与金融：两者共生共荣

把握新发展阶段、贯彻新发展理念、构建新发展格局，构成党的十九届五中全会精神的核心要义，是"十四五"时期我国经济社会发展的重要遵循。其中，新发展阶段是时代背景，新发展理念是指导原则，新发展格局是主攻方向。

加快构建以国内大循环为主体、国内国际双循环相互促进的新发展格局，是党中央根据我国发展阶段、环境、条件变化做出的重大战略抉择，旨在把经济发展的立足点放在国内，使生产、分配、流通、消费更多依托国内市场，形成国民经济良性循环。习近平总书记强调，改革开放以来，我们遭遇过很多外部风险冲击，最终都能化险为夷，靠的就是办好自己的事、把发展立足点放在国内。[①]

构建新发展格局的基本路径是坚持供给侧结构性改革这个战略方向，坚持扩大内需这个战略基点，形成需求牵引供给、供给创造需求的更高水平动态平衡。[②]我们要用深化改革的办法打通从生产、分配到流通、消费等诸多环节的堵点。同时，要用扩大对外开放的办法持续放宽市场准入，以顺畅的国内经济循环来吸引全球要素资源，推动国内国际规则对接融合，从而畅通国际循环，引领新一轮全球化。

在市场经济条件下，一切社会经济活动都是通过交易而展开的，凡交易就需要有货币作为媒介，货币发生有条件的转移就意味着金融活动的出现。于是，货币金融活动便通过交易深深渗透到社会的各个领域和

---

① 习近平：《关于〈中共中央关于制定国民经济和社会发展第十四个五年规划和二〇三五年远景目标的建议〉的说明》，《人民日报》2020 年 11 月 4 日。

② 习近平：《在经济社会领域专家座谈会上的讲话》，《人民日报》2020 年 8 月 25 日。

各个层面。因此，经济发展须臾离不开金融活动，经济发展新格局的构建同样离不开金融体系的有力支撑。

大体而言，金融活动可被理解为既涉及货币，又涉及信用的所有经济关系和交易行为的集合。金融活动植根于实体经济而生，金融的初心和使命就是服务实体经济。习近平总书记对经济与金融之间的紧密关系进行了深刻阐述："金融活，经济活；金融稳，经济稳。经济兴，金融兴；经济强，金融强。经济是肌体，金融是血脉，两者共生共荣。"[①] "肌体"与"血脉"的比喻生动刻画出经济与金融休戚与共的紧密关系：金融体系将作为国民经济"血液"的资金输送到经济"肌体"当中，服务于经济社会的持续发展；而肌体的健康反过来也为血脉畅通提供了坚实基础，为金融业的繁荣创新创造出大量需求。进一步地看，金融之于经济，显然是第二性的，它发挥的是服务性、支撑性的作用。而经济对于金融则有着决定性作用，是决定其能否兴、能否强的因素，是第一性、主导性、基础性的作用。

因此，经济发展战略决定着金融发展战略。新发展格局的构建，不只是实体经济层面的事情，同时也蕴含着金融改革发展战略转型的内涵。经过几十年的运行，我国的金融体系既取得了巨大的发展成就，也积累了不少风险与问题，在满足实体经济和人民群众需要方面还存在不少短板和不足。特别是当下中国金融风险点多面广、乱象丛生、整个金融体系的脆弱性较大，在适应性、竞争力和普惠性等方面距离现代金融体系还有明显差距。

从经济循环角度考察我国经济金融领域中的各种问题，其成因不外乎三种类型：一是实体经济内部运行失衡、循环不畅，二是金融业内部结构扭曲、循环不畅，三是金融和实体经济之间的循环出现梗阻。基于

---

① 《习近平在中共中央政治局第十三次集体学习时强调　深化金融供给侧结构性改革　增强金融服务实体经济能力》，《人民日报》2019 年 2 月 23 日。

上述判断，破解我国金融发展进程中的各种难题，既要注重推动实体经济发展质量的提升，也要完成金融体系自身发展方式的转变，从规模扩张的传统路径转向效率改进、质量提升、竞争力提高的新方位。此外，还要疏通实体经济与金融之间的循环，消除堵点，降低交易成本。三管齐下，方能增强金融服务实体经济能力，促进"血脉"畅通，激发"肌体"活力，为我国经济高质量发展提供有力支撑。

金融与实体经济之间的循环：国内大循环视角

现代货币金融学从储蓄向投资转化的视角对金融与实体经济的循环流转过程进行了较完整的阐述。货币出现以后，所有的商品和劳务，所有的物质乃至精神财富都可以被抽象为某一货币单位。有了金融活动之后，这个货币单位便可在一定时间内，以一定的代价，并被赋予一定的附加条件，由某一经济主体转移到另外一个经济主体手中。货币的转移引导着各类实体资源朝着相反的方向转移，资源配置得以完成。总体而言，金融的作用就是使得储蓄资源得以跨主体、跨时空有条件转移，通过"物随钱走"的市场机制，将储蓄转化为投资，从而引导实体经济中的资源配置。如果资源配置到生产效率较高的部门，则其使用效率也得到提高。

借鉴这一思路来理解中国改革开放以来的金融与实体经济之间的循环，我们可以认为，四十余年来中国金融发展的最大成就之一是创造出了有效的动员和分配储蓄资源的体制机制，打破了制约绝大多数发展中国家实现经济起飞的发展资金短缺瓶颈，为快速的资本形成和持续的经济增长提供了关键要素。同时我们也要看到，虽然中国金融体系四十余年来在动员资源和配置资源方面已取得长足进步，在促进国民经济良性循环方面起到了重要支撑作用，但若以金融与实体经济之间的循环顺畅流转的要求来衡量,我国金融体系仍存在着许多不容忽视的短板与弱项。

如前所述,"金融服务实体经济"的最根本要求,是发挥好金融的资源配置媒介作用,以金融中介效率的提升带动资金流动成本的降低,促进实体资源配置效率的提升。在推动国内大循环顺畅运行的进程中,我国金融与实体经济之间的畅通循环还存在以下四个方面的障碍:

一是利率、国债收益率曲线和汇率尚未完全市场化,我国金融体系尚不能为资金流动和资源配置提供灵敏有效的价格信号。

在市场经济条件下,货币金融体系引导资金畅通循环,有效服务实体经济的一个重要前提是,通过构建由市场力量决定的利率、汇率、国债收益率等一系列价格基准,为各类市场主体发送信息,推动各方将自己拥有的资源配置到最能发挥效力的领域和用途上。

正因如此,党的十八届三中全会提出要"完善人民币汇率市场化形成机制,加快推进利率市场化,健全反映市场供求关系的国债收益率曲线"。党的十九大重申,要"深化利率和汇率市场化改革"。但时至今日,利率、国债收益率曲线和汇率市场化改革仍未完成。

在利率市场化改革方面,近几年来取得了重要进展,贷款市场报价利率(LPR)形成机制在 2019 年得到完善,贷款利率的隐性下限已被打破,存款市场化改革得以启动。但目前基准利率的形成机制还不够完善,有效的利率体系尚待形成,货币市场利率向贷款利率的传导渠道还需要进一步疏通。因此,党的十九届五中全会强调,要"健全市场化利率形成和传导机制"①。

在国债收益率曲线的编制方面,我国已经形成银行间国债收益率曲线和交易所国债收益率曲线。但目前国债发行规模还不够大,种类不丰富,交易所市场和银行间市场仍然存在明显的分割,导致国债市场流动性不

---

① 《中共中央关于制定国民经济和社会发展第十四个五年规划和二〇三五年远景目标的建议》,《人民日报》2020 年 11 月 4 日。

强，统一的国债市场迟迟难以形成，从而阻碍着有效的国债收益率曲线的形成。

在汇率市场化改革方面，我国虽已取得积极进展，但央行对市场的常态式干预依然存在，外汇市场还不够发达，人民币汇率的浮动空间还比较有限。

这表明，我们的金融交易，仍然由某种可能被扭曲的定价基准引导着；依据这些信号展开的金融及实体资源配置过程，其效率仍有很大的改进空间。换言之，金融服务实体经济的能力仍有很大提升潜力。

二是我国金融结构亟待优化，资本市场发育迟缓，从储蓄到投资的转化过程中存在体制机制障碍。

迄今为止，我国的金融结构依然是以大银行为主导的，直接融资比重较低，资本市场基础性制度建设相对滞后。截至2019年底，在我国社会融资总量当中，直接融资占比约为18%；在2019年当年新增社会融资中，直接融资占比约为25%；而发达经济体直接融资占比远高于我国，一般为40%~60%。

此种金融结构的一大缺陷是，难以持续地为大规模自主创新活动提供高质量金融服务。

由于间接融资很难快速处理不确定性条件下的非标准化信息，因而难以支持高新科技的大规模产业化，难以适应经济结构的剧烈变动。在经济转向创新驱动发展阶段之后，直接融资方式的比较优势逐渐显现出来。直接融资意味着资金需求方（从事创新活动的企业家）与资金供给方（投资者）在市场中直接交流沟通，这种方式允许每个人表达自己的意见，并允许投资者犯错误。因此，直接融资方式能够较好地处理不确定性和非标准化信息，支持大规模自主创新活动。

在科技自立自强成为现代化建设全局核心任务的新形势下，我们比以往更加需要有效的试错和容错机制来培育新技术的胚芽，也更加需要灵活的市场机制来配置创新所需的金融资源，分担和化解创新失败所带来的风险，畅通科技、资本与实体经济之间的循环。

除了金融支持创新发展存在体制机制障碍之外，我国金融结构的扭曲还表现在三个方面：首先是期限结构错配，中国仍是一个发展中经济体，工业化与城市化进程并未完成，"两新一重"等领域对长期资金的需求量很大；但基于中国现存的金融结构，我们能够筹集到的资金期限相对较短。资金来源期限短、资金使用期限长，两者之间存在期限结构错配，是中国各类系统性金融风险的根源之一。其次是权益错配，大银行主导的金融结构下，动员的资金大部分只能形成借款者的负债，能形成资本、产生筹资者权益的资金比重相对较小。当前困扰我们的债务负担过重、杠杆率飙升、资本成本过高等问题，都与我国金融结构的权益错配密切相关。最后是竞争中性原则未能完全落实，所有制歧视尚未完全破除。我国当前的金融体系，主要还是为高收入群体、大企业和国企服务的。这些机构和个人获得了充分的，甚至在一定程度上已经是过度的金融服务。而对于广大中等收入及以下水平的普通居民、中小微企业和民营经济等更需要资金及金融服务的经济主体，金融体系提供的产品和服务严重不足。

三是在中国经济进入新常态之后，潜在经济增长率下滑，实体经济生产成本提高，从而导致资产收益率下降，风险持续积累，金融资源"脱实向虚"和"体内循环"的问题难以得到根治。

2012年前后，中国经济步入新常态，经济增速持续下行。大量实证研究表明，中国增长减速的主因在于供给侧。我们虽可通过推进供给侧结构性改革和释放体制潜力等办法提升潜在增长率，但已不可能回到改革开放初期年均10%左右的高速增长水平。新变化意味着"水落石出"，即过去被高增长掩盖的问题将逐渐暴露。同时，新变化也意味着新风险的积累，实体经济的下行是金融风险滋生蔓延的温床。

在经济新常态下，我国经济发展的基本特征之一，是产能过剩现象普遍出现，投资回报率持续下降并导致投资率下行。产能过剩是我国经济结构扭曲的集中表现，也是经济金融风险的重要源头。这首先是因为，产能过剩的加剧会使企业的投资预期下降，进一步会导致企业破产、倒闭，从而引起失业并打击居民的收入和消费预期，使经济增长面临越来越明显的下行压力。更为直接的是，产能过剩还会导致企业利润率下降，负债上升，应收账款增加，并导致不良资产攀升，进而，这种风险还有可能将传递到整个金融业。

无论影子银行等金融"创新"活动如何眼花缭乱，金融体系的资金最终依然要投向与实体经济密切相关的信贷、票据等资产。经济新常态下，金融体系的融资功能失去了目标和依托。经济形势的波动可能导致资产的兑付风险增加，从而导致资金在金融体系中空转，出现"脱实向虚"和"体内循环"的倾向。新增债务被用于对存量资产的交易，经营贷违规进入房地产市场，以及票据融资与结构性存款利率倒挂等现象就是这种"体内循环"的具体表现。

在这种局面下，金融与实体经济保持一定的距离，并非不可思议的事情。因为实体经济中存在着越来越大的风险，而金融机构和广大投资者选择规避这种风险，是一种理性的行为。

四是防范和化解重大金融风险的能力与新发展格局的要求还有明显差距，去杠杆等防风险领域的战略性任务远未完成。

"十三五"时期，以"三去一降一补"为主要任务的供给侧结构性改革取得明显成效，一些产能过剩领域的价格水平回归均衡，供求关系明显改善，从而拉动了经济增长 [①]；宏观杠杆率基本稳定，金融乱象得到

[①] 《中共中央政治局委员、国务院副总理刘鹤就当前经济金融热点问题接受采访》，《人民日报》2018年10月20日。

初步遏制，金融风险由发散状态向收敛状态转变。但我国经济仍处于体制转轨的关键阶段，金融监管制度亦有待进一步优化，制度结构的缺陷使得金融风险的滋生土壤始终未能被清除。2020 年初新冠肺炎疫情的暴发又使得问题更加复杂化。

为了统筹疫情防控与经济发展，2020 年我国宏观政策出现转向，这直接导致了宏观杠杆率的上升。根据国家金融与发展实验室的测算，2020 年前三季度杠杆率增幅为 24.7 个百分点，由上年末的 245.4% 上升到 270.1%。高杠杆是各类经济金融风险的源头，杠杆率的攀升可能使得风险持续滋生，防风险任务愈发繁重。

一方面，金融"脱实向虚""资金体内循环"迹象明显增加。大量新增债务再次流入存量资产的交易市场及用于补充流动性和借新还旧，金融与实体经济的均衡又被打破。由于部分小微信用贷款的融资利率较低，也导致了类似于经营贷违规进入房地产市场以及票据融资与结构性存款利率倒挂所形成的资金空转等问题。违规流入房地产及股票市场或者再次通过结构性存款回流到金融体系的新增信用并没有相应的经济活动相伴随，只能进一步推高宏观杠杆率，增加宏观金融体系的脆弱性。

另一方面，宏观杠杆率的上升可能引发多重风险，尤以地方政府债务和地方国企信用问题为甚。根据国际货币基金组织 2020 年 10 月《全球金融稳定报告》的测算，约 75% 的地方融资平台债务（大约 26 万亿元）没有能力按期还本付息；而地方国企不能偿付的债务也高达 10 万亿元。随着市场化改革的推进，市场纪律逐渐成为硬约束，刚性兑付及政府隐性担保等行为正在被打破。2020 年，我国发生了以河南永城煤电债券违约事件为代表的多起地方国企信用违约事件。允许国企或融资平台债务违约，是新发展格局下债务积累模式调整的重要方向。但也要注意到，地方国企的违约可能引爆债务违约的雪崩行为，从而引发区域性甚至系统性风险，并对金融机构资产负债表和债券市场收益率造成显著负面影响。

金融与实体经济之间的循环：国内国际双循环视角

习近平总书记反复强调，新发展格局决不是封闭的国内循环，而是开放的国内国际双循环。[①] 实体经济层面的发展格局调整必然要求金融领域的发展格局做出相应调整。现代金融业在国际经济发展和国际竞争中发挥了重要作用，成为大国确立金融主权、实现国家利益的重要工具，也是保障国内国际双循环顺畅运行的关键支撑力量。为了更好服务于双循环战略，我们要仔细研判中国金融体系在服务国内国际双循环大局中存在的堵点、短板与风险隐患，在确保金融主权安全的前提下，努力实现更高层次的金融开放，利用全球资金要素服务于我国经济的高质量发展，并在扩大开放中提升我国金融业的国际竞争力。

总体而言，我国金融体系在服务国内国际双循环的进程中，至少还有以下几个方面的短板亟待补齐。

一是人民币在国际货币体系中仍处于边缘地位，尚难担负起动员与配置全球资源的重任。

对于大国经济而言，本国货币的国际地位关乎国家的长远竞争力。在 19 世纪英国崛起后，英镑成为国际性货币，对英国的发展起到了不可替代的作用，也使得伦敦成为全球性的国际金融中心。第二次世界大战之后，美元取代了英镑的地位，成为全球第一大国际货币，成为国际储备和财富的象征，在此基础上形成的全球性金融市场深刻影响世界经济走势，成为美国最重要的软实力。

迄今为止，人民币在国际货币体系当中仍处于边缘地位。从近年来国际债务市场、外汇交易、全球支付和外汇储备等领域的货币构成看，

---

① 习近平：《在经济社会领域专家座谈会上的讲话》，《人民日报》2020 年 8 月 25 日。

美元所占份额普遍为 40%~60%，是处于绝对主导地位的霸权货币。人民币所占份额均在 2% 以下，甚至明显低于欧元、英镑和日元。

在人民币还未成为国际储备货币的情况下，较难确立起中国的金融主权，国际金融行业的主导权仍然掌握在以美国为首的西方发达国家手中，金融政策和改革措施的出台都受制于国际政治、经济和金融环境，不利于实体经济层面国内国际双循环的相互促进。

二是我国的金融基础设施建设在自主性、国际化等方面仍有明显短板，总体处于受制于人的地位。

金融基础设施是金融体系运行的枢纽，也是维护金融体系安全的基础性保障，广义的金融基础设施概念涵盖支付清算、法律环境、公司治理、会计准则、信用环境、反洗钱、信息服务等领域。

我国近年来高度重视金融基础设施建设。2019 年 9 月，中央全面深化改革委员会第十次会议审议通过了《统筹监管金融基础设施工作方案》之后，我国在支付清算、证券存管与结算、中央对手方、交易报告库、交易所等方面的基础设施建设取得了新的进展。但总体而言，除了国内支付清算领域我国有一定比较优势，在其他的几乎所有领域里，美国等发达经济体均为"规则制定者"，而中国则属"规则接收者"。

以支付清算领域为例。美国纽约清算所银行同业支付系统（CHIPS）是全球最大的美元支付系统，掌握全球美元资金的调拨，全球 95% 以上的银行同业美元支付结算业务和 90% 以上的外汇交易清算业务都要通过 CHIPS 平台完成交易。总部设在比利时的环球同业银行金融电讯协会（SWIFT）支付报文系统，为全球绝大部分跨境支付提供报文传送服务。由于 CHIPS 在国际支付清算体系中的绝对优势地位，SWIFT 难以脱离 CHIPS 而独立存在。因此，美国在 SWIFT 决策体系中掌握了具有决定性的话语权。

美元的超然地位使得美元支付清算系统的直接与间接客户涵盖全世

界几乎所有重要的金融机构，一旦美国关闭某个金融机构的美元结算通道，该机构将会在国际业务上面临极大困难，与之相关的国际贸易和国际投资活动也就无法开展。2019 年 6 月，中国的交通银行、浦发银行和招商银行因拒绝执行美国法院关于违反朝鲜制裁调查的传票，面临被切断美元清算渠道的金融制裁。

在变动不居的国际形势下，支付清算等金融基础设施建设的重要性更加凸显，高效、安全的金融基础设施是保障资金顺利跨境流动的核心支撑。2020 年 9 月，中央财经委员会第八次会议明确提出，要强化支付结算等金融基础设施建设。党的十九届五中全会则强调，要保障金融等重要基础设施安全，守住不发生系统性风险底线。

三是我国在国际金融体系中缺少定价权、话语权，在规则和标准制定过程中处于被动地位。

在产品的定价权方面，中国在国际基本工业品（包括现货和期货）的定价过程中起到越来越大的作用。但美国依然掌控着绝大多数国际金融产品的定价权，我国在国际金融市场上依然处在"价格接受者"的地位。

在国际金融机构的话语权方面，世界银行历任行长为美国人，美国在 IMF 有一票否决权。中国虽有不少经济学家在世界银行和 IMF 担任高管或首席经济学家，但是，话语权和影响力依然有限。

在国际货币金融领域的规则与标准制定过程中，美国等西方国家仍发挥着绝对主导作用，反映着西方国家的利益。从国际循环角度看，我国虽然通过"一带一路"、亚洲基础设施投资银行、金砖国家开发银行等机制提升了在国际规则与标准制定过程中的影响力，但总体而言，我国尚未能有效将庞大的市场份额转化为国际规则标准制定权，中国标准与国际标准尚未有机融合。如何在与国际现行规则融合的同时，推动改革不合理的国际规则，并将中国规则推向世界，将是未来一个时期内我国金融开放需要着力解决的关键问题。

深化金融供给侧结构性改革，助力新发展格局构建

扩大内需是战略基点，深化供给侧结构性改革是战略方向。党的十九届五中全会明确要求，构建新发展格局，要"把实施扩大内需战略同深化供给侧结构性改革有机结合起来，以创新驱动、高质量供给引领和创造新需求"，"形成需求牵引供给、供给创造需求的更高水平动态平衡"。[①] 和实体经济发展一样，当前和今后一个时期，我国金融发展面临的主要矛盾仍在供给侧，金融供给结构不能适应需求结构变化，金融产品及服务的品种、效率、质量、安全等方面难以充分满足实体经济和人民群众多层次、多样化的需求。

服务于双循环战略的"十四五"中国金融发展，要树立质量优先、效率至上的理念，更加注重供给侧的存量重组、增量优化、动能转换，推动我国金融业实现质量变革、效率变革、动力变革。

扩展开来说，就是要围绕实体经济深化供给侧结构性改革的总要求，以深化金融供给侧结构性改革为主线，围绕扩大内需这个战略基点，在守住防范系统性金融风险这一底线的前提下，发挥市场在金融资源配置中的决定性作用，加强和改善政府宏观调控，引导金融业发展同经济社会发展相协调，把更多金融资源配置到经济社会发展的重点领域和薄弱环节，降低实体经济成本、提高金融资源配置效率，更好满足人民群众和实体经济多样化的金融需求，从而促进内需的扩大和国内循环的畅通。与此同时，要用扩大金融开放的办法，以国内大循环吸引全球资源要素，充分利用国内国际两个市场、两种资源，使得中国发展红利为世界各国

---

① 《中共中央关于制定国民经济和社会发展第十四个五年规划和二〇三五年远景目标的建议》，《人民日报》2020 年 11 月 4 日。

分享，从而促进国内国际双循环。

一是发挥好货币政策在需求侧管理中的关键作用，全力稳定经济增长。增长是硬道理，一定的经济增长速度是实现高质量发展的基础，实体经济的增长是各类金融资产收益的最终来源。

首先，按照2020年中央经济工作会议"政策操作上要更加精准有效，不急转弯，把握好政策时度效"的要求，在中短期内总体保持略为宽松的宏观政策取向，逐步从稳健偏宽松转向稳健中性。在此基础上，要发挥结构性货币政策工具的作用，用好直达货币政策工具，激发市场主体活力，应对全球经济长期停滞带来的巨大经济下行压力，守住来之不易的疫情防控和经济复苏成果，尽可能缩小产出缺口，实现5%左右的经济增长速度。

其次，按照十九届五中全会"建设现代中央银行制度，完善货币供应调控机制"的方向，改变目前央行资产负债表中外汇占款和对商业银行贷款占比过高的状况，转向以主权信用为基础，主要依靠国债作为货币发行的准备资产，探索主要通过买卖中央政府债务进行基础货币投放的货币供应新机制。

最后，密切关注发达经济体货币政策动向，适时适度调节货币政策的方向、力度和节奏，防止内外利差和汇率波动对我国经济体系造成大的负面冲击。

二是坚持以服务实体经济为方向，对金融体系进行一系列结构性调整。

首先，深入推进资本市场基础性制度改革，推广注册制，改革交易、退市等制度安排，发挥资本市场对于推动科技、资本和实体经济高水平循环的枢纽作用，优化上市公司结构，增强金融服务创新发展的能力，促进实体经济层面全要素生产率和经济潜在增长率的提升。在各国资本市场积极争夺中国优质上市资源，努力成为中国优质企业上市地点的背景下，推进我国资本市场基础性制度改革，消除资本市场中的各种扭曲，还具有在国内国际双循环中提升资源配置效率和增强我国金融业国际竞争力的含义。

其次，完善债券市场结构，提升国债等安全债券的占比，为金融机构的流动性管理、货币政策的有效传导以及财政政策与货币政策的协调配合提供支撑平台。

再次，健全商业性金融、开发性金融、政策性金融、合作性金融，分工合理、相互补充的金融机构体系，积极发展保险、养老金等拥有长期资金来源的金融机构，以及信托、证券、基金等非银行金融机构，解决期限错配等结构扭曲问题。

最后，破除金融体系的体制偏好，增加面向中小微企业的金融服务供给，按照竞争中性原则平等地为各种所有制企业提供金融服务。在实体经济融资难融资贵的大环境下，特别要通过完善民营企业融资增信支持体系、健全民营企业直接融资支持制度和发展中小金融机构等办法，精准支持那些符合国家产业发展方向、主业相对集中于实体经济、技术先进、产品有市场、暂时遇到困难的民营和中小微企业，使得杠杆与效率更加匹配。

三是按照十八届三中全会要求，继续完善人民币汇率市场化形成机制，加快推进利率市场化，健全反映市场供求关系的国债收益率曲线，形成较为完善的基准价格体系，引导金融资源优化配置，助力经济循环畅通。

首先，以完善 LPR 为抓手，健全由市场供求决定利率的机制使得利率水平、风险结构和期限结构由资金供求双方在市场上通过反复报价、沟通和交易来决定；同时要打破市场分割，建设完善的市场利率体系，建设核心金融市场并形成市场核心利率，建立有效的利率传导机制。

其次，积极发展外汇市场，增加外汇市场的参与者，有序扩大人民币汇率的浮动空间，完善汇率形成机制，着力减少央行对市场的常态化干预。

最后，完善国债收益率曲线的编制技术，促进信贷、债券及其他金融体系各类产品定价机制融合；着力推动国债期限、品种结构和持有者多样化，增强国债市场的深度、广度、流动性和稳定性；加强财政与货币两大宏观调控部门的协调配合，使得国家发行的规模与节奏同金融市场发展的需求相匹配。

四是坚持稳中求进工作总基调，保持宏观杠杆率基本稳定，处理好恢复经济和防范风险的关系，避免爆发重大风险。

金融危机的教训表明，金融风险的重要源头在于过度借债导致的高杠杆。因此，几乎可以说，所有的防范和化解金融风险的任务，都将落实到去杠杆上。问题的困难之处在于，对我国这样一个债务驱动型经济体而言，稳经济和去杠杆在本质上是相互矛盾的，要想稳增长，就必须容忍杠杆率攀升。在疫情冲击仍存不确定性，且潜在增速放缓的背景下，我们要坚持稳中求进工作总基调，在保持宏观杠杆率基本稳定的前提下深化经济体制改革，促进金融与实体经济畅通循环。

"稳"主要是指从需求侧发力，在杠杆结构上做文章，在总体上保持政策定力的前提下，更多依靠中央政府加杠杆和地方隐性债务显性化等办法来稳住总杠杆，从而稳住总需求，顶住经济下行压力。

"进"主要是指从供给侧发力，用深化改革的办法推进僵尸企业的破产重组，让市场清理机制和市场纪律发挥作用。在此基础上实事求是地厘定地方政府所应承担的事权并为地方政府完成这些事权提供稳定、透明、可持续的资金支持；持续硬化国企与地方政府的预算约束，破除政府兜底幻觉，提升金融市场违约事件处置的法治化、市场化水平；严控与经济增长和创新发展无关的信贷增长，减少各类资金空转和"脱实向虚"现象。

五是大力提升金融科技发展水平，使创新成为推动金融服务供给结构变革和提升金融服务效率的根本动力。

首先，坚持市场和企业为主导的基本方向，发挥金融科技在破解信息不对称难题中的关键作用，让各个部门、各个主体充分显示自己的偏好和金融服务需求，并准确地刻画各种要素的流转轨迹，并运用新技术推动金融服务供给模式变革，提升金融服务供给的针对性、有效性和普惠性。

其次，坚决破除垄断，依法保护各类交易主体利益推动完善数据流转和价格形成机制，坚持金融业务必须持牌经营，强化对大型科技企业的监管，为金融科技领域企业家精神的涌流和"创造性破坏"的实现提供制度保障。

再次，在加强风险防范与安全约束的同时，对企业家在金融科技前沿领域的创新探索给予适度空间，并建立充分有效的市场竞争机制，解除金融压抑，放开市场准入；依托新技术支持，破解金融服务难点，促使金融更加"脱虚向实"，促进技术、资本与实体经济之间形成高水平循环。

最后，加快金融基础设施领域智能化运用，着力提升半导体芯片、存储设备和操作系统的国产化水平，实现关键技术自主可控，将金融基础设施发展的主动权牢牢掌握在自己手中。

六是在扩大金融开放的进程中统筹发展与安全，提高我国金融业的国际竞争力、话语权和影响力，并有效维护金融稳定。

首先，用好"一带一路"倡议加速推进、新冠肺炎疫情后我国经济率先复苏、国内资本市场改革取得突破和我国金融科技及数字货币研发走在世界前沿等积极因素，稳步推进人民币国际化，引领国际电子货币体系的构建。通过人民币国际化，我们具备打破美国可能的经济金融封锁的能力，巩固与相关经济体的经济金融联系，助力国际大循环的畅通。

其次，统筹金融基础设施布局，打破市场分割和监管不统一的困局，从准入机制、治理结构、业务规则、风险控制、系统安全、数据标准、信息披露、隐私保护等多个方面入手，建立有效的基础性制度安排和国际化的法律体系；提高人民币支付体系运行程序和技术标准的国际化与透明度，降低与境外支付系统对接的成本；对接国际规范和准则，统一数据和信息标准，加强监管部门与金融机构和金融基础设施之间的数据共享；利用新兴技术推动数字化金融基础设施建设，绕开美国主导的传统跨境金融体系，依托"一带一路"对相关技术应用予以落地试验和推广。

再次，巩固和发展我国在国际大宗商品市场上的定价主导地位，发展人民币离岸市场，形成便捷的离岸人民币信用创造体系，并逐步开放外资机构参与中国的货币市场；同时提高国内金融产品的丰富程度和金融市场深度，在国内建立金融产品的有效定价机制。双管齐下，争夺重要金融产品的国际定价权。

最后，改变跨境资本"宽进严出"的格局，放松中国投资者投资于境外资本市场的限制，防止因跨境套利引起的人民币过快升值；同时保持对跨境资本流动的必要管制，防止由套利行为引起的短期资本大进大出。

参考文献

［1］ 蔡昉：《认识中国经济减速的供给侧视角》，《经济学动态》2016年第4期。

［2］ 董昀：《新冠肺炎疫情冲击之下的中国经济韧性》，《中国社会科学院研究生院学报》2020年第4期。

［3］ 黄达、张杰：《金融学（第五版）》，中国人民大学出版社2020年版。

［4］ 江小涓、孟丽君：《内循环为主、外循环赋能与更高水平双循环——国际经验与中国实践》，《管理世界》2021年第1期。

［5］ 李扬、张晓晶：《新常态：经济发展的逻辑与前景》，《经济研究》2015年第5期。

［6］ 习近平：《在经济社会领域专家座谈会上的讲话》，《人民日报》2020年8月25日。

［7］ 习近平：《关于〈中共中央关于制定国民经济和社会发展第十四个五年规划和二〇三五年远景目标的建议〉的说明》，《人民日报》2020年11月4日。

［8］ 《习近平在中共中央政治局第十三次集体学习时强调　深化金融供给侧结构性改革　增强金融服务实体经济能力》，《人民日报》2019年2月23日。

［9］ 《中共中央关于制定国民经济和社会发展第十四个五年规划和二〇三五年远景目

标的建议》，《人民日报》2020年11月4日。

[10]　《中共中央政治局委员、国务院副总理刘鹤就当前经济金融热点问题接受采访》，《人民日报》2018年10月20日。

第九章

粮食安全与农业生产方式现代化

　　党的十九届五中全会明确指出，要"优先发展农业农村，全面推进乡村振兴"，并把提高农业质量效益和竞争力作为全面实施乡村振兴战略的重点任务之一[1]。农业是国民经济的基础，保障国家粮食安全是底线任务，也是构建新发展格局的基本要求。以国内大循环为主体，是中国农业长期坚持的根本战略，是保障国家粮食安全和重要农产品稳定供应的基本立足点。在双循环新发展格局下，必须把保障国家粮食安全和重要农产品稳定供应放在更加突出的位置，充分利用国内国外两种资源、两个市场，大力畅通农产品国内国际经济循环，全方位促进农业开放发展，加快农业生产方式现代化，为实现社会主义现代化强国奠定坚实的基础。

---

[1]　编写组：《〈中共中央关于制定国民经济和社会发展第十四个五年规划和二〇三五年远景目标的建议〉辅导读本》，人民出版社 2020 年版。

粮食安全与新发展格局

一、粮食安全的定义及决定因素

粮食安全是国家安全的基础。国际社会使用的是食物安全（Food Security），其中食物包括粮食和其他所有能够满足人体营养需要的食物，可称为广义的粮食安全。粮食作为中国特有的概念，是指供食用的谷物、豆类和薯类的统称。按照联合国粮农组织的定义，粮食安全是指"所有的人在任何时候既能买得到又能买得起所需要的基本食品"。同时，联合国粮农组织还以谷物占有量为指标，将人均 400 公斤谷物作为粮食安全的标准线，并将谷物自给率 95% 和谷物库存占全年消费量的 17%~18% 作为粮食安全线标准。在国内，学术界通常把粮食安全的基本内涵理解为粮食"供得足、送得到、买得起、吃得好"。

传统观念始终认为，粮食安全是农业生产和资源禀赋问题；工业革命以来，特别是 20 世纪 60 年代以后的绿色革命之后，粮食安全的决定性因素已经从农业和资源转为经济社会的整体发展与社会治理能力。绿色革命打破了传统的人口数量与农业资源的既有关系。一方面，绿色革命带来农业生产方式的现代化，包括现代育种、灌溉、农用化学品和农用机械在内的现代农业技术快速地重塑了传统农业，实现了农业产出效率的极大提升。1961—1980 年，印度水稻单产从每公顷 1.54 吨增长到 2 吨，小麦单产从每公顷 851 公斤增长到 1.63 吨；同期墨西哥水稻单产从每公顷 2.28 吨增长到 3.49 吨，小麦单产从每公顷 1.68 吨增长到 3.85 吨，均实现了巨大跃迁。这一时期，中国粮食平均单产从每公顷 1.12 吨增长到 2.73 吨。另一方面，20 世纪 60 年代以后，全球化步伐加快，农产品商品化水平不断提高，全球农产品贸易量快速增长，从而形成了农产品生产与消费日渐分离的世界农业版图。1961—1980 年，全球谷物贸易量从 8000 万吨增长到 2.23 亿吨，2020 年全球谷物贸易将达到 4.8 亿吨。由于农业生产效率的提高，加之全球农产品市场力量的扩大，使得影响粮食安全的根本因素发生了变化。

就现代经济社会发展而言，当前粮食安全显然会自发考虑到市场因素，即农业生产的经济性。中国传统农耕文明一直延续到改革开放以后的一段时期，中国粮食产需格局始终是"南粮北运"，由于工业化、城镇化的快速发展，中国粮食产需格局很快转变为"北粮南运"。就本质来看，这并没有改变中国的粮食安全现状，也没有改变粮食安全基础，空间格局的变化是经济社会发展的自然优化。

简单概括，当今社会影响粮食安全最重要的因素是经济社会发展水平和社会治理水平，即现代化水平。在传统小农经济时代，粮食安全始终是无法逾越的障碍，工业革命以来，现代生产方式和现代社会逐步形成，生产力和生产关系获得了极大的进步，使得人类有能力开始摆脱粮食安全的约束。20 世纪 60 年代以来，绿色革命带来了农业产出的迅猛增长，加之最近几十年以来全球农产品市场的繁荣，人类正在逐步告别粮食危机时代。

二、新格局下保障粮食安全的重要性

中国人口众多，粮食生产所依赖的耕地和水资源短缺，人地矛盾突出，确保国家粮食安全始终是一个重大国家战略问题。从人口来看，1950 年中国总人口占世界的比重为 21.5%，1980 年该比重提高到 22.1%，到 2018 年又下降到 18.3%。相比较而言，中国的耕地和水资源占世界的比重要低得多。根据世界银行的世界发展指标（WDI）数据库，2014 年中国耕地面积仅占世界的 7.5%，可再生淡水资源仅占世界的 6.6%，人均耕地面积仅相当于世界平均水平的 39.8%，人均可再生淡水资源也只有世界平均水平的 34.8%。在人口众多、水土资源短缺的情况下，中国无论什么时候都必须绷紧国家粮食安全这根弦不放松。构建双循环新发展格局，必须坚守国家粮食安全底线，筑牢粮食安全这个"压舱石"。

中国作为全球最大的农业生产国和农产品消费国，在农业生产资源相对有限的条件下，不仅依靠自身的条件解决了14亿多人口的吃饭问题，也为世界粮食安全提供了中国方案。更为重要的是，以加入WTO为标志的农业开放使得中国可以利用的全球资源获得了极大的扩展。根据2020年农产品贸易匡算，如果将农产品净进口资源折算为虚拟土地的话，那么也接近12亿亩，当前中国每年农作物总播种面积约为25亿亩。显然，从农产品供应来源来看，国内国际资源比例为二比一。从人口结构和农产品消费结构变化来看，未来农产品需求和生产将趋于动态平衡，即农产品消费增长与农业产出和进口增长之间维持动态平衡，意即中国农产品供给来源将总体维持在二比一的比例上。因此，中国粮食安全和重要农产品保障的主体仍然在国内。总体来看，完全以国内农业资源保障粮食安全是足够的，但是如果需要满足人们更高标准的食物消费需要，农产品进口则具备了更优的经济性。

这是因为，一方面，农业既是农产品的供给者，又是国民经济发展的基本盘，只有稳定国内农业产出，才能有效应对全球农产品市场的复杂变化。当前中国是全球最大的农产品进口国，在全球具有举足轻重的地位，中国农产品进口的边际变化将会对全球农产品市场产生重要影响。2019年受到非洲猪瘟影响，中国猪肉进口快速增长，从而带动全球肉类价格的快速上涨。因此，从粮食安全和农产品供应角度来看，只有稳定国内农业生产，才能促进国内国际双循环。另一方面，农业也是农业投入品的需求者，也考验农业投入品的质量水平。从投入品来看，无论是现代种业还是农业装备制造、农业金融服务等实际上都对国民经济的其他部门提出了更高要求。伴随着农业生产要素更新，农业现代化水平将会不断提升，农业生产效率也将随之持续增长。以丘陵山区农田宜机化改造为例，根据张宗毅测算，全国丘陵山区农田宜机化所需资金量约为1.6万亿元，一旦改造完成，将新增耕地5亿亩，由此对未来农业发展产生长远收益。

当前，中国粮食供给相对充裕，能够确保谷物基本自给、口粮绝对安全。根据国际标准和中国国情，2013年中央经济工作会议提出实施"以我为主、立足国内、确保产能、适度进口、科技支撑"的国家粮食安全新战略，把"谷物基本自给、口粮绝对安全"作为国家粮食安全战略底线。中国粮食生产以谷物为主，近十年（2011—2020年）来谷物产量占粮食总产量的90%以上，而稻谷、小麦、玉米三大主粮占谷物的98%以上。据研究，中国谷物自给率自2005年以来各年份都高于95%，达到了谷物基本自给的要求。同时，2015—2019年按稻谷和小麦计算的口粮自给率均在100%以上，说明近年来中国始终处于口粮绝对安全范围内。

三、新发展阶段的国家粮食安全战略

在新发展阶段，为适应构建双循环新发展格局的需要，应把握国内外形势变化，更新理念，树立科学的大粮食安全观，全面落实国家粮食安全战略，深入推进藏粮于地和藏粮于技，不断提升粮食和重要农产品供给保障能力。

一是从数量安全到质量和能力安全。随着居民消费水平的提高，人们更加注重"吃得好、吃得健康、吃得安全"，对粮食的需求出现了品种多样化和追求绿色、安全、优质的趋势，粮食质量安全将愈益重要。同时，在新形势下，粮食能力安全已经成为更高水平上保障国家粮食安全的基础。这种能力不仅包括国内可持续的粮食生产能力，还包括与国情和发展阶段相适应的粮食储备能力，更包括对国际粮食资源和渠道的控制能力。在新时期，保障国家粮食安全，不单纯是数量安全的问题，更重要的是保障质量安全和能力安全。

二是实行分层次的粮食安全战略。粮食安全具有一定的层次性，一般可分为口粮安全、谷物安全和粮食安全三个层次。从广义上看，在粮食安全基础上，又可以延伸到食物安全。"口粮安全"是粮食安全的核心，要确保口粮绝对安全，稻谷、小麦自给率基本达到100%；谷物要确保基本自给，自给率达到联合国粮农组织确定的95%以上；其他粮食品种可以根据情况充分利用国际贸易调剂余缺。需要注意的是，随着经济发展水平的提高，人们的食物消费结构在发生变化，口粮消费将会逐步下降，而对杂粮、蔬菜、瓜果、水产品、畜产品等的消费将会不断提高。在新形势下，需要树立食物安全的观念，在更高层次保障居民食物和营养需求，促进食物消费结构多样化。事实上，2021年中央一号文件已经提出"确保粮、棉、油、糖、肉等供给安全"，由此把粮食安全扩展到了食物安全。

三是充分利用两种资源和两个市场。中国人多地少，粮食供需缺口大、消费品种多，为满足人民日益增长的对美好生活的需要，必须充分利用国内国外两种资源、两个市场，不断提高中国在全球配置粮食资源的能力。在推进"一带一路"建设中，要加强农业国际投资和合作，尤其是粮食科技、生产、加工、储运和服务的国际合作。积极培育一批大型跨国粮食生产、加工和贸易企业集团，鼓励企业利用"一带一路"沿线及周边国家丰富土地资源优势，建立一批稳定的海外粮食生产和供应基地。优化粮食贸易结构，促进粮食进口市场多元化，提高粮食进口的安全性。

四是建立多元化的粮食储备体系。实施藏粮于地，着力加强耕地地力保护，搞好高标准农田建设，推广保护性耕作模式，健全轮作休耕制度，提高粮食生产的可持续发展能力；实施藏粮于技，着力加强粮食生产、加工、储藏中的关键核心技术研发，完善粮食科技推广服务体系，提高粮食科技进步贡献率和仓储科技应用水平；实施"藏粮于民"，在进一步深化中储粮改革基础上，积极鼓励粮食加工、贸易等企业和农民储粮，构建政府主导、企业和农民积极参与的多元化国家粮食储备体系。对于企业和农民参与储粮，国家可给予一定的代储补贴。

五是确保粮食生产过程中的生态安全。保障国家粮食安全是一个巨大的系统工程，应树立从粮食生产、加工、储运、销售一直到餐桌的全过程的大粮食安全观。其中，确保粮食生产过程中的生态安全，提高粮食供应的质量，在粮食安全中至关重要。要加大财政投入力度，加强土壤和水污染治理，确保粮食生产的土壤安全和水环境安全。同时，要持续推进化肥农药减量增效，采取总量控制与强度控制相结合的办法，分阶段、分产品、分地区梯次推进化学投入品减量化，推动化肥、农药等使用总量和强度实现持续快速下降。

新格局下的农业开放发展

扩大农产品贸易和农业国际合作，全方位促进农业开放发展，是畅通国内国际经济循环的重要内容。在新形势下，面对国内农产品供给与需求的变化，应着力提高农业领域的对外开放程度，既要充分利用国内国外两种资源、两个市场，更好地保障国内粮食安全和重要农产品供应；又要依托中国超大规模的农产品市场优势，优化农产品贸易，扩大农业对外投资，深化农业科技合作，全方位提高农业国际合作水平，更好地配置全球农业资源。

一、国内农产品供给和需求的变化

中国拥有超大规模和最具潜力的农产品消费市场。改革开放以来，中国农业生产特别是粮食生产获得了稳步提升，各种农产品供应日益丰富。根据国家统计局公布数据，2020 年中国粮食总产量为 6.69 亿吨，比1978 年增长了 120%。中国人均粮食占有量自 2008 年稳定超过 400 公斤粮食安全线以来，人均粮食占有量始终稳定在高位，2015 年以来都在 470 公斤以上。正是有了粮食生产的基础，农业全方位发展成为可能，粮棉油糖肉鱼蛋奶果菜茶等都取得了长足的进步。特别是，近年来蔬菜、水果、食用菌、园艺、中药材、畜禽和水产养殖等产业迅速发展，满足了人们日益增长的消费需求。随着城乡居民收入水平提高和消费升级，目前国内农产品消费正在向多样化、个性化、品质化、绿色化方向发展，追求安全、绿色、健康、品质正成为新的趋势。

在国内农产品消费不断升级的推动下，倒逼农业高质量发展。从直观事实来看，当前整个农业生产过程及产出产品都快速转向高端化、高品质，优质农产品层出不穷。改革开放初期，食物消费升级只是大类升级，例如从植物性食物转向动物性食物；随后则从大类转向细类，例如从猪肉、禽肉转向牛羊肉，再转向水产品；当前的消费升级一方面转向优质、健康的农产品，另一方面甚至在很大程度上具备文化载体功能，"有故事"的农产品更能打动消费者。能够看到，过去一段时间，网红农产品层出不穷，吸引了足够的眼球。2021 年开播的电视剧《山海情》带动了宁夏红酒的消费飙升足以说明问题。在消费升级的带动下，农业生产已然从生产发展转向农业产业链发展，依托产业链实现农业高质量发展。

国内农产品流通和市场建设也不断取得新的进展。无论是农业生产、农业产业链发展，还是消费者触达，之所以能够形成全国乃至全球的农产品市场，都离不开高效农产品流通和市场建设。改革开放以来，中国对基础设施进行了大量投入，在农产品物流、交易场所、质量安全等方面取得了长足进步。近年来，随着电子商务的快速发展，农产品电商、跨境电商、社区电商等新业态涌现为农产品的市场发展增加了更多元、更新颖的方式。当前，在大型商超和主流网商平台上，购买活的帝王蟹和大龙虾并不困难，而且传统的消费时令也在被打破，一年四季都可以买到西瓜，这一切对应的事实是当前的农产品市场可以在更大的范围内配置时空资源，使得农产品价值链得以完整形成。

二、全球农产品市场的基本特征

当前形势下，中国国内农产品供给仍然有 1/3 来自海外。从进口规模来看，2020 年农产品进口额为 1708 亿美元，位居全球第一。当前，农产品国际贸易出现了一些新的趋势。一是国际农产品的产销将进一步分离，贸易集中度将会进一步上升，这一趋势不可逆转。根据美国农业部（USDA）数据，2019—2020 年巴西、美国大豆产量分别占全球产量的 36.84% 和 31.18%，巴西、美国大豆出口量分别占全球出口量的 50.27% 和 35.89%。由此可见农产品出口集中度之一斑，除大豆之外，几乎所有农产品出口集中度持续提高。二是利润最大化已经成为农产品贸易的重要驱动力。在此以两个极端案例作为参考。一个是巴西和美国在新冠肺炎疫情如此严重的情况下，仍然在加大农产品出口；特朗普虽然急于和中国切割，却要逼迫中国增加农产品进口。另一个极端案例是中国长期存在的农产品进口走私情况，虽然当前在疫情防控背景下有明显改观，但是在非防疫的常规情形下走私情况较为普遍，例如肉类及水产品等，都是逐利使然。三是现代全球农业竞争是农业科技和农业政策的竞争，而非土地和自然资源的竞争。以色列、荷兰虽然人均耕地资源有限，和中国一样面临着"人多地少"的窘境，但凭借科技支撑和产业配套，以色列、荷兰分别大力发展以玻璃温室、微滴灌等为技术特色的设施农业，大幅提升了农业资源利用效率和农产品竞争力，成为现代农业强国。与之相反的，俄罗斯虽然国土面积辽阔，农业资源远较以色列和荷兰丰富，但是由于产业支持、科研投入不足等，农业发展依然较为落后。在新的趋势下，全球农产品市场呈现三个基本特征：

1. 农业资源在全球农产品贸易中的地位相对下降

全球农产品贸易在最近 20 年以来，特别是中国成为全球最大的农产品进口国以来，专业化程度不断提高。大体来说，全球农产品贸易从早期的资源导向已经转向产品导向，农业资源的相对作用不断下降。大航海和工业革命之前，全球农产品贸易主要是资源贸易，热带地区出口香料、海洋国家出口渔获、农耕地区出口谷物、游牧地区出口牲畜和肉类，这些都是取决于资源水平。工业革命以来，特别是最近 20 年以来，全球农业的发展方式发生很大变化，自然资源不再是农产品贸易的决定性因素。

美国人均农业资源高度丰裕，在中国没有成为全球最大的农产品进口国之前，美国始终是全球最大的农产品进口国；相反，荷兰并没有丰富的农业资源，却是全球重要的农产品出口国。对于这一问题，可以从中国水产品出口中获得答案，中国并不是水产资源十分丰富的国家，得益于水产养殖技术的发展，中国水产品仍然是十分具有竞争力的出口品。随着全球经济社会不断发展，从发达社会的农产品需求来看，消费者在满足基本营养需求以后，势必追求高品质、个性化的需求，对应的产品形态和生产方式显然不再局限于传统的资源，这就使得：在未来农业竞争中，资源的相对作用不断下降，其他要素，特别是创新作用不断提高。

2. 全球农产品贸易的专业化将重塑全球农产品市场

由于农产品贸易专业化程度提高，全球农产品贸易的产销分离将会更为明显。在中国这种趋势表现为"北粮南运""南菜北运"，从全球视角来看，由于地理纬度的差异，使得农业连续生产和消费成为可能。当前，中国消费者几乎可以全年消费车厘子，冬季可以消费南美车厘子，而后可以消费北美和国产车厘子；大豆进口也是如此，上半年进口南美大豆、下半年则进口美国大豆，农产品连续到港使得连续加工得到保证，因此对库存的要求也降到很低水平。日本的小麦几乎全部依靠进口，正是因为进口来源从北半球的加拿大、美国，一直到南半球的澳大利亚，所以日本小麦的库存比例也非常低。显然，库存消费比降低得益于生产和供给的连续，而这又得益于生产的专业化和来源的全球化。

当全球农产品贸易专业化程度提高以后，对于开放经济体而言，其行为逻辑将不再是产出最大化，而是资源配置的最优化，实际上就是利润最大化对产出最大化的替代。正是全球农产品的发展，使得每一个开放经济体都可以参与全球农业资源配置，从而优化各自的农业生产方式。美国是全球最大的农产品出口国，也是全球第二大农产品进口国，其中美国牛肉是全球第三大牛肉出口国，同时也是第二大牛肉进口国，呈现出类似于产业内贸易的特征，这也是为了更好满足美国国内牛肉多元化消费的需要。

3. 全球农产品市场中的贸易限制

实际上，任何一种正常形态的全球贸易，一旦形成习惯，很难再逆转。这里所说正常形态的贸易，起码包括正常的商品和服务形态、正常的伙伴形态。之前特朗普政府对中国高科技企业和产品实施制裁，恰好暴露出商品与伙伴形态的不正常。对于全球农产品贸易来说，从历史来看，都是大国对小国的制裁有用，而对大国的农产品贸易制裁非常鲜见，毕竟成本和代价无比巨大。从未来发展来看，全球农产品贸易专业水平越来越高，农产品贸易伙伴，特别是对华出口农产品的国家而言，贸易禁运代价比收益要大很多，显然是不明智的。

2020年全球新冠肺炎疫情以后，有部分国家和地区宣布对农产品出口采取管制措施。显然，这些宣布管制农产品出口的国家并不是现有全球农产品市场的主要参与者，其背后的原因在于本国存在粮食危机的可能性。在全球农产品贸易越来越专业的背景下，贸易集中度也在不断提高，无论是谷物、肉类，其主要贸易伙伴都非常集中。2020年，没有一个主要农产品出口国宣布采取出口管制，美国特朗普政府甚至还在利用各种渠道增加对华农产品出口。所以，全球农产品贸易中的限制措施，显然是支流，主要是具有新闻价值。

三、促进农业开放发展的主要途径

在新发展阶段，要坚持实施更大范围、更宽领域、更深层次的对外开放，依托中国大市场优势，实施农产品进口多元化战略，促进农产品贸易高质量发展，深化农业国际合作，稳步推进农业走出去，构建农业全方位开放发展新格局。

一是实施农产品进口多元化战略。2021年中央一号文件明确提出，要"优化农产品贸易布局，实施农产品进口多元化战略，支持企业融入全球农产品供应链"[①]。对重要农产品及相关产业链实施品种和来源多元化是农业开放发展的重要方向。例如，通过增加肉类进口稀释谷物和粕类进口来源集中的问题，通过食品、饮料进口缓解食糖进口对广西糖料生产的压力，通过纺织业海外投资及迂回贸易实现对棉花进口的合理替代。通过实施农产品进口多元化战略，一方面增加国内农业资源的可获得性，另一方面对全球农业资源配置起到更积极的作用。

二是促进农产品贸易高质量发展。重点是推动优进优出，助力国内农业供给侧结构性改革、产业提质增效和农民增收。要围绕稳进口，拓展多元化来源渠道，增加进口供应的安全性和可靠性；围绕促出口，培育一批农业国际贸易高质量发展基地和国际展示促销平台，提升优势产品出口的质量效益和竞争力。通过完善农产品内外贸一体化调控体系，促进内外贸法律法规、监管体制、经营资质、质量标准、检验检疫、认证认可等相衔接，推进同线同标同质，优化农产品贸易。

三是推动农业科技合作取得新进展。农业科技合作要引推并重、培优补短，深化与重点国家在基础前沿交叉领域的攻关合作，在引进吸收国际先进农业科学技术和经验的基础上，推动中国优势农业技术、产品

[①] 《中共中央 国务院关于全面推进乡村振兴加快农业农村现代化的意见》，《人民日报》2021年2月22日。

在国外开展创新研发和示范推广。同时，要充分利用"一带一路"倡议，深化与"一带一路"沿线国家的农业科技合作和经验交流。特别是，中国在农村反贫困领域取得的巨大成就和宝贵经验，为广大发展中国家反贫困提供了有益的借鉴。

四是加强农业对外投资，稳步推进农业"走出去"。当前中国农业已经进入加快"走出去"的新阶段。要优化"走出去"布局，再建一批示范带动作用强的境内农业对外开放合作试验区和境外农业合作示范区，设计落实一批可持续发展能力强的合作项目，强化政策支撑和服务保障体系，推动农业对外投资向产业链的两端、价值链的高端延伸；把农业服务贸易作为带动对外投资的重要抓手，发挥中国在农技、农机、农资等领域优势，在全球范围内塑造农业服务贸易的新模式、新规则。

推动农业发展方式转变

从发展来看，随着"四化"同步推进，未来农业发展方式必将面临全新升级。就农业生产而言，由于农业生产要素不断更新，农业生产方式将会发生本质改观，包括农业劳动力数量的减少、农业装备快速进步都将推动农业生产方式的快速现代化。就农产品消费需求而言，人口数量增长接近顶峰，人口老龄化对应的是农产品需求在未来趋于饱和，传统以热量摄入为主的谷物消费已经饱和，动物蛋白消费的快速增长也将迅速饱和，未来膳食和营养摄入更偏重健康需求，质量需求将取代数量需求，这也将倒逼开放条件下的农业生产以全新方式进行。

对于中国这样的人口和资源大国来说，就粮食安全主动权而言，其根本出路还是要回到农业高质量发展和农业资源的全球配置能力上来。农业高质量发展的前提是转变农业发展方式，在任何传统农业国或者传统社会形态之下，都不可能存在粮食安全。工业革命之前，人类始终处于传统农耕时代，并不是说当时不存在粮食安全问题，而是在概念上和现在完全不同。在历史条件下，与其说是粮食安全问题，不如说是国家治理问题，饥饿和食物短缺是司空见惯的情况，所以食物丰歉并不会引发过度关注。

用现代的视角来看，历史上多数的权力更替与社会动荡都与食物短缺相关。工业革命以来，特别是绿色革命以来，由于农业生产效率的提高已经摆脱了传统的自然约束，农业产出的长期增长始终超过人口增长，相当数量的国家早已经可以稳定获得足够的食物，粮食安全才作为社会发展目标被国际社会接受。在粮食安全概念发生变化的背后，实际是农业发展方式的变化，或者说经济社会发展方式的变化。对应的是从传统农业发展方式转向现代农业发展方式。

一、转变农业发展方式的必然性

工业革命之前，人类始终处于传统农耕时代，饥饿和食物短缺是司空见惯的情况，任何一种社会形态都是在与饥饿和食物短缺的斗争中形成的。在长期传统农业发展阶段，农业生产力条件和农业生产关系都处于非常低下的状态，传统农业即使在资源无限条件下也难以承载人口大量增长，更不用说在资源有限条件下。这种生产力和生产关系的低下状态是相对概念，如果相对于渔猎，那么无疑是高效的生产方式，但是相对于现代农业发展方式，就明显落后了。

现代农业发展方式，理论上是把农业建立在现代生产力和生产关系的基础上，用现代方式来进行农业生产经营活动的发展方式。和传统农业发展方式所不同的并不是形式的变化，而是内容的变化，现代农业并不是说大农场、大农业企业、大型农业组织形态，而是说农业生产经营的基本逻辑发生很大变化，例如山东寿光相当数量的设施农业仍然是家庭经营，水产养殖业中的家庭经营，在形式上仍然是家庭经营，但是生产经营方式完全不同。

现代农业是传统农业之后的一种全新的农业生产经营模式。工业革命以后，人类的认知和实践进入全新阶段，特别是现代以来，人类生产力和生产关系发展实现了重大飞跃。在生物学领域，DNA 双螺旋结构的发现；在信息领域，计算机和互联网诞生，都为农业绿色革命奠定了坚实基础，同时以要素权属分置和市场交易为代表的生产关系革新为农业生产要素更新提供了更多的可能，全球主流农业快速进入现代农业的发展阶段。

二、现代农业的标志性特征

第一，在现代农业发展方式中，农业生产经营的行为逻辑是利润最大化，而非产出最大化。在现实中，部分小规模兼业经营的农户往往会平衡精耕细作与外出务工的收益关系，甚至在极端情况下，例如抗旱或者防洪背景下完全放弃农业收获。从行为逻辑来说，农业生产经营行为越来越偏离维持生存和生计需要，越来越接近商业和交易需要。在这一过程中，农业生产经营主体通过合理分配物力、财力、人力和信息等资源，达到资源配置的优化或合理化，从而实现生产效率的最优化，自动促进生产方式由粗放向集约转变。从农业资源配置来看，对农业生产经营主体而言，会及时分流多余的劳动力，绝非如传统农业那般无限投入劳动力，对现代农业来说，不会存在劳动过密带来内卷化①，但是有可能会滑向资本过密带来的另一种内卷化。

第二，现代农业决策的风险中性，并非传统农业的风险厌恶。对现代农业生产者而言，既然在行为逻辑上会对比不同生产方式所带来的可能结果，那么从决策角度来说，自然就包含了对不确定结果的主观判

---

① 内卷化（involution）是美国学者吉尔茨根据爪哇岛的农耕生活提出的一个概念，指原生态农业在维持着田园景色的同时，长期停留在一种简单重复、没有进步的轮回状态。

断。从理性角度来看，这种主观判断不仅是基于预期的可能性，同时也包含了决策者的主观价值判断。这使得农业决策和证券买卖对风险的认知高度一致，即风险中性。正是在风险中性的背景下，相当数量的农业生产者开始成为"第一个吃螃蟹的人"，通过不断试错实现农业发展方式的不断创新。最为典型的是，通过增加投入来实现农业规模经营，在中国农业生产经营快速规模化的背后，任何一个投入主体都会经过审慎的考虑和仔细的评估。一段时期以来，以土地流转为主要形态的农业规模经营，无论成功和失败，都为农业发展方式的更新提供了试错和容错基础。

第三，对现代农业发展方式而言，要素更新总在连续发生。不仅是因为现代农业发展方式所需要利用的生产要素越来越多样，除了传统农业生产经营所需要的劳动力、土地之外，农业资本、农业科技等都是重要的投入要素；同时，无论是农业投入品还是其他农业投入要素都处于连续更新的状态之下。无论是黑土地保护还是丘陵山区农田宜机化，实际上都是在更新农业生产的土地要素；此外农机装备更新、种质资源更新、农事活动改进，也都是要素更新的表现形式。从要素更新的实现方式来说，除了直接采用迭代更新之外，还可以通过社会化服务方式来获得间接更新。对现代农业而言，随着分工和专业化程度提高，单位资本投入密度越来越大，相当数量的农业生产者对专用要素更新往往通过间接获得，当大马力拖拉机单价过高时，农业生产者会倾向购买农机社会化服务，从而间接提高要素质量。可以认为，现代农业发展方式是建立在农业投入要素连续更新基础上的。

三、转变农业发展方式的途径

受人多地少的国情、历史文化传统以及社会制度等因素的影响，中国传统的农业发展方式表现为一家一户的小农生产，其基本特征为小规模分散经营和土地利用的细碎化。在劳动力和土地等要素成本快速上升的背景下，小规模分散经营的局限性日益凸显。为适应市场需求和居民消费升级的需要，新时期应以增加农民收入、提高农业质量效益和竞争力为根本目标，依靠农业供给侧结构性改革和现代生产经营技术，推动农业生产方式由过度依赖资源消耗向追求绿色生态可持续转变，由主要满足量的需求向更加注重满足质的需求转变，逐步建立起以规模化、集约化、绿色化、工业化和社会化为特征的新型农业发展方式。在新发展格局下，加快转变农业发展方式需要从以下几个方面着手：

1. 农业制度改革与创新

首先，正如舒尔茨在《改造传统农业》一书中所提出的，改造传统农业，将农业发展方式转变为现代农业发展方式的关键是要引进新的现代农业生产要素，这些要素可以使农业收入流价格下降，从而使农业成为经济增长的源泉。他特别强调，引进新生产要素、促进经济增长的关键因素在于技术变化。因为"'技术变化'这一概念在实质上至少是一种生产要素增加、减少或改变的结果"。那么，如何才能通过引进现代农业生产要素来改造传统农业呢？按照舒尔茨的观点，大体包括三个方面：建立一套适于传统农业改造的制度；从供给和需求两方面为引进现代农业生产要素创造条件；对农民进行人力资本投资。

其次，从供需两方面为引进现代农业生产要素创造条件。供给是引进新生产要素时的重要保障。为了供给新生产要素，就需要政府或其他非营利企业加强农业科技创新，明确农业科技创新的重点和主攻方向，研究出适于本国条件的生产要素。从需求来看，要使农业生产者乐意接受新生产要素，就必须使这些要素真正有利可图。这既取决于新生产要素的"价格和产量"，即在理性人的假设下，新的生产要素相对于传统生产要素要具有更小的成本收益比。此外，还要向农业生产者提供有关新生产要素的信息，并使其学会使用这些新生产要素，这就需要保障人力资本的投资。

2. 现代农业生产经营主体改善与能力提升

现代农业发展方式下，不论是管理大面积的耕地，还是运用现代科技研发出的生产要素，都对农业生产者提出了更高的要求。农业现代化必须有高素质的农民这一主体来推进，没有农民自身素质的现代化，要实现农业的现代化是不可能的，因为农业不仅要依靠现代的工业装备及先进的科学技术，而且还要依靠先进的管理手段在农业上的应用。而这些都要由农业生产的主体来实现。反过来，随着农业现代化的进程，必然要求农民素质的提高，以使之同农业现代化的要求相适应，即农业现代化与农民素质是互相影响、互相促进的。

转变农业发展方式，或者说农业现代化方式主要依靠直接方式，莫过于改造要素、改进市场、改善制度，使之符合现代化要求。传统农业由于缺乏更新的生产力和生产关系，使得农业生产经营活动更依赖于劳动者素质和要素直接更替。绿色革命以来，特别是最近 10 年以来，以云计算、物联网、大数据为代表的新生产力又为现代农业擘画了新的图景。2021 年中央一号文件提出打好种业翻身仗，其内在要求实际也包括了种质资源保护、育种科技等复杂系统，在很大程度上是对农业科技工作者提出了全新的要求。

之所以如此，尽管舒尔茨时代机械化已经实现了农业劳动的大幅度减量化，但是整个过程仍然要置于人类经验判断之下，而现代无人机植保、万头养殖场等现代农业设施，使得农业生产经营越来越摆脱人类思维的缺陷，农事活动也可以精准地划分具体环节，早期的偷懒和误判等人为因素干扰将会大幅度降低。同时，由于要素权属分离和市场使得农业要素的更新变得更为容易，例如中国土地经营权流转、专业的农业社会化服务组织，都对农业生产要素更新起到了积极作用，进一步解放和发展了生产力。因此，从转变农业发展方式来看，未来的要素更新和演进路径会越来越包容、越来越宽广。从根本出发，现代农业最终是农业生产经营主体的能力现代化。

3. 农业生产方式的形态升级

现代生产要素不断投入使用所带来的生产效率的提高，将使得农业劳动力得到进一步的解放。加之城镇化的发展和户籍制度改革的深化，未来还将有更多的农村劳动力涌入城镇。在此背景下，不论是农地大量流转下的连片经营，还是劳动力转移下剩余小农户联合购买生产性服务的方式，本质上都是农业的规模化经营，而这也是农业转向现代化的必然要求。

为了推动农业的现代化进程，以规模化家庭农场、龙头企业和合作社为代表的新型农业经营主体，作为当下农业规模化经营的主要群体，也是建设现代农业的骨干力量，需要加快培育。因此，其一，要引导和鼓励农民以土地经营权入股，建立土地股份合作社，实行土地股份合作经营或委托经营；引导和鼓励龙头企业采取多种生产经营模式，实现土地、资金、技术和劳动力等生产要素的有效配置。其二，进一步完善农业社会化服务体系，支持兴办土地托管、农机作业和农产品电商平台等农业社会化服务组织，引导它们围绕优势产业和特色产品，为农民提供统一的服务，确保小农户与现代农业的有机衔接。其三，要制定和落实扶持发展农业适度规模经营的政策，解决土地流转不合理的问题。其四，要优化农村信贷供给政策，提供高效的信贷支持，有效解决农业经营主体的融资困难。

此外，作为农业向现代化转变的一个重要标志，以农业规模化经营为基础的第一、二、三产业融合，有利于实现农业产业形态升级。通过产业融合和升级，既可以满足农业的多功能化，降低农业产业链各环节的中间交易成本，提高生产效率，又可以给消费者提供更好的体验，迎合消费者的需求。未来，还需合理引导第一、二、三产业融合发展，以进一步巩固农业的规模化经营，加快农业发展方式的转变。

参考文献

[1] 黄季焜、杨军、仇焕广：《新时期国家粮食安全战略和政策的思考》，《农业经济问题》2012 年第 3 期。

[2] 刘旭：《新时期我国粮食安全战略研究的思考》，《中国农业科技导报》2013 年第 1 期。

[3] 张宗毅：《"十四五"期间丘陵山区农田宜机化改造若干重大问题与举措》，《中国农村经济》2020 年第 11 期。

[4] 魏后凯、崔凯：《正确理解和科学看待我国粮食缺口》，《中国社会科学报》2020 年 8 月 24 日。

[5] 魏后凯：《把饭碗牢牢端在自己手中》，《经济日报》2019 年 9 月 3 日。

[6] 魏后凯、韩磊、胡冰川：《粮食供需关系变化新形势下转变农业生产方式研究》，《河北学刊》2018 年第 1 期。

[7] 西奥多·W. 舒尔茨：《改造传统农业》，商务印书馆 2006 年版。

第十章

以价值链优势稳定和提升制造业

　　全球产业链已成为世界经济的主导性特点，是全球生产循环的最本质特征。改革开放以来，我国积极主动地融入全球价值链，中国制造畅销全球，成为"世界工厂"。近年来，中美贸易摩擦、新冠肺炎疫情等外部冲击重塑全球产业链，我国制造业以劳动力总量和成本为核心的传统比较优势由逐步弱化转为系统性减失，制造业比重过快下滑、制造业产业链外迁和国际竞争力减弱的现象明显。本章系统梳理总结了全球价值链相关概念和发展历程，并阐述了全球价值链与双循环新发展格局的内在逻辑关系，分析了疫情后国内产业链调整面临的机遇和挑战，以及我国市场规模大、产业链完备和数字经济价值链新优势，提出了在双循环新发展格局背景下以价值链优势稳定和提升制造业竞争力的政策建议。

全球价值链是全球分工的必然趋势，是跨国制造业企业在全球范围内优化资源配置的结果。从发展历程来看，全球供应链早期以欧美为制造中心，二战后逐步发展成为以欧美德日为第一梯队、亚洲"四小龙"为第二梯队的全球供应链体系。21世纪以来，中国在全球价值链分工的地位显著提升，取代日本成为亚洲贸易中心。美国、中国、德国成为全球供应链体系的三个区域中心。近年来，中美贸易摩擦和新冠肺炎疫情进一步催化全球价值链重构。全球价值链，尤其是制造业价值链呈现出区域性和本土化的特征。在此背景下，党中央提出"深化供给侧结构性改革，充分发挥我国超大规模市场优势和内需潜力，构建国内国际双循环相互促进的新发展格局"的重大科学判断和重要战略选择。双循环中供给侧的生产循环，主要体现在全球产业链的高效、顺畅的运转。国内国际双循环互相促进的新发展，离不开制造业国内国际价值链的协调、高效、安全发展。鉴于此，本文系统总结梳理全球价值链的相关概念和理论，分析全球制造业价值链的发展趋势，在双循环新发展格局背景下探讨如何以价值链优势稳定和提升制造业竞争力。

全球价值链与双循环

一、产业链、供应链和价值链的概念

从不同学科和不同视角，专家学者对产业链、供应链和价值链进行了定义。迈克尔·波特于1985年在其所著的《竞争优势》一书中首次提出的价值链概念，他指出，"每一个企业都是在设计、生产、销售、发送和辅助其产品的过程中进行种种活动的集合体，所有这些活动都可以用一个价值链来表示"。价值链包括基本价值活动和辅助价值活动，这些互不相同但又相互关联的经营活动构成了一个企业创造价值的过程，即价值链。波特的价值链被认为是传统意义上的价值链，偏重以单个企业的观点来分析企业内部的价值活动、企业与供应商和顾客可能的连接，为企业层面上的价值创造分析提供了一个简明的工具。

产业链是指产业内部及各个产业部门之间基于一定的技术经济逻辑，演化形成的纵向、横向链条式关联关系、时空布局和分工形态。具体来说，产业链是同一个产业或不同产业的企业，以产品为对象，以投入产出为纽带，以价值增值为导向，以满足用户需求为目标，依据特定的逻辑联系（供应链和企业链）和时空布局（空间链）形成的上下关联的、动态的链式中间组织。

供应链是指围绕核心企业，通过对信息流、物流、资金流的控制，从采购原材料开始，到制成中间产品以及最终产品，最后由销售网络把产品送到消费者手中的将供应商、制造商、分销商、零售商，直到最终用户连成一个整体的功能网链结构。

对以上从不同视角得出的定义，我们发现这些定义具有两个本质特点：（1）生产分工。从经济学角度来看，分工是产业链、价值链、供应链的本质，产业链的思想起源于英国古典经济学家亚当·斯密（Adam Smith）有关分工的论述，指出分工促进经济增长。产品的生产分工经历了两次极为关键的"分拆"（Unbundling），即蒸汽革命带来动力革命的第一次大分工、信息和通信技术（ICT）进步带来信息革命的第二次大分工。每一次"分拆"都使产品生产的地理区域进一步扩散。（2）生产循环。产业链、价值链和供应链是经济循环在供给侧的具体体现。产业链、价值链或供应链都体现着研发设计、加工制造、市场营销等生产过程构成的链条或网状结构，其本身就构成了一种生产循环，同时也是整体经济循环在供给侧的具体体现。当这种生产循环仅局限于一国（地区），就形成国内价值链，构成国内大循环的主要部分；当延展到国际分工时，就形成了国际价值链，成为国际大循环的核心部分。因此双循环新发展格局在供给侧方面的具体体现是全球价值链。

但是，产业链、价值链和供应链等定义还是有一定区别的。（1）物质与价值的区分。供应链所传递的是产品与服务，是对物质供需和流通的考察，供应链管理的核心是如何降低链的运作成本、提高效率，关注供求之间的有效对接；价值链所传递的则是寄托于产品或服务之内的价值，是对价值创造和利益分配的考察，价值链管理的核心是如何创造价值、提高效益，关注价值创造能力的提高。（2）宏观与微观的区分。产业链是上下游企业之间原材料、技术、中间产品和服务相互交换的供需关系。供应链的链接是产业链生产的基础，产业链是多种供应链的综合体。供应链更侧重微观企业的管理和决策，而产业链和价值链相对宏观，政府管理部门更多的从产业链、价值链的视角管理和决策。同时，产业链是价值链的物质基础，是价值实现和增值的载体。价值链是从产业链各环节所实现的价值增值角度进行考察，反映了产业链各环节的价值增值情况。

一旦企业供应链在全球布局，就形成了全球供应链，进而就出现了全球产业链、全球价值链。根据联合国工业发展组织的定义，全球价值链是指为实现商品或服务价值而连接生产、销售、回收处理等过程的全球性跨企业网络组织，涉及从原料采购和运输，半成品和成品的生产和分销，直至最终消费和回收处理的整个过程，包括所有参与者和生产销售等活动的组织及其价值、利润分配，散布于全球的处于价值链上的企业进行着设计、产品开发、生产制造、营销、交货、消费、售后服务、最后循环利用等各种增值活动。全球价值链理论解释了产品从生产到销售的过程在全球经济中的布局。一般来说，全球价值链被分成三种类型的环节：技术环节，生产环节以及营销环节。不同研究领域中，也将全球价值链这种现象称为："全球商品链""垂直专业化""生产分割""外包"和"生产片段化"等。

二、双循环的必要性：全球价值链视角

近 30 年来，国际贸易的本质发生了巨大变化，技术、制度和政治发展使得生产过程在全球布局，生产过程日益碎片化和分散化。各国积极参与全球生产网络体系，各自从事生产过程中某一具体环节，通过进口大量零部件等中间品进行全球生产，导致了一国之内乃至全球的大量中间品贸易，据统计，全球贸易中近 2/3 属于中间品贸易。具体案例在我们生活中司空见惯，如 100 美元的 iPhone，中国提供中间环节的组装和加工而获取的增加值不到 3.6 美元（3.6%），其余的增加值基本被德国、日本、美国等国家俘获。从高技术产品的波音飞机、汽车、iPod 到玩具芭比娃娃、新兴的平衡跑鞋等产品，我们都能看到这种全球价值链分工现象。

随之，在宏观和微观层面对全球价值链的测度方法日益完善，全球价值链理论和方法在贸易领域的推广，现已成为国际贸易研究领域的最新前沿和热点，国际贸易将近 1/3 的最新论文都是与全球价值链相关的，甚至有学者称全球价值链贸易理论为"新新新贸易理论"。甚至有专家认为，如果全球价值链不是国际贸易的同名词，那也是国际贸易的典型代表。

全球生产分工和国际贸易的新发展，促使了国际贸易的新理论和方法（全球价值链核算）的产生。同时也要求新的发展战略布局与之相适应。党中央提出的"以国内大循环为主体、国内国际双循环相互促进的新发展格局"的战略布局，正是应对全球产业链的发展趋势的关键的战略。

第一，全球产业链是双循环在供给侧的集中体现，国内国际双循环互相促进的主要体现是国内价值链和国际价值链的协调高效安全的循环和运转。全球价值链是由在全球范围的研发设计、加工制造、市场营销等生产过程构成的链条或网状结构，其本身就构成了一种生产循环，包含国际价值链和国内价值链的协调高效的运转和循环。

第二，全球价值链管理理念是双循环新发展格局和新发展理念的具体体现。深入贯彻新发展理念，加快构建双循环新发展格局。双循环新发展格局是新发展理念的深化和提升。加快构建新发展格局，关键是要做到新发展理念中的创新发展、协调发展、绿色发展、开放发展、共享发展的一体把握、协同推进。而全球价值链管理是一种集成的管理思想和方法，全球价值链管理战略的核心理念是整合、合作、协调、共享。整个供应链管理系统包括制造商、供应商、仓库、配送中心和渠道商等在一起进行产品研发设计、制造加工、运输、分销以及销售的管理，整个管理过程中都是环环相扣的，中间缺少了任何一个步骤都会造成整个供应链的停滞状态，因此全球价值链管理需要整合、合作和协调，最终实现利益共享，这些理念正是新发展理念的体现。

第三，促进产业向价值链高端攀升，摆脱低端锁定和增强产业竞争力，必须构建以国内大循环为主的新发展格局。没有强大的内部经济循环体系和基本盘，是难以形成不断改进的竞争力和驾驭全球资源配置的能力的。国内大循环的发展是未来国际大循环提升和顺畅的基础，是中国竞争力和价值链地位提升的关键，是摆脱传统比较优势低端锁定的关键，是建立安全高效经济体系的关键。

第四，构建自主可控的全球价值链，是双循环新发展格局的关键。改革开放以来，中国凭借传统低成本优势迅速嵌入全球价值链分工体系，驱动了国内经济增长和产业竞争力提升。

然而，作为"世界工厂"，我国在资源型产品、工业制成品甚至服务贸易领域尚缺乏国际定价权，价值链的核心部分和关键领域高度依赖国外供给，产业发展严重受制于人，产业发展无法做到自主可控。构建自主可控的价值链，既是我国走出低端锁定困境，从低附加值向高附加值价值链优势转化的重要手段，也是推动我国从"制造大国"走向"制造强国"的必经之路，进而推动高质量发展和建成双循环新发展格局。

后疫情时期中国产业链的机遇与挑战

一、中国成为全球产业链的枢纽

生产分工的地理扩散使得产业链、供应链在全球布局，这些"链"的发展依赖于企业在全球的布局。20 世纪 60 年代以来，跨国公司在全球范围内寻找低成本、有能力的离岸供应商，扩大其供应链，离岸外包式的生产得以快速发展，新的生产组织形式出现。如美国与墨西哥所实行的"生产共享"计划或"双厂"计划（Twin plants），与此同时，中欧和东欧也建立起德国服装的出口加工区。此时供应链开始跨越国境，在地理临近区域布局。20 世纪 70 年代和 20 世纪 80 年代，美国零售商和品牌公司在全球布局，为许多种类的消费品寻找离岸外包供应商，"买方驱动"和"生产者驱动"的商品链一起成为企业层面全球生产分工和治理的主要模式。供应链的分布逐步从区域层面拓展到全球层面，成为全球供应链。1990—2000 年，全球供应链所涉及的行业和活动呈指数级增长，不仅涵盖了工业制成品，还包括零部件，不仅影响了制造业，而且还影响了能源和各种服务。全球经济组织正在进入一个新阶段，或者被某些学者称为"主要拐点"，这可能对国家、企业和工人之间的经济和社会结构产生重大影响。

2008 年全球金融危机以后，全球经济的终端市场向新兴经济体转移，全球供应链的空间布局呈现区域化。2008—2009 年国际金融经济危机导致世界商品贸易急剧下降。随着世界贸易从 2008—2009 年经济危机中反弹，发展中经济体正成为世界经济复苏的主要引擎。自 20 世纪 80 年代中期以来，发达国家国内需求增长的停滞，因 2008 年全球金融危机而愈发严重，与此同时，发展中国家因经济增长而导致需求增长较快，如中国、印度以及巴西等金砖国家。发展中国家寻求产品的替代市场，生产向国内市场转移和邻国转移，美国在产业链上的经济霸权开始受到挑战。这加速了全球价值链最终市场从发达国家向发展中国家的转移，也鼓励了发展中国家的领先企业将其供应链区域化。

从以上产品分工全球化历程和产业链的全球发展阶段可知，技术革命所推动的产品内分工跨境，为远距离的产业链参与者发挥规模经济和比较优势提供了可能性，使产品能够多阶段、多区域地生产。而全球经济治理视角下的关税成本降低和国际秩序的转变使产品内分工在全球铺开来，全球化似乎已到达顶峰。中国加入 WTO 以后，凭借低廉的劳动力成本，迅速成为产品加工组装环节的目的市场。2008 年全球金融危机后，中国经济发展的强势表现，超大规模的市场优势逐渐形成，使中国成为全球供应链、产业链的枢纽。

二、后疫情时期国内产业链调整

新冠肺炎疫情在国内暴发后，曾一度引发人们对产业转移出中国的担忧，但随着国内疫情防控取得重大战略成果而海外疫情持续蔓延，这种担忧短期内得以大幅缓和。中国在疫情控制上所取得的成就，正在使世界产业链中心转向中国。疫情暴发前期人们只能被动做出调整，但随着疫情持续时间拉长，人们会主动适应这种变化，如：无人工厂、远程办公、线上教育等加以推广，从而增加对通信、智能化等产品购买以及后续更新换代的需求，这从需求端对中国加快制造业转型升级提出了更高要求。

疫情暴发以来，中国各级政府陆续推出了一系列救助性措施并在一定程度上加快了国内相关改革措施的出台，一些降低企业负担、加快要素市场化改革的政策措施一旦确定下来，会在较长时间内对推动技术进步、增强制造业竞争力和加快产业转型升级发挥积极作用。同时，疫情冲击也会推动一些国际规则的调整，以往基于合作、互惠、协商的多边主义全球治理规则和多边贸易体系将受到更大挑战，经济全球化的秩序作为一种制度供给，可能面临巨大的创新机遇。

全球需求的地理格局变化也在重塑产业链的布局，发达经济体曾经是全球需求的绝对主导力量，但这一格局正在悄然改变。根据麦肯锡全球化报告 2019 年的预测，在中国和亚洲新兴经济体的引领下，到 2030 年，全球将有一半以上的消费发生在发展中国家，中国的占比将从 2017 年的 10% 提高到 2030 年的 16%。这对中国依托国内大市场优势，吸引全球优质要素资源，加快产业链布局和重构将发挥积极作用。

但是，在以往的全球产业链布局中，劳动力成本是企业选址的重要决策因素，尤其是那些提供生产劳动密集型商品和服务的行业。未来随着自动化和人工智能技术的发展和运用，资本和劳动的相对重要性将发生深刻改变，劳动成本套利下的产业链布局将面临更大的挑战。

新冠肺炎疫情造成全球性冲击，中国供给侧所受的影响绝非仅局限于短期劳动力停工失业增多、企业停产倒闭风险上升、供应链中断概率加大等，还会对长期技术进步、生产方式等产生影响，甚至影响中国在全球化分工体系中的地位。由于疫情在海外的持续蔓延，中国自疫情国进口的光学影像、医疗器械、车辆及零部件、集成电路与半导体等产品和关键零部件受到较大影响，这对此类行业的发展造成不利冲击。虽然，中国境内的疫情得到有效控制先于欧美等主要经济体，降低了供应链外迁的风险，但经历疫情冲击之后，各国也会在未来追求供应链和产业链全球布局的高效性与保持本国供应链和产业链安全性方面进行新的权衡，从而加快发达国家制造业回流的步伐，如日本政府公开宣布以财政补贴的方式，鼓励日企将抗疫物资制造产能搬回日本。

三、中国制造业价值链的新优势

改革开放以来，我国积极主动地融入全球价值链。2001 年加入 WTO

以后，中国在许多方面调整政策以适应国际贸易规则，并不断加大开放力度、缩减"负面清单"，提供优化投资环境和营商环境，吸引全球优秀的跨国公司在中国设立工厂以及研发部，使中国制造畅销全球，中国成为"世界工厂"。2009 年我国成为全球第一大出口国，2010 年又成为全球第一大制造国。到 2019 年末，中国制造业增加值高达 39019.6 亿美元，约占中国 GDP 总额的 27.2%。自 2008 年金融危机以来，中国对全球经济增长的贡献率超过 30%，已经深度融入全球供应链，成为全球供应链的重要参与方，也是全球供应链的核心环节。

一是产业体量大、产业链完备。在嵌入价值链的过程中，中国制造业不断提升在全球价值链中的地位，同时也形成了其他国家都无法比拟的产业链。尽管部分产业位于全球价值链的低附加值环节，但也确实分享了经济全球化的红利，工业化水平明显提高。我国经过多年的自主发展，形成了最长、最大、相对最完整的产业链，按照联合国工业发展组织的数据，中国是全球唯一拥有全部制造业门类的国家，22 个制造业大类行业的增加值均居世界前列；世界 500 种主要工业品种，目前有约 230 种产品产量位居全球第一。

完整的现代工业体系，使得中国产业具备了最完善的配套能力，保证中国经济在外界不可控因素冲击下仍具有巨大的韧性，回旋余地大，任何时候都有维护产业链、供应链稳定的实力。此外，我国仍然处于世界前列的经济增长速度，同 2008 年全球金融危机以后欧美大多数国家经济长期低迷形成鲜明对比，这有利于我国产业迈向全球价值链中高端，无疑也为世界经济注入新活力。

二是新的比较优势逐渐形成。近年来，虽然我国传统的资源禀赋优势逐步丧失，如低劳动力成本、人口红利等，但新的超越资源禀赋的比较优势正在显现。从生产投入要素看，基于初级生产要素尤其是廉价劳动力要素形成的成本优势，逐步向以数据等高级生产要素组成的技术优势转变。

2008 年全球金融危机后的 10 年，中国制造业劳动者年均工资由 2009 年的 4915 美元升至 2018 年的 9061 美元，其 7.0% 的年均增速不仅比全球增速高出近 6 个百分点，也明显高于印度、印尼和墨西哥等。新一代信息基础设施使得数据生成、存储和传输的成本显著下降，数据开始成为经济系统中新的关键要素。在产业数字化模式下，数据可复制、可共享以及无限增长和供给的禀赋，克服了传统生产要素的资源总量限制，形成了规模报酬递增的经济发展模式，使持续增长和永续发展成为可能。

目前，中国已是全球领先的数字技术投资与应用大国，孕育了全世界 1/3 的"独角兽"公司，市场体量庞大。通过数据生产要素对实体经济特别是传统制造业的信息化支撑与改造，打造数字经济与实体经济的深度融合，提升实体经济的全要素生产率，实现新市场、新模式和产业新增长点的全方位变革，提升制造业核心竞争力。

从技术创新方式来看，由基于发达国家成熟技术转移的外源式创新红利，正向基于大国经济的内源式创新转变。改革开放以来，中国通过承接产业转移和技术引进、引进吸收、集成创新、跟随战略等外源式创新，快速建立起比较完备的创新体系。但由于跨国公司始终将核心技术保留在母国，仅将成熟技术向发展中东道国转移，东道国的技术开发基本上是出于满足东道国本国市场需求的适应性改进。当前，这种成熟技术转移的红利基本上已经被收割完毕。与此同时，我国发展空间大、应用场景多、创新应用强的优势在日益凸显，国内市场深度广、层次多以及消费者需求多元化等特点，能够给予企业生存发展更广阔的空间和更具包容性的环境，创新方式将逐步转变为自主创新、协同创新、融合创新为代表的内源式创新。

从供应链网络体系来看，产业链正在由基于网络强大、生产协同的效率优势，向效率优势与安全优势叠加转变。供应链是制造企业核心竞争力的重要来源。中国制造业通过全面参与和融入全球生产分工网络，形成了难以复制的产业集群优势和物流网络体系，表现出强大的效率优势，一方面使得制造业的各个细分行业、环节进行专业化生产，极大提高了生产效率，使得企业可以长期专注于某一类产品的生产和制造，优化了制造业的产品结构，另一方面使得不同类型、不同要素密集度的加工、生产、组装等制造环节有机衔接，相辅相成，显著缩短了我国制造业创新的产业化周期，对于技术密集型产业特别是新兴产业来说，这是十分重要的优势。

当前，地缘政治、贸易摩擦、外交冲突、疫情、自然灾害、技术封锁等各类因素层出不穷，全球产业分工的逻辑正在被改变，供应链断裂的风险大大增加。未来，在全球供应链和产业链本地化、区域化、分散化布局的大趋势下，中国产业链效率优势和安全优势的双重叠加将对制造业竞争力的提升起到更好的支撑作用。

从国内市场环境来看，超大规模市场、良好的消费环境、巨大的消费潜力、超强的品牌意识等新的良好的发展机遇正在催生采购者驱动的全球价值链的领导者和主力军。我国具有规模广阔、需求多样的国内消费市场，形成了世界上最大的中等收入水平群体。超大规模的市场优势，是我国经济发展中形成的新比较优势，是保持经济稳中向好和民生改善的重要支撑，是我国经济社会应对风险挑战的基础，也是中国维护产业链供应链稳定的重要保障。明显改善的产业服务和配套环境，不管是消费性服务业还是生产性服务业，越来越多的现代服务业以服务型制造的方式促进了制造业的高端化与柔性化发展。如远程医疗服务需要有低时延的 5G 网络设备和 AR 设备与之配套；文化娱乐服务业的数字化生产和消费，同样也需要许多新型制造业产品与之配套。

如何以价值链优势稳定和提升制造业

一、过早"去工业化"和"卡脖子"问题

我国制造业比重下降，呈过早"去工业化"。制造业最能体现一个国家的科技实力和经济实力，约有 80% 的技术进步和创新应用都在制造业，制造业是劳动生产率进步表现得最充分的领域，具有显著带动经济发展的重要作用。当前中国制造业比重正处于下降状态，且降幅与其他国家相比明显过快，2016 年中国制造业占经济的比重峰值达到 32.45%，随后出现趋势性下降，2019 年降至 27.17%。

目前，我国制造业取得了巨大的成就。国家统计局统计数据显示，2019 年我国制造业增加值为 28.1 万亿元，占国内生产总值（GDP）的比重约 30%，是名副其实的国民经济支柱产业。从图 10-1 看出，我国制造业总体规模从 2010 年稳步提升，2010 年制造业增加值为 13 万亿元，到 2019 年增加至的 28.1 亿万元，实现绝对数量上的翻一番；但是在占 GDP 比重呈下降趋势，但基本维持在 28% 左右。从制造业增加值总量来看，我国制造业增加值在全球遥遥领先。

图 10-1　2010–2019 年中国制造业增加值及占 GDP 比重（单位：万亿元，%）

资料来源：国家统计局。

2019 年，我国制造业增加值占到全球制造业份额的 28%，而美国制造业增加值份额为 17%。但是，与发达国家相比，我国制造业发展水平相对较低。比如，中国在钢铁、铜、水泥、化纤、造船、汽车等数百种制造业产品的产量居世界第一位，但这些产业技术密集度不高，属于中低度技术密集型；在高端芯片、工业软件、高端数控机床等领域自给率严重不足。

从制造业就业比重来看，2013 年起我国制造业城镇就业增长率开始下降，2014 年制造业就业人数就开始缩减，近年来缩减情况更加明显。到 2019 年，制造业单位城镇就业人口将近 3832 万人，较 2018 年制造业就业人数下降了 8.92%，制造业私营企业和个体就业人数达 5908 万人，较 2018 年制造业就业人数仅增长 2.28%。虽然制造业比重下降有一定客观性，随着产业分工水平不断提高，制造业中的非制造环节不断分离出来，形成了服务性产业，所以制造业占经济的比重会出现结构性下降，但在 2013 年人均 GDP 不到 8000 多美元，尚未进入高收入国家行列的中国，已提前进入制造业比重下降的"产业空心化"时代，这是值得警惕的。

中国制造业处于价值链低端，整体附加值低。虽然我国产业不断向中高端升级，但是总体上我国产业附加值还有待提高，与制造强国的差距还十分明显。作为"世界制造中心"的中国，初期中国制造业主要通过加工贸易方式参与全球价值链，通过该种贸易方式赢得了巨额贸易顺差。但也因该种贸易方式局限性，使中国制造业企业在参与价值链的生产中获取的实际贸易利益并不多，国内制造业企业大多停留在加工制造的低附加价值生产环节，呈低端锁定。

2017 年中国制造业增加值率为 24.56%，而美、日、德、英等国家制造业增加值率均在 45% 以上。在制造业内部，以中国较具国际竞争力的纺织、通信设备计算机及其他电子设备制造业两大类产业为例，它们的附加值率远远低于其他主要工业化国家。2017 年中国纺织业的附加值率为 22.41%，而其他主要工业化国家多在 30% 以上，甚至超过 40%；中国的通信设备计算机及其他电子设备制造业的附加值率仅为 19.36%，略大于墨西哥（17.18%），而美国的附加值率高达 49.56%。

由于产品附加价值相对低，中国并没有充分分享到全球化利益。以麦肯锡对 iPad 和 iPhone 的价值构成为例，其中原材料成本占比为 31%，分销和零售成本占比为 15%，苹果公司获取的利润占比为 30%，中国大陆的劳动力投入成本却只占 2%，而对于一台 iPhone，苹果公司的利润占比为 58.5%，而中国大陆的劳动力投入成本占比仅为 1.8%。

产业基础相对薄弱，关键核心技术存在"卡脖子"问题。自改革开放以来，依靠巨大的市场规模、后发模仿技术、低成本要素供给等比较优势，中国经济实现快速发展，这种发展是一种后发赶超的"快车道"，但是也带来产业基础能力积累不够的问题。这造成高端产业发展不足，易处于产业价值链中低端环节，产业的数字化、智能化、绿色化和服务化的水平低，关键装备设备、核心零部件和基础软件等高度依赖进口和外资企业，产品档次偏低，标准水平和可靠性不高。工业基础能力薄弱一直是制约中国工业发展的最大短板，包括计量、标准、认证、信息服务等的基础服务体系不完善，信息化背景下的基础软件、操作系统、算法等产业的核心基础主要依赖国外。

2018 年，《科技日报》在"亟待攻克的核心技术"的系列报道中，列举了 35 项"卡脖子"技术，以及中国与发达国家之差距。这些"卡脖子"的关键技术掌握在美欧日等发达国家手中。关键技术和核心零部件高度依赖进口，关键零部件、关键材料和关键元器件等的自给率仅为三分之一。高端数控机床、芯片、光刻机、高端传感器等，存在"卡脖子"的问题，中国制造在这些领域的研发和生产依然存在亟须攻破的技术难关。工业和信息化部对中国 30 多家大型企业 130 多种关键基础材料的调研结果表明，32% 的关键材料仍为空白，52% 的关键材料依赖进口，大部分计算机和服务器的 95% 的高端专用芯片，70% 以上的智能终端处理器以及绝大部分存储芯片依赖从外国进口。由于产业基础能力薄弱，当前中国许多产业存在"缺芯""少核""弱基"的问题。

二、稳定和提升制造业的政策建议

一是以国内循环为主，发挥国内超大规模市场优势，提升制造业基础能力和产业链现代化水平。从世界进入百年未有之大变局看，提升产业基础能力和产业链水平，是构建以国内经济循环为主，国内国际经济循环互相促进的新发展格局的题中应有之义。当今世界正经历着新一轮大变革大调整，国际经济政治秩序深度调整，不确定不稳定因素明显增多。

中国已经具备了国内经济循环为主导的基础条件。从消费需求看，我国具有规模广阔、需求多样的国内消费市场，拥有全球规模最大的中等收入群体。但是，当前我国消费市场的供给侧水平与国际消费市场相比较低，国内中高端商品和服务的供应仍然滞后于居民对美好生活的需求。需要从供给侧角度来推动居民消费结构的不断升级，增加国内中高端和新兴消费市场商品和服务的有效供给，大力引进国外高质量的商品和服务。

从供给角度来看，中国拥有最为完整、规模最大的工业体系。总体而言，中国已经进入工业化后期，产业链和消费市场具有规模经济和集聚经济的特征，具备依靠国内经济循环为主的经济效率基础，近些年数字经济大发展，进一步实现了消费便利、生产流通的规模经济，提高了畅通产业链、供应链的能力。

双循环新发展格局是在积极拓展和保持国际循环的流量增长的前提下，通过深化供给侧结构性改革、挖掘国内巨大消费潜力、提高经济供给质量，从而形成以国内经济循环为主，国内国际经济循环相互促进的新发展格局。要实现这样的国内循环为主的双循环新发展格局，在继续坚持对外开放、进一步拓展外资外贸工作前提下，在提高中国国内自我经济循环量的同时，提升国外产业对中国供应链和产业链的依赖程度。这就更加要求提高我国制造业基础能力和产业链水平。

二是抢抓疫情防控窗口期，加快提升制造业附加值和核心竞争力。新冠肺炎疫情全球肆虐，对世界经济带来巨大冲击，加速催化全球价值链重构。我国在疫情防控和经济恢复上取得较好成就，成为疫情发生以来第一个恢复增长的主要经济体，为全球经济贡献了积极力量，也显示了中国经济韧性足、活力强、回旋空间大、政策工具多的特点。这为我国在全球价值链重构中赢得主动权提供了机会窗口期。

疫情在一定程度上减缓了我国制造业产业链外迁的进程。近年来，受我国要素成本上升、贸易保护主义、国外制造业回流战略的影响，我国产业链供应链出现外迁趋势。疫情全球大流行，更加使得发达国家认识到产业链安全的重要性，各国纷纷出台政策，鼓励将防疫物资、医药产品、关键原材料等重要和战略性产业回迁，推动关键产品的生产本土化。但是，由于中国疫情控制较好而国外疫情肆虐，使得发达国家产业链回迁的障碍增多，一定程度上延迟了中国制造业外迁的进程，为稳定和提升制造业产业链提供了难得窗口期。

我们应该抓住我国率先控制疫情，率先实现经济恢复的机遇，发挥大规模市场优势和新型举国体制优势，加大关键技术攻关，加快提升制造业核心竞争力，防止制造业外迁。抓住疫情导致发展国家"供给真空"窗口期，巩固传统产品出口优势，支持企业开拓国际市场，承接国外订单转移。利用疫情期间我国产业链显示的强大稳定供应能力和韧性，在较短时间内快速恢复，成为保障全球供应链正常运行的重要力量，成为吸引全球资本回流的重要诱因。

顺应这一趋势，加大中西部地区承接产业转移能力建设，建设一批高水平工业集聚区，把中西部原材料、土地、能源等要素与东部的资本、技术等优势有机结合，在国内形成梯队合理、联系紧密、协同高效的专业分工协作体系。优化产业布局，建设高质量的现代产业集群。坚持稳住制造业的供应链体系和防止制造业外迁，尤其是要牢牢抓住嵌入全球供应链中的龙头企业和关键核心环节。以龙头企业为中心建立产业核心区，吸引市场龙头企业向产业核心区聚集，建立区域总部、研发中心、结算中心等功能性总部基地；通过补链、固链和强链，围绕龙头企业供应链招商引资，以商招商共同打造产业生态圈，培育一批在细分产品市场位居全球或全国前列的"隐形冠军""单打冠军"；围绕现代产业集群，通过并购重组以规模化、集约化生产方式降低集群内企业之间分工协作的交易成本，提升产业集群内部联盟企业与集群外部上下游企业的谈判议价能力。

三是实施国家创新战略，加强对"专精特新"中小企业的孵化和培育。完善产业创新发展环境，不仅要增加研发资金和人才投入等要素，还要改善整个产业生态系统，优化产业创新要素、系统与环境之间动态关系，这是一项长期的艰苦的任务。围绕产业基础能力再造，应该着重在以下几个方面不断完善产业创新生态。

高度重视基础研究、共性技术、关键技术、前瞻技术和战略性技术的研究。进一步深化科研体制改革，加大对基础研究的投入，构建开放、协同、高效的共性技术研发平台，健全需求为导向、企业为主体的产学研一体化创新机制。

努力完善产业基础服务体系。相比国外发达工业化国家，中国产业基础服务体系水平还存在差距，一定程度上存在管理软、体系乱、水平低的问题。推进计量、标准和检验检测工作，创新政府质量治理体制。

构建产业创新网络。受体制机制约束，政府、企业和科研机构等各类组织，在创新信息分享、科技人才使用以及创新资本流动等方面的开放协同性差。因此，要强化政府、企业、科研院所等各方面创新主体的交流互动，促进信息、人才和资金的有效流动，形成开放合作的产业创新网络。

完善中小企业创新的"生态位"。国际经验表明，在制造创新生态系统中，中小企业不仅是科研成果转化的主力，而且是众多颠覆式技术创新的来源。但是，中国的中小企业创新"生态位"的位势低，中小企业的技术创新作用没有得到充分发挥。因此，需要不断完善深化科研体制改革，完善制度环境，进而充分发挥中小企业在产业基础能力和产业链现代化水平提升中的作用。

围绕提升产业基础能力和产业链现代化水平，培育一批专精特新"小巨人"企业和制造业单项冠军企业。推动龙头企业与"专精特新"中小企业合作，构建大中小企业创新协同、产能共享、供应链互通的产业生态。加快中小企业的数字化转型升级步伐，帮助中小企业提升数字化应用水平和能力；加强对中小企业创新创业的支持。助力中小企业开拓国际市场，支持企业利用跨境电商平台对境外销售自有品牌产品等。

四是积极培育和发展国内产业链和区域价值链，构筑自主可控的强大供应链网络体系。世界产品的价值链主要以美国、德国、日本和中国等大国为核心，边缘国家主动嵌入核心价值链，并逐渐形成了北美、欧洲和亚洲的区域价值链。近年来，美国单边主义和贸易保护主义抬头，增加了未来全球经济发展的不确定性、不稳定性。美国政府实行"制造业回流"政策以来，全球价值链已经在缩短，而区域价值链则在加强。我国也顺应了这一趋势，实施"一带一路"倡议，通过主动与周边国家的经济合作，形成区域价值链。疫情可能会加速中美之间的经济脱钩，我国产业参与全球价值链的深度将降低。这就需要我们积极培育和发展国内价值链与区域价值链。

疫情后全球价值链重构加快，我国要把握经济率先恢复的窗口期，积极推动与全球产业链更加紧密的合作，加快提升我国在未来区域和全球供应链网络体系中的协调、控制和主导能力。一方面，加强与"一带一路"沿线与周边区域和重要国家的产业链合作。增强与欧盟、日本、韩国的产业链供应链的联系，依托"一带一路"构建"中国+X"产业链，在全球价值链重构中掌握主动权。另一方面，推动供应链国产化和多元化。实施国家供应链战略，实施供应链国产化替代行动计划，协同国内产业链上下游企业，在关系国家安全的领域和节点构建自主可控、安全可靠的国内生产供应链体系。对于进口依赖程度高的高附加值商品，要加紧技术、产品升级步伐，促进替代过程的实现。对于不可替代的高依赖产品，积极在国际市场寻求新的供应渠道，实施供应链多元化，为关键核心技术突破争取更多时间。

参考文献

[1] 高敬峰、王彬：《数字技术提升了中国全球价值链地位吗》，《国际经贸探索》2020年第11期。

[2] 洪银兴：《在价值链竞争中发挥我国新的比较优势》，《人民日报》2016年3月27日。

[3] 对外经济贸易大学全球价值链研究院：《后疫情时代的全球供应链革命——迈向智能、韧性的转型之路》，2020年9月17日。

[4] 马丹、许建华、史代敏：《贸易增加值分解新框架下出口增加值的测算与影响分析》，《统计与信息论坛》2020年第4期。

[5] 杨伟民：《制造业比重过快下滑需高度重视》，《中国经济信息》2018年第22期。

[6] 马士华、林勇等编著：《供应链管理》，机械工业出版社2019年版。

[7] 倪红福、冀承：《中国居民消费结构变迁及其趋势——基于中美投入产出表的分析》，《消费经济》2020年第1期。

[8] 黄群慧：《从当前经济形势看我国"双循环"发展新格局》，《学习时报》2020年7月8日。

[9] 黄群慧：《实施产业基础再造工程》，《人民日报》2019年12月31日。

第十一章

服务业发展、升级与开放

　　作为新时代国民经济的第一大产业，服务业的发展、升级和开放对国内国际经济循环具有重要作用。本章阐述了服务业在生产分工中的作用，进而从供需匹配、服务创新、推动开放等视角分析服务业对构建双循环新发展格局的影响和作用，并系统分析和梳理了后疫情时期全球价值链重构背景下我国服务业发展的现状和问题，服务业在全球价值链中地位越来越重要，服务业创新发展、融合发展成为未来政策着力点。最后提出发挥服务业优势，挖掘服务业潜能，让服务业更好地融入双循环等相关政策建议。

当前，中国正处在世界百年未有之大变局和中华民族伟大复兴全局的历史交汇期，中国经济增长的环境也发生了重大转变。经过改革开放40多年的砥砺前行，中国已经超越日本，成为世界第二大经济体，而随着中国经济总量的崛起，对外依存度也相对降低，未来经济增长潜力将取决于对内需的挖掘。此外，受2008年全球金融危机影响，世界经济深陷"长期性停滞"，全球经济增长乏力，民族主义、孤立主义与保护主义纷纷抬头，贸易与投资的"逆全球化"现象突出，经济增长外部需求疲软，中美贸易摩擦和新冠肺炎疫情的冲击也加剧了我国对外贸易的风险。在此宏观背景下，中央明确了"国内大循环为主体、国内国际双循环相互促进的新发展格局"的战略布局。

双循环新发展格局的提出，为服务业转型升级带来了新的挑战和机遇，作为新时代国民经济的"半壁江山"，服务业是推动经济增长、稳定国民就业、拉动居民消费和加强对外贸易的中坚力量，加速推进高质量的服务业是实现双循环新发展格局的关键支柱，对打通生产、分配、流通、消费各个环节，疏通供给和需求、金融和实体经济的传导机制，以及推进更高水平对外开放，重塑国际合作和竞争新优势具有重要作用。

服务业在双循环中的作用

服务业成为中国经济第一大产业，双循环对服务业发展提出了新的要求和提供了新的机遇。服务业高质量的发展，不仅能满足服务业消费需求，拉动经济增长，还对畅通产业投入产出之间循环、城乡之间循环、区域之间循环等经济循环发挥着支撑作用，同时借助服务贸易、跨境电商等新兴服务业发展，将国内市场和国际市场更好联通，确保产业链、供应链安全，服务业发展对全球产业链、价值链、供应链、物流链的顺畅运行发挥着协调、润滑剂的作用。因此服务业的发展、升级和开放对双循环格局的形成也具有重要意义。

一、服务业在经济中的地位

服务业在经济中的作用和意义一直被忽略，理论界对马克思劳动价值论和生产理论的片面理解，长期认为大部分服务业是非物质生产部门，只消耗社会财富、不创造价值和使用价值，作为非生产性劳动的第三产业甚至未被当作国民经济中的一个部门来考虑，故而一直游离在理论研究的视野之外。与此同时，在物质产品平衡表体系（The System of Material Product Balance，简称 MPS）体系下基本上不存在服务业统计核算，对服务业的统计和核算的研究非常少。随着改革开放加快推进，市场经济深入人心，为了适应市场经济的要求，人们逐步意识到服务业在国民经济中的地位和重要性，服务业被逐步纳入国民经济统计核算范围内，政府也开始重视服务业的发展，出台了一系列支持服务业发展政策，甚至把提高服务业比重作为规划发展目标。

近年来，服务业在经济中作用更加突出，服务业增加值占 GDP 的比重逐年上升，对国民经济影响力逐步加强，连续多年稳居第一位，2019年的服务业增加值占比高达 53.9%，成为中国经济稳定增长的压舱石和就业的主战场。进一步来看，随着全球价值链的深入发展和对服务业研究的深入，人们认识到服务业的作用不仅仅是中间投入，而且逐步深入到价值创造活动中，强调服务业是经济利益的重要源泉。服务业在协调价值链活动和创造制造产品价值方面发挥重要的作用，是经济运行的润滑剂。近年来服务科学（Service Science）的兴起就是有力的证据。研究表明，服务业在经济中的作用大致表现在以下几个方面：

从独立产业视角，全球生产分工中起连接和协调作用的服务业。在生产过程中，服务业第一个作用是连接各国制造业的生产活动。为了管理分布在世界各国的生产过程，公司需要各种服务（如运输、信息传输、后勤和金融等）协调各种生产活动和人。如果没有这些服务连接和协调作用，就没有全球价值链。服务业在全球价值链分工体系中发挥着"连接剂"和"润滑剂"的作用。

从产业间联系视角，作为制造业中间投入的服务业。服务业不仅仅是全球价值链中的"连接剂"，除了连接各国的生产活动，服务业更重要的是作为中间投入。价值链的开始阶段的研发、设计和工程活动，价值链末端的营销、分销和售后服务都是重要的服务活动。若这些生产活动一旦外包，就变成了服务业中间投入了。作为中间投入的服务与货物的贸易一样，可以提高资本和劳动的跨行业和跨境的配置效率，进而提高生产率。

从企业内部视角，不可分离的内置服务业。当服务作为生产的中间投入且由其他企业提供时，我们可以利用投入产出表来识别服务业在制造业产品生产和出口中的作用。然而，存在大量的服务化活动内置于制造业企业，无法准确评估。企业内部进行了大量的 R&D 活动、IT 服务、会计咨询服务以及辅助性服务活动，以提高企业的效率和促进出口。例如一些服务必须与货物产品捆绑在一起销售，企业必须内置这些服务，以实现货物产品的顺利出口。消费者在使用这些货物产品时需要相关配套服务。例如，出口机器设备时，需要出口配套的安装、保养和维修服务。这种包含货物和服务的一个整体系统或解决方案的出口形式，对现有区分货物和服务的贸易规则是一个巨大的挑战。如果这些服务不能提供，消费者则不会购买该产品。这些内置服务是不可或缺的。服务与货物出口捆绑在一起，要么与货物同时出口（如安装服务），要么在货物产品后续正常运行的阶段出口（如保养），要么在出现故障后出口（如维修服务）。这些服务一般很难找到可替代的国内服务。

随着服务投入进一步嵌入到制造业的生产过程中，制造业投入服务化成为未来发展的趋势。在使企业更有效率地生产产品的过程中，生产性服务业与制造业融合能够显著推动制造业的全球价值链地位升级。服务业与制造业逐渐形成"你中有我，我中有你"的深度融合格局，全球价值链的重构过程中，需要充分考虑服务业的应有贡献。

二、双循环中服务业的作用

鉴于服务业在生产分工体系中的重要作用，服务业发展、升级和开放对畅通经济循环、促进经济增长和经济发展有着极其重要的作用，主要表现在以下几个方面：

一是打通供需两端以促进经济内部循环。当前，构建国内大循环的关键是要打通国内供需两端，通过激活需求并匹配高质量供给才能让经济真正循环起来。外部需求疲软的环境下，经济增长也越来越依靠国内需求的支撑，拉动内需成为双循环的主要着力点，而拉动内需的首要任务在于扩大消费。

近年来，人民对于美好生活的需求日益提升，需求内容出现了由衣、食、住、行等生存型需求向教育、医疗等发展型需求和文化、娱乐、休闲等享受型需求的转变。发展型需求和享受型需求主要依靠服务消费来实现，2016—2019 年全国居民人均消费支出中（表 11–1），服务消费支出占比分为 41.0%、41.4%、44.0% 和 45.9%，4 年时间提高了 4.9 个百分点，消费升级趋势明显。而旅游、文化、体育、健康、养老及教育培训等满足消费者自身发展、休闲享受的"幸福产业"的蓬勃发展也表明服务消费具有巨大的发掘潜力，是加快构建完整内需体系，推动国内消费市场消费能力释放，构建并加强国内循环的重要动力。

与高质量需求相对应的，是高质量的供给。深入推进供给侧结构性改革，加速产业结构调整升级离不开服务业的发展。首先，现代服务业尤其是生产性服务业具有专业性强、创新活跃、产业融合度高、带动作用显著等特点，是加快产业结构调整、稳定经济增长、带动扩大就业的重要动力来源。以信息传输、软件和信息技术服务业为引领的新兴生产性服务业市场主体迅猛增长，从业人员和产业规模大幅扩张，比重持续提升，信息传输、软件和信息技术服务业，科学研究和技术服务业，租赁和商务服务业三个行业的市场主体占服务业市场主体比重超过三成，相关企业法人单位从业人员在服务业企业法人单位从业人员中所占的比重也接近三成。

其次，服务业在发展过程中，与制造业融合发展联系紧密。2018年规模以上工程设计服务、质检技术服务、知识产权服务、人力资源服务、法律服务和广告服务企业营业收入较上年分别增长18.0%、10.3%、25.1%、20.1%、17.5%和17.5%，为制造业迈向价值链中高端提供了更多的专业服务支持，促进我国产业由生产制造型向生产服务型加速转变。

最后，大数据、云计算、人工智能等现代信息技术的发展和应用，促进了服务业的数字化、智能化和平台化，为服务业供给提供了新的思路和渠道，丰富了服务供给方式，提高了服务供给效率，有力地推进了服务业供给向高质量转型。服务业对供给和需求双方面的促进作用，能够有效地匹配和疏通供需两端，是实现要素流通和循环，联结经济发展中生产、分配、流通、消费各个环节，畅通产业链，加速形成国内循环的重要支柱。

表 11-1　居民人均可支配收入、人均消费支出及服务消费占比

年份	居民人均可支配收入／元	居民人均可支配收入增速／%	居民人均消费支出／元	居民人均消费支出增速／%	居民人均服务消费支出／元	居民人均服务消费占比／%	GDP增速／%
2019	30733	8.9	21 559	8.6	9896	45.9	6.1
2018	28228	8.7	19 853	8.4	8735	44.0	6.6
2017	25974	9.0	18 322	7.1	7585	41.4	6.9
2016	23821	8.4	17 111	8.9	7015	41.0	6.7

资料来源：2019 年数据来自《中华人民共和国 2019 年国民经济和社会发展统计公报》；其他数据根据《中国统计年鉴 2019》 的相关数据计算得到。

二是服务创新提供经济循环原动力。技术创新是经济循环的"心脏"。面对严峻的世界经济形势以及以美国为首的西方发达国家的技术压制，中国要扩大国内需求市场，形成以国内循环为主体的新发展格局，保持经济稳定增长的关键在于加强自主创新能力。而服务业作为经济结构中最活跃的组成部分，在产业创新和技术提升方面具有很大的空间和潜力。具体来说，在供给方面，服务创新能够依靠技术和商业模式的创新改变传统供给方式、提升供给质量；在需求方面，服务创新能够适应消费者日益增长的个性化定制化需求、互动式体验等孕育出的新的产品和服务需求，从而为我国加大技术研发投入、提高科技创新能力以及扩大国内需求提供广阔市场和强大动力。

在双循环的发展格局下，服务创新对经济发展具有三个方面的作用。其一，随着新一轮科技革命的驱使，服务业在产业升级中的作用更加突出，而加快服务业的创新发展，能够有效地摆脱产业全球价值链低端锁定，是实现我国全球价值链位置攀升的重要途径和突破口。其二，服务业的发展可以缓解经济发展中的结构问题，利用新技术和新的商业模式，促进服务要素和服务需求在不同地区以及城乡之间的匹配和流动，缓解地区和城乡之间的发展不平衡。知识密集型服务对技术进步的使用也能通过科学技术服务业创新发展的"外溢效应"，实现经济结构的转型升级，促进高质量供给以及高质量发展动力转换机制形成，进而提升经济发展的全要素生产率水平。其三，服务创新能够从供给和需求两端同时发力，引领高质量供给，满足人们对美好生活的品质化需求，共同促进产业链全方位升级，提高供给需求匹配程度，为经济源源不断的循环提供动力。

三是服务开放推动国内国际双循环相互促进。以国内大循环为主并不意味着闭关锁国，从更加长远的发展时期来看，开放合作、实现共赢的全球化浪潮不可逆转，国际交流仍然是各国发展的重要经济动能。因此，我国仍然坚持对外开放，并推动更高水平的对外开放，在将国内循环深度融入全球价值链、产业链和供应链的国际循环的同时，保持一定的独立性，使国际循环为国内循环向更高水平发展提供动力和支撑，国内国际两个循环相互交融、相互促进。

近年来，随着我国服务开放程度的不断扩大，服务业也成为对外贸易的主力军，2015 年至 2019 年，服务业实际利用外资占比都在 60% 以上。服务贸易进出口总额占对外贸易总额比重均在 14% 以上，年平均占比达到 14.6%。同时也应该看到，服务业主要以生产性投入形式参与全球价值链。服务业在全球总出口中所占的份额仅为 20% 左右，但服务业活动却贡献了将近一半（46%）的出口增加值，因为大多数制造业出口都需要生产服务。

中国制造业深度参与全球价值链，其在参与全球价值链的过程中必然吸收大量国内服务业投入。作为新时代国民经济发展的"半壁江山"，服务开放在形成国际循环中也担任重要角色，服务开放对形成国内国际双循环新发展格局，两个循环相互促进具有重要作用。

首先，服务开放有助于吸收全球优质资源，招商引资，为国内服务业发展提供资金和技术等方面的支持，提升国内服务业企业技术创新水平，实现产业升级，从而更好地满足国内经济发展和居民消费结构升级对高水平服务业的需求，对促进国内循环供需适配起到重要作用。

其次，通过服务贸易、服务外包等形式，依托服贸会等优质平台，服务开放有利于中国服务业融入和打造国际服务价值链，并通过服务业产业关联效应，促进其他产业增长，为促进国际循环提供助力，向世界经济走向复苏注入活力。

最后，服务开放有助于国内国际双循环畅通，并产生融合效应。一方面，通过开放提高国内服务业发展水平，提升满足国内需求能力，并通过创新刺激新需求；另一方面，服务开放也为国内服务业需求扩张和能力提升扩宽市场，促进国内国际服务业融合发展，互利共赢。

我国服务业发展现状和问题

近年来，尤其是自"十三五"规划实施以来，我国第三产业蓬勃发展，市场主体大量涌现，规模不断扩大，比重持续上升，结构明显优化，已经成为带动经济增长、吸纳就业人员的主渠道。从各项统计数据来看，服务业发展现状和问题主要表现为以下特征。

一、服务业成为国民经济的"半壁江山"

随着中国经济不断持续增长，经济结构也发生了重大变化，中国服务业的规模和质量大幅提高，服务业增加值占 GDP 的比重逐年上升，对国民经济影响力逐步加强，连续多年稳居第一位，2019 年的服务业增加值占比高达 53.9%，成为中国经济稳定增长的压舱石。我国经济结构由工业主导转向服务业主导的趋势明显，产业结构正在发生深刻变化，与服务业高速发展相伴随的是服务经济质量有待进一步提高。

党的十八大以来，党中央、国务院高度重视服务业发展，推出了一系列改革举措，服务业新经济、新功能不断壮大，发展至今，服务业已成为国民经济的第一大产业，在经济发展、吸纳就业、融资利用等多方面占据主导地位，我国正加速进入服务经济时代。具体来说，服务业对国民经济的主导作用表现在以下几个方面。

一是服务业增加值规模和投资规模不断扩大，对经济发展的贡献不断提高。近年来，服务业增加值规模不断扩大，占 GDP 的比重也逐年提升。自 2015 年服务业增加值规模在 GDP 中占比达到 50.8%，首次超过 1/2，成为国民经济的"半壁江山"后，2019 年服务业增加值在 GDP 中所占比重已提升至 53.9%，服务业在经济发展中的主导地位进一步强化

（表 11-2）。此外，《中华人民共和国 2019 年国民经济和社会发展统计公报》显示，2019 年我国 GDP 总额为 990865 亿元，增长率达到 6.1%。其中第一产业增加值为 70 467 亿元，增长率为 3.1%；第二产业增加值为 386 165 亿元，增长率为 5.7%；第三产业增加值为 534 233 亿元，增长率为 6.9%。可以看出，服务业的增长速度既高于其他产业的增长速度也高于 GDP 的增长速度，在推动经济增长中发挥主要作用。

表 11-2　2015—2019 年三次产业增加值规模及占 GDP 的比重

年份	GDP/ 万亿元	一产增加值 / 万亿元	二产增加值 / 万亿元	三产增加值 / 万亿元	三次产业增加值占比 /%
2019	99.09	7.05	38.62	53.42	7.1:39.0:53.9
2018	91.93	6.47	36.48	48.97	7.0:39.7:53.3
2017	83.20	6.21	33.16	43.84	7.5:39.8:52.7
2016	74.64	6.01	29.54	39.08	8.1:39.5:52.4
2015	68.89	5.78	28.13	34.97	8.4:40.8:50.8

资料来源：国家统计局。

在对经济增长的贡献方面，2015 年以来，服务业对 GDP 的贡献率均在 50% 以上，2019 年服务业对 GDP 的贡献率为 59.4%，高于第一产业的 3.8% 和第二产业的 36.8%；服务业对 GDP 的拉动为 3.6 个百分点，高于第一产业（0.2%）和第二产业（2.2%）（表 11-3）。服务业成为中国经济发展的新动力，对经济增长的贡献不断提高。

表 11-3　2015—2019 年三次产业对 GDP 增长的贡献

单位：%

年份	GDP 增长率	三次产业对 GDP 增长的拉动			三次产业对 GDP 的贡献率 /%		
		第一产业	第二产业	第三产业	第一产业	第二产业	第三产业
2019	6.1	0.2	2.2	3.6	3.8	36.8	59.4
2018	6.7	0.3	2.3	4.2	4.1	34.4	61.5

（续表）

年份	GDP 增长率	三次产业对 GDP 增长的拉动			三次产业对 GDP 的贡献率 /%		
		第一产业	第二产业	第三产业	第一产业	第二产业	第三产业
2017	6.9	0.3	2.4	4.2	4.6	34.2	61.2
2016	6.8	0.3	2.5	4.1	4.0	36.0	60.0
2015	7.0	0.3	2.8	3.9	4.4	39.7	55.9

资料来源：国家统计局。

在固定投资方面，2015—2019 年的所有年份，第三产业固定投资规模占社会总投资规模的比重都在 50% 以上，2019 年第三产业固定投资规模更是达到 375775 亿元，占社会总投资规模的 68.1%，远高于第一产业和第二产业的固定投资规模。投资结构也在不断优化，服务业各项投资中，与经济发展和人们生活质量保障相关的投资增长率较高，2019 年高新技术服务业投资增长率达到了 17.9%，教育和文化、体育以及娱乐业的投资增长率也分别达到了 17.7% 和 13.9%。

二是服务业成为劳动就业的主渠道，吸纳就业能力不断增强。2019 年末，从事第三产业的法人单位数量为 1857.41 万个，占社会总法人单位数量的 73.5%，比上一年增加了 141.43 万个，增长率达到 8.2%，比 2015 年新增了 739.51 万个法人单位，增长率达到 66.2%（表 11-4）。随着服务业规模的不断扩大，服务业就业人数占全社会就业人数比重也在不断提升，2019 年，这一比重已达到 47.4%，服务业成为劳动就业的主渠道。在受去产能政策和制造业转型升级等因素影响，2018 年全社会就业人员和制造业就业人员减少的情况下，服务业就业人员仍然增加了 783 万人，增长率达到 2.2%。服务业吸纳就业的能力不断增强，有效地缓解了由供给侧结构性改革带来的就业压力，在保持"稳就业"的政策方针中发挥了巨大作用。

表 11-4　2015—2019 年三次产业法人单位数

年份	全社会法人单位数/万个	一产法人单位数/万个	二产法人单位数/万个	三产法人单位数/万个	三次产业法人单位数占比/%
2019	2528.02	164.28	506.33	1857.41	6.5:20.0:73.5
2018	2178.73	0.12	462.62	1715.98	0.0:21.2:78.8
2017	2200.91	167.08	473.13	1560.70	7.6:21.5:70.9
2016	1819.14	126.28	395.39	1297.47	6.9:21.7:71.3
2015	1572.92	100.52	354.50	1117.90	6.4:22.5:71.1

注：2018 年法人单位数减少。其原因可能是：第一产业法人单位数仅指兼营第二、第三产业的农、林、渔业的法人单位数。

资料来源：国家统计局。

三是服务业劳动生产率不断提升。劳动生产率是指单位劳动人员创造的增加值。由于服务业包含领域众多，各自行业差异大，具有很强的异质性，且部分服务业垄断性严重，因而用劳动生产率代替全要素生产率，以衡量服务业的发展质量和效率。从表 11-5 可以看出，2015 年以来，服务业劳动生产率不断提升，到 2019 年已达到 14.55 万元 / 人（表 11-5）。此外还可以看出，历年来，服务业劳动生产率都高于全社会劳动生产率，但低于第二产业劳动生产率，且第二产业、第三产业劳动生产率的差值也在逐年扩大，表明服务业的"鲍莫尔成本病"依旧存在。虽然在短期内服务业劳动生产率相对较低，但随着信息技术的运用和商业模式的创新，从长期来看，服务劳动生产率将会进一步提升。

表 11-5　2015—2019 年三次产业劳动生产率　　　　　　　　单位：万元 / 人

年份	全社会劳动生产率	一产劳动生产率	二产劳动生产率	三产劳动生产率
2019	12.79	3.62	18.13	14.55
2018	11.85	3.20	17.06	13.63
2017	10.72	2.97	15.19	12.57
2016	9.62	2.80	13.22	11.58
2015	8.89	2.64	12.40	7.70

资料来源：国家统计局。

四是服务业对外开放程度扩大，服务贸易发展稳中向好。2015年至2019年服务业实际利用外资金额总体呈上升趋势，在实际利用外资总额中的占比也都在60%以上。2019年全年实际利用外资1381.3亿美元，比2015年增加了118.6亿美元，增长率为9.4%。其中制造业实际利用外资总额为353.7亿美元，占实际利用外资总额的25.6%，比2015年减少了41.7亿美元，下降率为10.5%，服务业实际利用外资总额为952.7亿美元，占实际利用外资总额的69.0%，比2015年增加了141.3亿美元，增长率为17.4%（表11-6）。全年外商及港澳台投资（不含银行、证券、保险领域）新设立企业40888家，比2015年增加了14313家，增长幅度为53.9%，其中设立制造业外商投资企业5396家，占全部设立外商投资企业的13.2%，设立非金融服务业外商投资企业25911家，在全部设立外商企业中占比达到63.4%。这些表明，我国吸引外资的格局已由以制造业为主转变为以服务业为主，服务业在外资利用中占据绝对的主导地位。

在对外投资方面，2019年，我国对外投资净额总额达到1369亿美元，全年对外非金融类直接投资额为1106亿美元。其中，制造业对外投资净额达到202亿美元，占对外投资净额总额的14.8%，服务业对外投资净额为1015亿美元，占对外投资净额总额的74.1%。2015年至2019年，服务业对外直接投资净额占全年对外投资净额总额的比重都在70%以上，平均占比更是达到了75.53%。

表11-6 2015—2019年三次产业实际利用外商及港澳台投资金额　　单位：亿美元

年份	总额	第一产业	第二产业	第二产业的制造业	第三产业	第三产业（除金融业）
2019	1381.3	5.6	423.0	353.7	952.7	881.4
2018	1349.7	8.0	483.1	411.7	858.5	771.5
2017	1310.4	10.7	409.5	335.1	890.1	810.9
2016	1260.0	19.0	402.1	354.9	838.9	736.0
2015	1262.7	15.3	435.9	395.4	811.4	661.7

资料来源：国家统计局。

服务贸易是对外贸易的重要组成部分，优先发展服务贸易是促进经济转型升级和高质量发展的重要举措。党的十八大以来，我国加快建立开放型经济新体制，深入推进服务业改革开放，服务贸易实现快速发展，规模快速增长，新兴服务业蓬勃发展，质量效益不断提升，服务贸易日益成为对外贸易发展和对外开放深化的新引擎。

2019 年我国全年服务贸易进出口总额达到 54153 亿元，比上年增长3.3%，比 2015 年增长了 32.9%，服务贸易进出口总额排名全球第二（表11-7）。贸易逆差为 15025 亿元，比上年减少了 2061 亿元。其中出口总额 19564 亿元，比上年增长了 10.8%，比 2015 年增长了 43.7%；进口总额34589 亿元，比上年减少了 0.4%。2015 年以来，我国服务贸易加速发展，相比于"十二五"期间，服务贸易在对外贸易中的占比也进一步扩大，2015 年至 2019 年每年服务贸易进出口总额占对外贸易总额均在 14% 以上，年平均占比达到 14.6%。

表 11-7 2015—2019 年中国服务贸易进出口情况

年份	进出口总额		出口总额		进口总额		差额 / 亿元
	金额 / 亿元	同比增长 /%	金额 / 亿元	同比增长 /%	金额 / 亿元	同比增长 /%	
2019	54153	2.8	19564	10.8	34589	-0.4	-15025
2018	52402	11.5	17658	14.6	34744	10.0	-17086
2017	46991	6.9	15407	10.7	31584	5.2	-16177
2016	43947	7.9	13918	2.2	30030	10.7	-16112
2015	40745	1.7	13617	1.2	27127	2.0	-13510

资料来源：数据来自当年《中华人民共和国国民经济和社会发展统计公报》。

二、服务业转型升级有序推进

随着服务业规模的不断扩大，服务业结构也在不断优化。传统服务业增加值在服务业总增加值中所占比重减少，高新技术服务业发展迅速，服务业行业逐渐网络化、数字化、智能化。

首先，传统服务业加速升级，现代服务业对经济支撑作用增强。2019 年末，批发和零售业增加值为 95846 亿元，占服务业总增加值的 17.9%，交通运输、仓储和邮政业增加值为 42802 亿元，占服务业总增加值的 8.0%，住宿和餐饮业增加值为 18040 亿元，占服务业总增加值的 3.4%，传统服务业增加值总和在服务业总增加值中的比重已不足 30%。此外，传统服务业还依托互联网等新技术加速转型升级，发展出电子商务、网络订餐、网上零售等新业务新商业模式。2015—2019 年，我国电子商务交易额、网上零售额年均增速分别为 15.9%、26.4%；2019 年，实物商品网上零售额达到 85239 亿元，占社会消费品零售总额的比重为 20.7%，比上年提高 2.3 个百分点。

其次，服务创新为服务业发展提供新动能，现代服务业高速增长。近年来，随着供给侧结构性改革的不断推进，产业技术深入转型，互联网与国民经济各行业融合发展态势正在加速成形，传统产业数字化、智能化水平也在不断提高，大数据、云计算、人工智能等现代信息技术嵌入服务业，推动了服务创新，为服务业发展提供新动能，现代服务业高速增长。2019 年 1—11 月，战略性新兴服务业、科技服务业和高技术服务业营业收入同比分别增长 12.4%、12.0% 和 12.0%，增速分别快于规模以上服务业 3.0、2.6 和 2.6 个百分点。从服务业生产指数看，信息传输、软件和信息技术服务业，租赁和商务服务业生产指数增速分别快于全国服务业生产指数 13.5 和 2.3 个百分点，这两大细分服务业对服务业生产指数贡献率达 34.4%，拉动指数增长 2.4 个百分点。

三、服务业发展的短板与问题

我国服务业发展较快，服务业发展水平明显提高，但是与经济社会发展水平和人民生活需求相比，还是存在一些突出的矛盾和问题，与国外主要发达国家甚至发展中国家的服务业发展水平差距较大。

首先，服务业增加值占比相对较低，亟待提质增效。1995—2011年美国、法国、德国、日本等发达国家的服务业增加值占GDP比重基本上处于60%以上，"金砖国家"中的巴西、印度、俄罗斯国家的服务业增加值率也在60%。而我国服务业增加值占GDP比重的最高水平（2010年）也只有45%。这低于欧美主要发达国家美国、英国、德国等国家水平，甚至比相同发展水平或落后国家还要低。2010年，美国、德国、法国等发达国家的服务业增加值占GDP比重都达70%以上。即使与同我们国家发展阶段相近的印度的服务业增加值占GDP比重也达到55%，比我国高近10个百分点；巴西的服务业增加值比重也达到67.04%，比我国高近20个百分点。总之，无论是与发达国家还是与同我国发展阶段相近的国家比较，我国服务业增加值占GDP比重相对较低，还有很大差距。

其次，服务业结构不尽合理，亟待转型升级。我国服务业不但整体发展水平较低，而且其内部结构不尽合理。服务业的区域、行业发展不平衡，生产性服务业占比较低。服务业发展地区差异较大。近年来，我国各地区的服务业增长较快，但受地区经济发展水平、自然禀赋、人口和环境的影响，服务业发展水平的差距较大。地区间人均服务产品差距明显大于地区间的GDP差距。2012年人均服务业产品水平最高的北京达6.61万元/人，是最低的甘肃省（0.88万元/人）的7.51倍，而相应的北京地区的人均GDP水平（8.64万元/人）是甘肃的人均GDP（2.19万元/人）的3.95倍。从地区三次产业结构来看，2012年第三产业的增加值占比最高的北京地区达76.46%，是最低的河南（30.94%）的2.47倍。

传统服务业比重较高，而现代服务业发展滞后，是我国服务业发展中面临的行业结构问题。当前服务业主要集中在商贸、餐饮、仓储、邮政等传统服务业上，金融、电信、信息服务、商务服务和租赁服务、科学研究等现代服务业发展不足，服务业仍处于低层次结构水平，尽管近几年服务业内部结构有所改善，新兴产业有一定的升级趋向，但还没有成为产业增长的主体，传统部门和一般产业仍是带动服务业增长的主要力量。

生产性服务业产值规模小，发展水平较低。我国生产性服务业发展水平较低，对制造业的支撑作用远没有发挥出来。若从中间投入角度来看，我国作为中间投入的中间服务产品占 GDP 的比重也低于西方主要发达国家，如 2010 年，美国作为中间投入的中间服务产品占 GDP 的比重为 47.54%，法国为 54.42%，韩国为 45.47%。而中国作为中间投入的中间服务产品占 GDP 的比重为 43.27%。

最后，体制和机制障碍制约了服务业发展。制度是经济增长和效率提高的重要影响因素，我国有关产业的改革历程中，服务业体制改革相对落后。我国服务业发展面临着以下几个体制障碍：一是服务业部分细分行业垄断最为严重。行政垄断在我国许多经济领域都存在，但以生产性服务业领域为甚，比如金融、电信、铁路、民航、教育、新闻出版传媒等就是典型的行政垄断行业。这些行业普遍产权不明晰，竞争力不强，效率低下。二是市场准入的门槛还比较高，尤其是对民营企业的门槛比较高。除餐饮、商贸等传统服务业外，其他服务业的市场准入门槛比较高。如银行、保险的经营牌照基本上是政策分配的。三是管理体制比较落后，与市场经济的要求存在一些差距。与工业企业相比，缺乏具有国际竞争力、符合现代企业制度要求的大型企业。四是真正落实和可操作的服务业发展缺乏政策支持，过去一些财税、金融政策都是针对工业部门而出台，许多政策对于服务业并不适应。如银行贷款一般要求资产抵押，对于服务业企业中像知识产权、品牌等无形资产占主导的，会造成一定的贷款困难。

双循环下服务业发展建议

服务业的发展对加速形成双循环战略布局的作用和影响体现在方方面面，而发掘服务业增长潜力，实现服务业对国内国际双循环的促进和联通作用，则需要在政策上对服务业发展提供一定的支持，具体来说，可以从以下几个方面入手。

一、扩大服务消费引领消费结构升级，拉动国内需求增长

立足双循环，挖掘国内市场潜力，需要扩大服务消费以适应国内需求转型，引领消费结构升级，具体来看，一是要提高居民收入水平，推进收入分配机制改革。要扩大服务消费首先就要从提高居民收入水平入手。政府应当鼓励发展服务业，扩大服务业规模，并依靠服务业带动相关产业发展，从而为城乡居民提供更多的就业岗位，提高城乡居民收入水平。目前，我国经济发展结构不平衡，收入差异大，经济发展水平相对落后的地区和农村的消费潜力有待进一步挖掘。因此，需要政府深入完善收入分配体制，打破市场壁垒，缩小地区和城乡收入差距，缓解收入不平衡对消费能力的制约。

二是要在财政支出中加大对社会福利的投入，加强公共物品的供给，提高公共服务水平。由于养老、医疗、教育等服务消费领域具有公益性质，政府应加大公共服务领域的投入，同时引进各方力量，鼓励和支持多方资本参与服务业，增加公共服务业的供给，满足居民在医疗、教育、养老等服务消费方面的需求，保障民生。

三是要深化服务业体制改革，改善服务消费环境。通过体制改革，逐步破除部分服务业领域内存在的垄断壁垒，深入完善价格机制，加强市场在服务业领域资源配置中的决定性作用。建立完备的服务业市场监

管体系，进一步规范服务业市场行为，完善消费者维权机制，对服务业市场上的不法行为进行惩罚处置，从而为服务消费提供良好的环境。

四是要推动服务业转型突破，提高服务业供给质量，引导开拓新的服务需求和服务消费热点。运用现代经营方式和管理理念，对传统服务业进行提升改造，推动传统服务业不断衍生出新业态，提升传统服务业的供给质量和供给内容。对新兴服务业行业进行扶持，在税收等方面给予新兴服务业一定的政策优惠，促进服务创新，以适应居民消费结构升级。

二、发挥服务业主导作用，促进产业融合发展和要素循环流动

目前，服务业已经在经济增长、劳动就业、对外贸易等多个方面占据主导地位，在构建国内大循环的过程中，要充分发挥服务业的主导作用，加强服务业各行业内部以及服务业与制造业之间的产业联系和融合，尤其是生产性服务业与制造业的融合，从而将不同产业之间的禀赋优势最大化，促进产业由工业型主导进一步向服务型主导转型升级，实现整个产业体系协同发展。

在具体做法上，要发挥技术优势，通过引进人工智能、大数据、物联网等先进技术改造传统产业，提升传统行业的创新力和竞争力，推动传统行业的发展和创新突破，为经济发展注入新动能。国内市场一体化程度有限，要素流通不畅，要素配置效率不高问题突出，而畅通国内经济大循环，必须深入推进供给侧结构性改革，破除要素自由流动的壁垒和障碍，这就意味着不仅要提高传统服务业在要素流动和运输方面的功能效率，运用新技术新设备，降低要素使用和流通成本，实现资本、劳动、技术等要素在不同行业及地区之间的自由流动，最大限度地提高要素配置效率。与此同时，还要大力发展现代服务业对要素流动的作用，扩大金融开放程度，疏通金融和实体经济的传导机制，有效地连接生产主体和国内市场，为国内经济大循环打通关节，提高经济循环的效率。

三、推动新兴服务业发展，为经济增长提供创新动力

提高自主创新能力，发展尖端科技是实现价值链攀升和保障产业链安全的重中之重。在服务业的发展和升级上，同样需要重视对创新的培养和投入。针对服务业领域的创新，可以从三个方面入手。

一是技术层面的创新。要发挥我国在数字经济上的领先优势，将数字信息技术上的先进成果引入服务业，加快推进服务业数字化和智能化，在提升和改造传统服务业的同时，培育网络化、智能化和数字化的服务新业态，鼓励传统服务业领域不断衍生出新的服务内容，推动互联网金融、电子商务、文创设计、智慧养老等引发产业体系升级变革的新兴服务业的发展。

二是商业模式上的创新。利用大数据、人工智能等新兴技术，跳出传统就业模式的束缚，开阔思维，积极开拓个性化的新兴服务业创新商业模式，在提升服务内容和服务质量方面多做文章，满足国内居民多样化的生活需求，适应消费结构升级。

三是财政金融政策上的创新。服务业发展形势多元，而传统融资模式效率低、束缚多、资金有限。为促进服务业发展，需要政府在财政金融政策上加以突破，建立多层次的投融资机制，为服务业尤其是新兴服务业发展提供必需资金。同时，大力鼓励多方社会资本进入服务业领域，发展天使投资、创业投资等多种投资渠道，从而满足不同新兴服务业的融资需求。

四、扩大服务开放程度，积极参与全球经济治理

双循环的战略布局，意味着更高水平的开放。新形势下，要进一步扩大服务开放程度，需要政府加强顶层设计，高屋建瓴，为全面提升服务业开放水平谋篇布局。

首先，要深入体制改革，健全高效的服务业管理体制机制，为服务业的发展创造良好环境。在推进服务业开放的过程中要注意分类，有序开放，对于有利于释放市场活力、破除行业垄断、满足内需市场、促进行业转型升级的领域，要加快开放步伐和加大开放力度。依托国内建立起的试点、自贸区（港）等各类高水平开放平台，在金融、科技等方面加强对外开放，开展国际分工合作，鼓励服务业企业在全球范围内配置资源，以构建优质高效、竞争力强的服务产业新体系。

其次，要保障服务业开放发展要素供给。加大财政投入，积极引领社会力量为服务业发展集聚资金、数据、人才等关键要素。此外，在对外开放的过程中，还要积极参与全球经济治理，提升服务领域的国际规则话语权，深化服务领域合作，提高我国在国际经济事务中的影响力，促进产业全球价值链地位攀升。

五、加强监管，识别风险，保障产业链安全

新的发展格局，对服务业发展既是机遇也是挑战，政府在引领服务业升级转型，融入国内循环和国际循环的过程中也要加强监管，识别风险，保障产业链安全。

首先要完善服务业监管体系，尤其是对新兴服务业的监管和治理。传统市场监管体系下，对服务业的监督治理主要依靠工商登记、行政许可等方式实现，而这些方法对于基于互联网平台进行交易的新兴服务业并不适用。

在数字信息技术冲击下，要加强对服务业尤其是新兴服务业的监管，规范服务业市场，创建良好的服务业发展和消费环境，就需要政府改革监管思维、创新治理方式，构筑统一高效、开放包容、多方参与、协同制衡的服务业监管体系。在信息技术高度发达的今天，服务业监管体系也应与时俱进，依托大数据、人工智能等前沿技术，创建信息数据库，

创新信息共享机制，及时发现和处理服务业领域的不法行为，加大对不法行为处罚力度，提高违约成本。

其次要提高风险防范意识，加强风险识别能力。为促进国内国际双循环融合发展，互补提升，中国要提高对外开放水平，积极开展国际多边合作，而更高程度的开放也相应地伴随更多的风险，面对复杂的经济发展环境，政府要增强风险防范意识，加强风险识别能力，一方面，需要防范发达国家对中国进行技术封锁的风险；另一方面，也要防范新兴市场，发展中国家由于政治内乱、经济发展落后等原因带来的债务不能偿还以及不遵守合约的诚信风险。

最后在开放过程中要注重分化风险，扩展贸易合作伙伴，开展多边贸易合作，积极争取在技术创新、投资往来等方面的主动权，在开展合作之前更要充分估计国际贸易和投资以及与技术人员交往的中长期风险，保障产业链安全。加强科技创新，以提高我国服务业在国际上的竞争力，从而摆脱在技术等方面受制于人的风险。

参考文献

[1] 蒲清平、杨聪林：《构建"双循环"新发展格局的现实逻辑、实施路径与时代价值》，《重庆大学学报（社会科学版）》2020年第6期。

[2] 郭晴：《"双循环"新发展格局的现实逻辑与实现路径》，《求索》2020年第6期。

[3] 王一鸣：《"双循环"新格局下的经济发展》，《中国金融》2020年第6期。

[4] 夏杰长、倪红福：《服务贸易作用的重新评估：全球价值链视角》，《财贸经济》2017年第11期。

[5] 夏杰长：《面向"十三五"的中国服务：总结与展望》，《北京工商大学学报（社会科学版）》2015年第6期。

[6] 夏杰长、倪红福：《中国经济增长的主导产业：服务业还是工业？》，《南京大学学报（哲学·人文科学·社会科学）》2016年第3期。

[7] 夏杰长：《迈向"十四五"的中国服务业：趋势预判、关键突破与政策思路》，《北京工商大学学报（社会科学版）》2020年第4期。

[8] 夏杰长、肖宇：《生产性服务业：发展态势、存在的问题及高质量发展政策思路》，《北京工商大学学报（社会科学版）》2019年第4期。

[9] 张明：《如何系统全面地认识"双循环"新发展格局》，《辽宁大学学报（哲学社会科学版）》2020年第4期。

[10] 姚树洁、房景：《"双循环"发展战略的内在逻辑和理论机制研究》，《重庆大学学报（社会科学版）》2020年第6期。

[11] 张颖熙、夏杰长：《以服务消费引领消费结构升级：国际经验与中国选择》，《北京工商大学学报（社会科学版）》2017年第6期。

[12] 姜长云：《中国服务业发展的新方位：2021—2030年》，《改革》2020年第7期。

[13] 姜长云、刘振中：《改革开放以来我国服务业发展及其地位作用的变化》，《全球化》2018年第10期。

第十二章

区域均衡与新发展格局

中国是一个拥有 14 亿多人口的发展中大国，城乡区域发展差距较大，充分发挥各地区优势，全力挖掘和释放其增长潜力，不断加快产业转型升级，多途径扩大投资和消费，全面推进城乡区域协调发展、共同繁荣，确保各地区同步实现现代化和迈向共同富裕目标，对于加快构建以国内大循环为主体、国内国际双循环相互促进的新发展格局具有十分重要的战略意义。对于一个大国而言，实现国民经济的区域或空间均衡是构建双循环新发展格局的重要基础和前提条件。这种区域均衡既包括地区间的协调发展，也包括城乡间的协调发展。采取有效措施畅通城乡区域经济循环，将是构建双循环新发展格局的核心任务之一。重点是做好区域战略的统筹，采取因地制宜的多元化模式，强化区域分工和合作，推进区域经济一体化，并加大对特殊类型地区的支持力度，走区域高质量协调发展之路；畅通城乡经济循环，重点是坚持农业农村优先发展，全面实施乡村振兴战略，促进农民持续稳定增收，进一步扩大农村投资和消费，推动城乡要素双向合理流动，构建适应新发展格局的新型城乡关系。

城乡区域协调发展的基本态势

加快构建以国内大循环为主体、国内国际双循环相互促进的新发展格局，这是新形势下党中央作出的重大战略决策，也是新发展阶段全面推进社会主义现代化强国建设面临的重大战略任务。构建双循环新发展格局，需要立足中国国情农情和发展阶段特征，从根本上破解城乡区域分割和不平衡状况，充分挖掘各地区尤其是中西部和农村地区的发展和市场潜力，全面打通城乡区域之间的联系通道，促进城乡区域互补联动、协调发展，走中国特色的共同富裕之路。因此，要从区域均衡视角探讨双循环新发展格局，首先必须深刻揭示和把握改革开放以来中国城乡区域协调发展基本态势的变化。

一、区域协调发展基本态势的变化

促进区域协调发展是一个大国尤其是发展中大国必须面对的重大战略问题。新中国成立以来，中国区域经济发展经历了从平衡发展到不平衡发展再到协调发展的战略转变。早在 20 世纪 90 年代初期，面对地区发展差距特别是东西差距的不断扩大，中国政府正式把促进地区经济协调发展提到重要的战略高度，并确立了地区经济协调发展的指导方针，由此启动实施了区域协调发展战略。1999 年以后，中国区域协调发展战略进入全面实施阶段，国家先后制定实施了西部大开发战略、东北地区等老工业基地振兴战略和促进中部地区崛起战略，随后又相继实施了主体功能区战略、新型城镇化战略以及京津冀协同发展、长江经济带发展、粤港澳大湾区建设、长江三角洲区域一体化发展、黄河流域生态保护和高质量发展等区域重大战略，同时采取积极措施支持老少边穷地区和其他特殊类型地区发展，全面激发区域经济发展活力。2017 年 10 月召开的中共十九大则把区域协调发展战略作为新时期必须坚定实施的七大战略之一，并写入新修订的《中国共产党章程》之中。

区域协调发展战略和政策的实施，有效遏制了地区发展差距的扩大趋势，使之逐步向持续稳定缩小的方向转变。从四大区域差异来看，中国人均地区生产总值（GRP）区际差异近年来已出现持续稳定缩小态势。从 2003 年到 2019 年，四大区域人均 GRP 变异系数由 0.465 下降到 0.336；东部与西部地区间人均 GRP 相对差距系数由 63.0% 下降到 43.1%，东部与中部地区间人均 GRP 相对差距系数则由 58.9% 下降到 37.8%（图 12-1）。

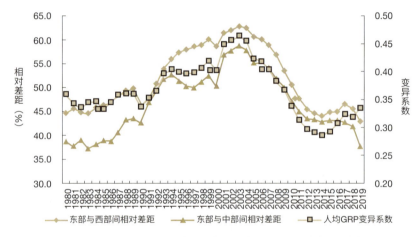

图 12-1　1980—2019 年中国四大区域人均 GRP 相对差距的变化

注：①东部地区包括河北、北京、天津、山东、上海、江苏、浙江、福建、广东、海南 10 个省市；东北地区包括辽宁、吉林和黑龙江 3 个省；中部地区包括山西、河南、安徽、湖北、湖南、江西 6 个省；西部地区包括内蒙古、广西、陕西、甘肃、宁夏、青海、新疆、重庆、四川、贵州、云南、西藏 12 个省区市。
②东部与中西部地区间人均 GRP 相对差距系数 =（东部指标值-中西部指标值）/ 东部指标值 ×100%。
资料来源：根据国家统计局编的《改革开放十七年的中国地区经济》、《中国统计年鉴》（各年度）和《中国统计摘要》（2020）的相关数据计算。

东部与中部地区间城镇化水平差距也由 2006 年的 16.1 个百分点下降到 2019 年的 11.7 个百分点，东部与西部地区间城镇化水平差距则由 18.4

个百分点下降到 14.4 个百分点。再从省际差异来看，尽管经历了一些波动，但改革开放以来中国省际人均 GRP 差异总体上呈现不断缩小的态势，其中，最高与最低省份人均 GRP 之比由 1978 年的 14.2∶1 下降到 2019 年的 4.98∶1，变异系数由 0.972 下降到 0.472；农村居民人均收入的省际差异也在持续缩小，其变异系数由 2006 年的 0.462 下降到 2019 年的 0.338。[①] 总之，近年来中国地区差异尤其是东西差距的持续稳定缩小是在国家区域协调发展战略和政策大力支持下中西部地区快速发展的结果。事实上，自 2007 年以来，中西部地区经济增长速度已经超过东部地区和各地区平均增速。2007—2019 年，中部地区 GRP 年均增长 10.3%，西部地区为 10.8%，分别比东部地区高 1.0 和 1.5 个百分点。

然而，也应该看到，目前中国区域发展差距仍然较大，东西部发展不平衡问题并没有从根本上得到解决。从 2014 年到 2017 年，东部与西部地区间相对差距甚至出现了一定程度的扩大，人均 GRP 相对差距系数由 44.1% 提升到 46.7%，而四大区域人均 GRP 相对差距至今仍在扩大。更重要的是，在新形势下，南北差距问题又开始凸显，地区分化现象日益加剧。与东西部之间的发展水平差距不同，近年来凸显的南北差距问题最初主要是增长速度问题。

学界一般以北纬35°线为界，将此线以北划分为北方区域，包括北京、天津、河北、山西、内蒙古、辽宁、吉林、黑龙江、山东、河南、陕西、甘肃、青海、宁夏、新疆 15 个省区市，其他 16 个省区市为南方区域。2016—2019 年，北方区域 GRP 年均实际增长 6.3%，比南方区域低 1.2 个百分点。这期间，东北地区 GRP 年均增速仅有 4.3%，比各地区平均增速低 2.7 个百分点；西北地区 GRP 年均增速也只有 6.6%，比西南地区低 1.5 个百分点。

[①]　2006 年按农村居民人均纯收入计算，2019 年按农村居民人均可支配收入计算。

正是由于这种增长速度差异，导致北方区域人均 GRP 相对水平不断下降，2014 年以来已经低于全国平均水平，南北发展水平差距开始凸显。若以各地区平均水平为 100，2010 年北方区域人均 GRP 相对水平为 101.7，2014 年下降到 99.9，2017 年迅速下降到 93.1，2019 年又降为 85.2%。这期间，北方与南方人均 GRP 之比由 1.03 急剧下降到 0.77。[①] 尤其是，东北地区 2019 年人均 GRP 已经比西部地区低 13.4%。很明显，这种南北差距扩大和地区分化加剧，既严重制约了区域经济的协调发展，也不利于双循环新发展格局的形成。

二、城乡协调发展基本态势的变化

随着经济发展和城镇化的推进，国内城乡收入差距通常会经历从扩大到缩小的"倒 U 形"转变。譬如，美国城乡居民收入之比从 19 世纪初的 1.7 : 1 扩大到 1930 年的 3.0 : 1，1970 年又下降到 1.4 : 1；日本从 1950 年的 1.19 : 1 扩大到 1960 年的 1.44 : 1，1975 年又下降到 0.91 : 1；韩国则从 1960 年的 0.997 : 1 扩大到 1970 年的 1.49 : 1，1980 年又下降到 0.96 : 1。不断缩小城乡居民收入和生活水平差距，实现城乡居民收入均衡化和基本公共服务均等化，既是从全面小康走向共同富裕的内在要求，也是构建双循环新发展格局的重要基础。

改革开放以来，在经历初期的下降后，中国城乡居民收入差距也大体呈现出"倒 U 形"变化趋势。中国的经济体制改革是从农村开始的，在改革开放初期，家庭联产承包责任制的推行、农产品价格提高以及减轻农民负担等措施，极大调动了农民生产积极性，刺激了农民收入增长，

---

① 除了经济增长缓慢外，近年来北方区域人均 GRP 相对水平快速下降也与辽宁、内蒙古、天津等北方省（区、市）纷纷主动"挤水分"有关。根据国家统计局数据库，由于"挤水分"，2016 年辽宁 GRP 比上年减少 22.4%，2017 年内蒙古 GRP 比上年减少 11.2%，2018 年天津、河北、吉林、黑龙江、山东 GRP 分别比上年减少 28.0%、4.5%、24.7%、19.2% 和 8.2%。这说明，前些年北方区域 GRP 水分较大，经济增长质量不高。

城乡居民收入差距明显缩小。到 1985 年，中国城乡居民人均可支配收入之比已下降到 1.86∶1，比 1978 年减少 0.71（图 12-2）。

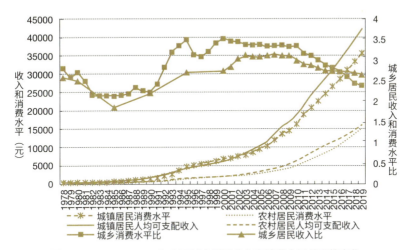

图 12-2　1978—2019 年中国城乡居民收入和消费水平差距的变化

资料来源：根据国家统计局编的《中国统计摘要》（2020）的相关数据计算和绘制。

　　然而，自 1985 年以来，随着经济体制改革的重点逐步由农村转向城市，城镇居民的工资收入和非工资收入都增加较快，加上工业产品价格的提高和因体制变革促使农村潜在生产力的释放具有一定的限度，在这种情况下，中国城乡居民收入差距又开始趋于扩大。到 2003 年，中国城乡居民人均可支配收入之比已提高到 3.12∶1，远高于改革开放初期的差距水平。之后，随着中央把"三农"工作提上重要日程，2004—2021 年连续出台 18 个中央一号文件支持"三农"发展，城乡居民收入差距在经过几年的稳定后，自 2007 年起已经出现持续稳定缩小的态势。到 2020 年，中国城乡居民人均可支配收入之比已经下降到 2.56。城乡居民消费水平之比的变化也大体如此，在 2000 年达到最高点（3.53）之后，已经呈现出稳定下降的趋势，到 2019 年该比值为 2.38。

　　近年来，城乡居民收入差距的不断缩小是国家政策支持下农民收入持续快速增长的结果。2003—2019 年，中国农村居民人均可支配收入年均增长 8.2%，其中，2010—2019 年年均增长 8.6%，分别比城镇居民人均可支配收入年均增速高 0.3 和 1.7 个百分点，比 1986—2002 年农村居民人均可支配收入年均增速高 4.0 和 4.4 个百分点。2020 年，尽管受到新冠肺炎疫情的影响，农村居民人均可支配收入仍比上年实际增长 3.8%，比城镇居民增速高 2.6 个百分点。

同时，随着工农城乡关系从过去的"农业支持工业、农村支持城市"转向"工业反哺农业、城市支持农村"，近年来又强调"以工补农、以城带乡"，国家加大了对"三农"转移支付和强农惠农政策力度。在国家政策支持下，农村居民消费水平获得了更快增长，2003–2019 年农村居民消费水平年均增长 8.9%，其中 2010—2019 年年均增长 10.6%，均高于农村居民收入年均增速。[①] 自 2017 年以来，城乡居民消费水平之比已经降至城乡居民收入之比以下，由此改变了长期以来城乡消费水平差距大于城乡居民收入差距的格局，使农民的获得感得到进一步提高。

应该看到，目前中国城乡居民收入差距仍然处于高位，远高于 20 世纪 80 年代中期的水平，更远高于各发达国家的水平。但可以肯定的是，随着中国经济发展阶段的转变，近年来这种城乡居民收入差距缩小将成为一种长期的稳定趋势，而并非只是一种短期的波动。可以认为，目前中国已经越过"倒 U 形"变化的拐点，进入城乡居民收入差距持续稳定缩小的时期。

显然，这种转变是与中国经济的发展阶段特征紧密联系在一起的。首先，随着工业化进入后期阶段，以城市为导向的工业对经济增长的驱动力已经趋于下降，而小城镇和农村地区日益显现的巨大潜力，为新发

---

① 新冠肺炎疫情对城乡居民消费的影响要大于对其收入的影响。按照 2020 年统计公报：2020 年，全国城镇居民人均消费支出 27007 元，下降 3.8%，扣除价格因素，实际下降 6.0%；农村居民人均消费支出 13713 元，增长 2.9%，扣除价格因素，实际下降 0.1%。全国城镇居民人均可支配收入 43834 元，比上年增长 3.5%，扣除价格因素，实际增长 1.2%。农村居民人均可支配收入 17131 元，比上年增长 6.9%，扣除价格因素，实际增长 3.8%。

展阶段中国经济持续稳定增长开辟了新的空间。其次，目前中国城镇常
住人口规模已经超过农村，近年来大规模农业转移人口向城市迁移，既
为农业适度规模经营创造了有利条件，也成为促进农民增收的重要途径。
最后，随着发展水平的提高和经济实力的增强，政府有能力将更多的公
共资源投向"三农"领域，确保农业农村优先发展，促进农民持续稳定
增收和城乡协调发展。

区域协调与双循环新发展格局

国内经济循环是由各具特色、合理分工的不同区域经济循环有机构
成的整体。从某种程度上讲，区域经济循环既是国内经济循环的重要组
成部分，也是国际经济循环的重要支撑。畅通区域经济循环，促进区域
协调发展，这是构建双循环新发展格局的核心任务。在新发展阶段，要
围绕新发展格局构建，做好区域战略的统筹，充分发挥区域优势，实行
多元化模式，强化区域分工和合作，大力推进区域经济一体化，并加大
对特殊类型地区的支持力度，更好地促进发达地区和欠发达地区、东中
西部和东北地区共同发展，走区域高质量协调发展之路。

一、采取各具特色的多元化模式

以国内大循环为主体、国内国际双循环相互促进是新发展格局的基
本特征。当然，这里所讲的国内大循环是国家整体经济的大循环，是开
放条件下依靠扩大内需形成强大国内统一市场的大循环，而不是地区分
割、各自为战的封闭循环；而国内国际双循环相互促进则需要畅通国内
国际双循环，依托国内大市场优势，实现更大范围、更宽领域、更深层
次的高水平对外开放。由于资源禀赋、社会经济特点和发展阶段不同，

中国各地区在新发展格局中所承担的功能定位和发挥的作用也具有较大差异，而不可能采取整齐划一的"一刀切"模式。

不同地区因国内国际双循环的重要性不同，其发展导向也将会有所差别。以国内大循环为主体，这是针对国家整体而言的，并不排除某些有条件的地区继续发展外向型经济。随着国际市场需求的变化、国内要素成本的上升以及贸易保护主义的抬头，东南沿海地区长期形成的外向型经济将面临转型和分化，有的地区将转向以满足内需为主，有的地区将由"两头在外"转向内外兼修，还有的地区将继续以外向型为主，在更高水平、更高层次上参与国际分工。因此，构建双循环新发展格局，各地区需要从实际出发，因地制宜、精准施策，采取符合区情的多元化模式。

畅通国内国际双循环，需要发挥各地区优势，充分挖掘其潜力。从国内循环看，中西部内陆地区临近国内市场，加上资源富集、人口较多、发展水平较低，无论是扩大投资还是促进消费，都具有巨大的空间和发展潜力，是加快形成强大国内市场的关键所在。中国有 61.4% 的人口分布在中西部和东北地区，但东北地区 2017 年人均全社会固定资产投资额只有东部地区的 57%；中部和西部地区 2019 年人均社会消费品零售总额仅分别相当于东部地区的 63% 和 52%。这种悬殊差距反映了中西部和东北地区的投资空间和消费潜力巨大。如果中西部地区人均社会消费品零售总额达到东部地区的水平，将可以增加 12.3 万亿元的消费额。

因此，畅通国内大循环既要增强沿海发达地区的国内大循环能力，更要促进中西部和东北地区的投资和消费，刺激其经济增长，尤其是北部地区的经济增长。从国际循环看，尽管各地区都在国际循环中承担相应的功能，但由于发展水平和竞争能力的差异，沿海发达地区无疑应该发挥更加重要的主导和支撑作用，在更高层次和水平上参与国际经济循环。尤其是，要充分发挥各城市群和都市圈在国际循环中的战略枢纽作用，并将高新区、开发区、自贸区、出口加工区、保税（港）区等建设成为参与国际经济循环的核心载体。此外，在"一带一路"倡议和沿边开放格局下，还要加快沿边开发开放的步伐，构建由辽宁丹东到广西崇左的"C"形沿边开放经济带，依靠沿边开放促进沿边地区实现跨越式发展。

二、强化区域之间的分工和合作

目前，中国在国家层面已经形成了由四大板块战略、区域重大战略、主体功能区战略等构成的区域发展战略体系。在新发展格局下，需要根据形势变化进一步调整优化国家区域发展战略体系，明确各区域的功能定位和发展导向，并采取有效措施促进区域合理分工和协调发展。

从四大板块战略看，重点是推动西部大开发形成新格局，推动东北振兴取得新突破，促进中部地区加快崛起，鼓励东部地区加快推进现代化。在构建新发展格局中，东部地区应着力提升国际竞争力、全球影响力和可持续发展能力，既要在畅通国际经济循环中发挥核心支撑作用，又要不断增强参与国内大循环的能力，充分发挥其示范、引领和带动作用；中西部地区要依托国内大市场，充分挖掘投资和消费潜力，着力加快产业转型升级和现代化经济体系建设，构建高水平全方位开放新格局，在国内国际双循环中发挥更加重要的作用；东北地区要把经济脱困与转型升级和体制再造结合起来，通过环境重塑、结构转型和体制再造，在全方位振兴中提升参与国内国际双循环的水平和能力。

从区域重大战略看，要深入推进京津冀协同发展、长江经济带发展、粤港澳大湾区建设、长三角一体化发展以及黄河流域生态保护和高质量发展，落实国家规划和相关政策，打造创新平台和新增长极，使之成为连接国内国际双循环的战略枢纽和战略纽带。从主体功能区战略看，要根据城市化地区、农产品主产区、生态功能区的功能定位和发展导向，优化重大基础设施、重大生产力和公共资源布局，促进人口、要素合理流动，引导产业高效集聚，推动形成主体功能明显、优势互补、高质量发展的国土空间开发保护新格局。

以国内大循环为主体，推动形成强大的国内统一市场，必须打破地区分割，消除各种阻碍地区间要素流动的因素，畅通区域经济循环，强化区域分工与合作。

一是畅通东中西部之间的经济循环。由于资源禀赋差异，东中西部之间的产业链和供应链是相互依赖和紧密联系的，东部地区加工制造业的发展有赖于中西部市场和资源能源、原材料等相关产业的支撑，而中西部产业发展也需要东部市场以及资金、人才和技术支持。因此，畅通东中西部之间的经济循环，需要采取"人口东流、产业西进"的策略，促进在东部稳定就业的农民工就地实现城镇化和市民化，推动沿海企业有序向中西部地区转移，鼓励东部发达地区与中西部欠发达地区共建产业园区，发展"飞地经济"，实现产业布局、就业岗位与人口分布相匹配。

二是畅通南北方之间的经济循环。要充分利用北方资源优势和南方尤其是东南部的资金和产业优势，推动南北方开展多层次、多类型、多形式的经济技术合作，尤其要推动东北、西北与珠三角、长三角之间的合作。

三是进一步调整优化对口支援政策。在脱贫攻坚和全面建成小康社会任务完成后，要根据国家战略目标的转移和区域情况的变化，逐步调整对口支援对象，优化对口支援政策体系，把对口支援的重点转向欠发达地区乡村振兴和加快推进现代化上来。

三、加快推进区域经济一体化

国内统一市场是形成强大国内市场的基础和前提。推动形成统一的国内大市场，必须加快现代基础设施一体化，构建全国统一的综合交通运输网络，同时以城市群和都市圈为重点，加快区域一体化进程，促进各类要素有序自由流动，大幅度降低交易成本和物流成本，为畅通国内国际双循环创造良好的条件。

首先，加快现代基础设施一体化。要着力加大对中西部和东北地区交通设施建设支持力度，加快西宁至成都、川藏、新藏、滇藏等铁路规划建设，继续完善"一带一路"陆路国际运输通道、中西部连接沿海主要港口运输通道以及城市群之间运输通道，加强边境口岸及其连接线、沿边公路建设，构建有利于畅通国内国际双循环的全国统一的综合交通运输网络体系。同时，要推进京津冀、长江三角洲、粤港澳大湾区等世界级城市群以及其他国家级和区域级城市群内主要城市之间形成互联互通的高铁或动车网络。此外，在信息资源配置和信息化建设方面，应加大对中西部欠发达地区投资和政策支持力度，尽快缩小城乡区域数字鸿沟，加快推动形成全国统一的通信网络体系和信息网络平台。

其次，着力推进重点区域一体化。城市群和都市圈是新型城镇化的主体形态。在新发展阶段，要以城市群和都市圈为重点，加快推进区域产业发展、基础设施、公共服务、生态环境、社会治理等一体化，积极引导同城化发展。特别是要依托区域重大战略的实施，推进京津冀、粤港澳大湾区、长江三角洲、成渝双城经济圈等区域一体化进程，打造更高质量的区域一体化发展示范区。要率先在城市群和都市圈内推进交通基础设施互联互通，以加快其内部一体化进程；加快推进一些超大、特大城市的地铁、轻轨以及其他市政交通网络向周边经济联系比较紧密的城市进行延伸，以提高都市圈一体化水平。

最后，充分发挥中心城市的作用。城镇化是扩大投资和消费、促进产业升级的有效途径，而中心城市在城镇体系中发挥了核心作用。在国内国际双循环中，中心城市是形成强大国内市场和畅通国际经济循环的核心载体，承担了战略枢纽和战略支点功能。为此，要强化中心城市的引领、示范和辐射带动作用，推动形成全球中心城市、国家中心城市、区域中心城市和地方中心城市四级中心城市体系，其中香港、北京、上海有条件建设成为全球中心城市。

同时，要明确不同等级城市的功能定位和发展导向，强化城市之间的分工和合作，鼓励特大城市中心区功能和产业向中小城市和小城镇扩散，带动广大周边地区发展。县城是县域行政管理中心，通常也是县域经济、交通、教育、科技和文化中心，要按照现代小城市的标准加强县城的建设，全面提升县城基础设施水平、产业支撑能力和综合服务能力，加快推进以县城为支撑的城镇化。

四、加大对特殊类型地区的支持

支持老少边穷等特殊类型地区加快发展，走共同富裕之路，这是中国特色社会主义的本质要求。国家"十三五"规划纲要把革命老区、民族地区、边疆地区和困难地区统称为"特殊类型地区"，明确指出要"扶持特殊类型地区发展"。在新发展格局下，要进一步加大财政转移支付力度，支持欠发达地区和老少边地区加快发展，帮助困难地区尽快摆脱困境，并完善粮食主产区利益补偿机制和重点生态功能区生态补偿政策，全方位促进区域协调发展。

首先，加大对欠发达地区的扶持力度。目前，脱贫攻坚任务已经完成，全国832个贫困县全部脱贫摘帽，解决了区域性整体贫困。在新发展阶段，中国仍将会存在一些欠发达地区，需要政府和社会给予更多的关注。当前，可以考虑根据低收入人口集聚以及地区发展能力和水平等因素，精准识别和划定欠发达地区。根据以往的经验，宜以县级行政区为基本单元，综合考虑低收入人口规模和比重、基本公共服务水平、居民人均收入、人均财政收入和财政收支缺口等指标，将全国排名靠后的一定比例区域纳入欠发达地区范畴，并在综合评估的基础上以5年为期进行动态调整。对于这些欠发达地区，国家在投入和政策上要加大扶持力度。

其次，支持老少边地区加快发展。改革开放以来，中国对老少边地区实施了一系列援助政策，帮助其加快经济社会发展步伐。在国家政策支持下，老少边地区经济社会近年来获得了快速发展。例如，2016—2019年，民族 8 省区 GRP 年均实际增长 7.4%，比全国各地区平均增速快 0.4个百分点。在新发展阶段，一方面要继续支持革命老区、民族地区加快发展，着力改善基础设施和公共服务，不断增强其内生发展能力；另一方面，要进一步加强边疆地区建设，大力推进兴边富民、稳边固边，促进边疆经济繁荣和社会稳定。对于属于老少边的欠发达地区，国家在投资和政策上要给予优先支持，实行适度倾斜。

最后，完善其他特殊类型地区政策。除了欠发达地区和老少边地区外，还有一些在发展中面临各种困难的其他特殊类型地区，包括资源枯竭城市、处于衰退中的老工业基地以及受灾严重地区。对于这些面临困难的地区，要在科学评估和完善标准的基础上，对符合条件的困难地区要及时给予援助，帮助它们尽快摆脱困境。同时，对于粮食主产区和重点生态功能区，因其主体功能是保障粮食等重要农产品供应和提供生态产品，确保国家粮食安全和生态安全，要进一步完善粮食主产区利益补偿机制和重点生态功能区生态补偿政策，采取多元化途径加大对两类地区的补偿力度，促进主产区和生态功能区农民收入持续稳定增长。

城乡协调与双循环新发展格局

扩大内需是构建双循环新发展格局的战略基点。无论从投资还是消费看，农村地区均是扩大内需的重要着力点。正如习近平总书记 2020 年 12 月底在中央农村工作会议上所指出的："构建新发展格局，把战略基点放在扩大内需上，农村有巨大空间，可以大有作为。"① 因此，在新发展阶段，坚持农业农村优先发展，全面实施乡村振兴战略，促进农民持续稳定增收，进一步扩大农村投资和消费，加快畅通城乡经济循环，推动形成工农互促、城乡互补、协调发展、共同繁荣的新型工农城乡关系，这是构建双循环新发展格局的重要基础。

一、大力促进农民稳定增收

目前，农村居民消费水平较低，农村市场潜力难以释放，主要是农民家庭收入水平较低。如前所述，在国家政策支持下，近年来农村居民消费水平增长速度已经高于其收入增速，城乡居民消费水平差距已低于其收入差距，因此要有效启动农村市场，切实扩大农村消费，关键是促进农民稳定增收，尽快缩小城乡居民收入差距。农村居民人均可支配收入是衡量农村居民家庭收入的核心指标，它是农村居民家庭总收入扣除各类相应支出后的可支配收入与家庭常住人口之比。从长远发展看，提高农民收入水平应着力从减少分母和增加分子两个方面入手。

首先，要进一步推进城镇化。在 2035 年之前，中国仍将处于城镇化快速推进时期，农业劳动力转移具有较大的空间。预计到 2025 年，中国城镇化率将达到 65.5%，如果总人口为 14.39 亿人，城镇人口将达到 9.42 亿人，新增城镇人口 9400 万人，剔除自然增长部分，城乡人口迁移接近 8000 万人。这里的关键是如何让滞留在农村的大量兼业化小农户愿意且顺利地转移出去。为此，要有序推进土地流转，强化社会化专业化服务，建立进城落户农民承包地经营权、宅基地使用权和集体收益分配权自愿有偿退出机制，为农业劳动力转移和规模化经营创造有利条件。

其次，多种途径拓宽农民增收渠道。乡村产业振兴是农民增收的基

---

① 《坚持把解决好"三农"问题作为全党工作重中之重　促进农业高质高效乡村宜居宜业农民富裕富足》，《人民日报》2020 年 12 月 30 日。

础。促进农民稳定增收，关键是激活主体、要素和市场，建立各具特色、具有竞争力的现代乡村产业体系和农业农村导向型的农民稳定增收长效机制。一是多途径增加农民工资性收入，并不断提高来自农业农村的工资性收入比重。二是促进家庭经营性收入快速增长，提高经营净收入所占比重及其对农民增收的贡献率。三是全面深化农村改革，尤其是土地制度和农村集体产权制度改革，打通资源变资本、资本变财富的渠道，进一步拓宽增加农民财产性收入渠道，大幅度提高财产净收入所占比重及其对农民增收的贡献率。

二、持续扩大农村有效投资

当前，农村基础设施和公共服务滞后，产业支撑能力不足，难以适应新时期全面推进乡村振兴的需要，未来扩大农村投资的空间和潜力巨大。乡村振兴涉及产业发展、基础设施和公共服务建设、生态环境保护、村庄整治等诸多领域，各方面都需要大量投资，资金需求量很大，但各地农村大多缺乏自我积累能力，资金有效供给严重不足，供需缺口极大。据农业农村部初步估算，落实《乡村振兴战略规划（2018—2022 年）》大约需要投入 7 万亿元以上[①]，平均每年资金投入超过 1.4 万亿元。全面实施乡村振兴战略，估计资金需求量将会更大。为此，需要明确农村投资的重点领域，正确处理好政府与市场的关系，充分调动各类主体的积极性，建立多元化的投入机制，为乡村振兴提供充足的资金保障。

首先，要明确投资的重点领域。产业发展和乡村建设是农村投资的两个核心领域。在产业发展方面，重点要加强农田基本建设，改善农业生产条件，加快农业服务业以及农村商贸物流、文化旅游、休闲康养等产业发展。在乡村建设方面，重点要加强乡村基础设施建设，提高农村

[①] 《农业农村部韩俊：落实乡村振兴战略规划　需投资逾 7 万亿元》，新华网客户端 2019 年 1 月 12 日。

公共服务水平和农房建设质量，推进实施农村人居环境整治提升行动。特别是，要将农业农村新基建列为优先领域，在实现行政村光纤网络和4G普遍覆盖并巩固提升质量的基础上，在农村加快布局5G、人工智能、物联网等新型基础设施，积极引入信息化主流技术，推进服务农业农村的信息、融合和创新基础设施建设，筑牢数字乡村的发展基础。

其次，建立多元化的投入机制。扩大农村有效投资，关键是合理界定政府与市场的边界，充分发挥各类主体的作用，建立政府、市场、村集体、农民等共同参与的多元化投入机制。尤其是，要建立政府财政资金稳定增长机制，确保各级财政农林水支出增长速度高于一般公共预算支出增速，各地区土地出让收益主要用于农业农村，做到取之于农、用之于农。同时，要增强财政政策与金融政策的协同效应，充分发挥财政资金的引导作用，吸引社会资本广泛进入，大力推动城市资本下乡。要看到，城市资本下乡不只是带来资金，还会带来技术、人才、品牌和营销渠道等，它对于全面推进乡村振兴具有重要作用。此外，还要鼓励和动员农民积极参与，充分发挥农民的主体作用。

三、促进释放农村消费潜力

由于收入水平较低、消费环境较差，目前农村居民消费水平不高，消费结构不合理，其消费需求受到抑制。2019年，全国农村居民消费水平为15023元，比城镇居民低57.9%，仅相当于2009年城镇居民的消费水平[①]，城乡消费水平大致存在10年左右的差距。按常住人口计算，如果农村居民能够达到城镇居民的消费水平，将可以增加11.4万亿元的消费需求。因此，促进释放农村消费潜力，除了增加农民收入，还要采取措施扩大和刺激农村消费，消除抑制消费的各种障碍，优化农村消费环境。

---

① 2019年农村居民消费水平按当年价格计算比2009年城镇居民高4.0%，按可比价格计算则低5.6%。

首先，要扩大和刺激农村消费。拉动农村消费，释放农村消费潜力，需要综合运用财政、金融等政策手段。近年来，为扩大和刺激农村消费，国家制定实施了家电下乡、建材下乡、汽车下乡等一系列政策。在新发展格局下，要进一步完善家电、汽车下乡政策，重点对农民购买新型绿色智能家电、汽车等给予补贴；鼓励和引导企业面向农村地区开展汽车家电促销、家电以旧换新活动，支持发展二手汽车和家电交易；促进扩大农村教育、健康、文化等消费，积极发展网络消费，科学引导农村住房消费。在此基础上，还要鼓励城镇居民下乡消费，允许城镇离退休人员返乡养老，推动城市金融保险、医疗美容、文化娱乐、儿童教育、养老保健等优质服务向农村延伸拓展，促进农村消费提质升级。

其次，要清除抑制消费的障碍。基础设施薄弱、消费环境较差、消费金融发展滞后是抑制农村消费的关键因素。尽快补齐短板、清除障碍，这是促进释放农村消费潜力的关键所在。在基础设施建设方面，要着力完善农村流通体系，健全农产品流通网络，加快补齐冷链物流短板，强化县域乡镇商贸设施和到村物流站点建设。在消费环境优化方面，要加强消费维权宣传，加大市场监管力度，健全消费者维权机制，规范农村市场秩序，依法打击假冒伪劣、虚假宣传、价格欺诈等违法行为。在消费金融发展方面，要健全消费信用体系，鼓励金融机构创新更多个性化的农村消费信贷产品，不断提升农村消费金融服务的质量和效率。

四、构建城乡统一的大市场

城市与乡村是一个相互依存、相互融合、互促共荣的发展共同体。打破城乡分割，畅通城乡经济循环，推动城乡融合发展，这是畅通国内大循环和国内国际双循环的关键一环。在新发展格局下，要着力打通城乡商品流通的"堵点"，推动城乡要素双向自由流动，构建城乡统一的大市场和多形式的城乡发展共同体。

首先，打通城乡商品流通的"堵点"。当前，虽然阻碍城乡商品流通的主要障碍已经消除，城乡统一的商品市场已基本形成，但总体上看仍存在一些"堵点"需要尽快打通。今后重点是加强农村物流基础设施建设，完善城乡物流网络节点，强化农产品产销对接尤其是商超对接，加快推动城市商业服务网点向农村延伸，畅通农产品进城、工业品和服务下乡的渠道，进一步降低物流配送成本。

其次，推动城乡要素双向自由流动。要通过深化体制改革，着力破解阻碍城乡要素流动的各种障碍，推动城乡要素双向自由流动、平等交换，建立城乡统一的要素市场。特别是要采取积极有效的政策措施，鼓励和支持城市资本下乡，促进城市各级各类人才下乡、居民回乡和农民工返乡，多形式参与乡村振兴。当然，也应该看到，在这种人口双向流动中，农民进城仍将是不可逆转的主导趋势，应全力打通农民进城的通道，加快农业转移人口市民化进程。此外，还要深入推进农村土地征收、集体经营性建设用地入市和宅基地制度"三块地"改革，尽快建立城乡统一的建设用地市场，为最终建立城乡统一的土地市场奠定基础。

最后，构建多形式的城乡发展共同体。近年来，一些地方正在积极探索不同形式的城乡发展共同体，取得了较好的成效。下一步，要以县（市）域为切入点，按照城乡互补、互促、互利、互融的要求，积极探索城乡教育共同体、医疗卫生共同体、文化共同体、生态共同体和产业共同体等，使之成为推进城乡融合发展和一体化的重要载体。这种发展共同体既是一个利益共同体，也是一个责任共同体，它将有利于形成利益共沾、责任共担的多赢格局。在推进城市资本下乡的过程中，应鼓励龙头企业和下乡资本扎根乡村，与合作社、村集体、农民等形成利益共同体，让广大农民分享更多产业链增值收益。

参考文献

[1] 董敏、郭飞：《城市化进程中城乡收入差距的"倒U型"趋势与对策》，《当代经济研究》2011年第8期。

[2] 李二玲、覃成林：《中国南北区域经济差异研究》，《地理学与国土研究》2002年第4期。

[3] 魏后凯：《中国区域经济发展》，经济科学出版社2019年版。

[4] 魏后凯、李玏、年猛：《"十四五"时期中国城镇化战略与政策》，《中共中央党校（国家行政学院）学报》2020年第4期。

[5] 魏后凯、年猛、李玏：《"十四五"时期中国区域发展战略与政策》，《中国工业经济》2020年第5期。

[6] 余秀艳：《城市化与城乡收入差距关系——倒"U"型规律及其对中国的适用性分析》，《社会科学家》2013年第10期。

第四编

依靠改革开放畅通国民经济双循环

第十三章
挖掘超大规模居民消费潜力

在国民经济三大需求因素中，最终消费特别是居民消费最具有进一步挖掘的潜力和长期可持续性，可以产生带动出口和投资增长的乘数效应。扩大居民消费的根本在于提高居民收入，关键是保持居民收入增长与经济增长的同步性。由于不同收入水平的群体具有不同的边际消费倾向，通过提高国民收入中住户收入的份额和劳动者报酬比例，进而增加低收入群体的收入，扩大中等收入群体规模，既可以实现改善收入分配的目标，同时具有显著扩大消费的效果。然而，市场经济并不存在所谓的"涓流效应"，初次分配也不能根本改变收入分配不均等的状况。因此，缩小收入差距的最终手段在于政府实施再分配政策，通过税收、转移支付提供更高水平、更均等的基本公共服务。为达到提高人民收入水平、扩大居民消费和实现共同富裕目标的统一，在新发展阶段上，应该把实现脱贫的农村家庭、进城农民工和老年群体作为重点人群，挖掘其巨大的消费潜力，促进其尽快跨入中等收入群体行列。

良性的经济循环需要供给侧与需求侧的协同配合，促进供给能力与有效需求的相互适应性，增强出口、投资和消费三大需求因素之间的平衡性，从机制和过程保障经济增长目标的实现。内需是双循环的主引擎，在实施扩大内需战略中，居民消费需求既具有巨大的潜力，也是经济增长目的与手段的结合点，应该成为促进国民经济良性循环的关键抓手。

形成国民经济良性循环

根据国民经济恒等式，可持续的 GDP 增长和畅通的经济循环，要求以最终消费、资本形成（投资）和净出口为需求因素。从理论上讲，假设其他条件不变，人口老龄化的加深和人口增长的停滞，对所有这些需求因素都会产生不利的影响。首先，人口增量的减少甚至人口负增长，必然相应地减少消费者的增量乃至存量。同时，由于老年人口具有消费力弱的特点，人口老龄化还会对居民消费需求造成进一步的冲击。其次，人口结构变化导致的经济增长减速，分别对居民消费和资本形成两种需求因素产生负面影响，其中消费需求的减弱是收入增长速度放缓的结果，投资需求不足既是消费不足的派生影响，还受到资本报酬递减进而投资回报率下降的直接影响。最后，传统制造业比较优势的下降也导致国际竞争力的下降进而出口的减少。

我们可以通过图 13-1，把中国在 21 世纪以来的潜在增长率与 GDP 的使用构成进行一个比较。其中，潜在增长率是根据生产要素供给和生产率提高潜力做出的理论估算，GDP 使用构成系按照支出法分解的三种主要需求因素对经济增长做出的百分点贡献，合计起来即为 GDP 的实际增长率。从这个比较中可以总结以下几个含义。第一，中国经济增长减速的原因是潜在增长率的降低，亦即由供给侧的因素所导致。第二，国民经济三大需求因素均随着经济增长的减速而式微，但是，迄今为止总体上仍然支撑着潜在增长率的实现。第三，三大需求因素对经济增长的相对贡献份额发生了变化，其中最终消费需求的贡献率明显提升。

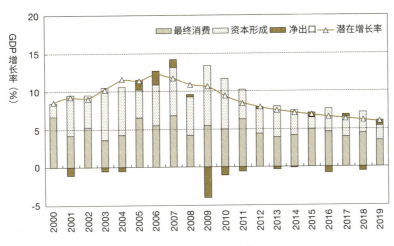

图 13-1 潜在增长率与需求侧因素

资料来源：潜在增长率数据来自 Fang Cai and Yang Lu, The End of China's Demographic Dividend: The Perspective of Potential GDP Growth, in Ross Garnaut, Fang Cai and Ligang Song, eds., China: A New Model for Growth and Development, Canberra: ANU E Press, 2013, pp. 55-74；需求数据来国国家统计局网站，https://data.stats.gov.cn/index.htm。

也就是说，在三大需求因素对经济增长贡献的百分点都发生绝对值缩小的情况下，每个需求因素的相对减弱程度因而支撑经济增长的长期可持续性，却呈现不尽相同的趋势。这个变化趋势既有理论依据，也有现实表现。最终消费最突出体现经济发展手段和目的的统一，不仅需要保持不断提升，实际中也显现出明显的扩大潜力。例如，最终消费需求对 GDP 增长的贡献率明显提高，从 2003 年仅 36.1% 提高到 2019 年的 57.8%。

前面所讨论的国民经济恒等式中最终消费、资本形成和净出口，是 GDP 产出的使用状况，所依据的是 GDP 核算的支出法结果。我们还可以观察 GDP 作为收入的分配状况。在初次分配和再分配之后，经济活动所创造的增加值分别为企业部门、广义政府部门和住户部门所取得。这三个部门提供的要素和履行的功能，对于生产活动和经济增长都是必要的，无疑都应该得到自身的收入份额。然而，三个部门获得的收入应该具有怎样的比例关系，成为关于收入分配的讨论中一个问题焦点。

从静态的比例关系上看，三个部门收入份额之间似乎具有此消彼长的性质，似乎扩大任何一个部门的收入份额都会损害其他部门的利益。但是，从国民经济的动态循环来看，任何一种分配格局都有自身的性质和含义，在必要的条件下改变既有分配格局，并不是零和博弈，可以促进或削弱经济循环。此外，三个部门的性质既不是同质的，功能也不尽相同。换句话说，在不同的发展阶段，国民总收入的收入分配格局有所差异，也会带来相应的动态后果。

在改革开放时期的很长时间里，中国经济增长遵循了典型的二元经济发展模式。由于劳动力具有无限供给的特点，居民收入的增长主要不是依靠劳动者报酬的提高，而是靠劳动参与率的提高；由于资本报酬递减现象被延迟发生，资本积累并形成投资活动成为支撑经济高速增长的关键。因此，企业获得较高的收入份额有利于资本形成，保持经济增长有足够的（供给）驱动和（需求）拉动；在这种投资驱动型且生产率提高的机会俯拾皆是的增长模式下，政府主导基础设施建设和保障产业政策优先序的职能也比较突出，政府取得较大的国民总收入份额，似乎也符合这种增长模式的逻辑。因此，在人口红利消失之前的高速增长阶段，国民收入分配格局呈现居民收入份额偏低、政府收入份额和企业收入份额较高的总体态势。

在劳动力无限供给特征加速消失、人口红利不再是经济增长主要源泉的发展阶段，随着投资回报率显著下降，企业投资需求趋于疲软，政府主导的基础设施建设需求也不像以往那样强劲；由于劳动力部门转移带来的资源重新配置效应减弱，提高全要素生产率更仰仗于充分竞争产生的优胜劣汰效应，政府实施产业政策也必须充分考虑到这种要求。因此，伴随着增长速度的减缓，之前的国民收入分配格局开始发生变化，相对于政府和企业，劳动报酬和居民收入份额趋于提高。国民经济收入分配格局的这个变化，不仅符合新发展阶段的逻辑，也是贯彻新发展理念、构建新发展格局的要求。

居民收入增长是良性循环的首要条件

经济循环各种因素之间具有内在的相关性甚至因果关系。在图 13-2 中，我们把最终消费对 GDP 增长的贡献份额、调整后可支配国民收入中住户收入份额、劳动者报酬份额，以及反映收入分配的基尼系数放在一起进行比较。从中可以看到这些指标之间具有明显的关联性。消费贡献率、住户收入份额和劳动者报酬份额总体呈现同步变化的趋势，分别在中国经济增长减速之前降到了最低点，随后在增长减速的过程中得到恢复性的提高，呈现出比较平坦的 U 字形轨迹。按照相同的轨迹但相反的方向，基尼系数表现出从最高点进入逐渐缩小的时期，呈现平坦的倒 U 字形变化轨迹。不过，在所有这些指标得到一定程度的改善之后，变化趋势便趋于更加平缓，显现出继续得到改善的后劲不足。

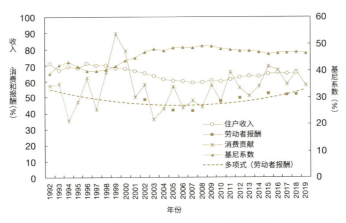

图 13-2　收入增长路径与收入分配结果

资料来源：国家统计局网站，https://data.stats.gov.cn/index.htm。

新自由主义经济学坚信所谓的"涓流效应"，即认为资本所有者或富人获得的收入，最终总是能够以"涓流"的方式惠及普通人群，也就是说，市场本身可以解决收入分配不均等的问题。然而，无论是在发达国家还是在发展中国家，事实揭示出相反的结论，标志着这种"涓流"经济学在现实中遭遇破产。也就是说，初次分配领域解决不了均等分配的问题，资本收益也不可能自然而然地转化为劳动收益，少数人致富更不能促进其他群体的收入增长。至于政府取得的收益在收入分配中能够扮演怎样的角色，也不是想当然决定的，而取决于政府遵循什么样的发展导向，着眼于履行何种职能。

从另一方面来看，劳动者报酬的提高和居民收入的增长，却可以为经济发展创造出良性循环的条件，因而产生更好的经济社会结果。从供给侧条件看，未来的经济增长越来越仰仗人力资本和全要素生产率的驱动。从需求侧条件看，未来的经济增长越来越依赖居民消费的拉动。通过初次分配和再分配，劳动者报酬和居民收入的提高，一方面可以增加家庭对人力资本的投入，提高潜在增长率；另一方面通过消费扩大产生的乘数效应，带动投资增长，满足实现潜在增长率的需求条件。

在政府职能转变和再分配职能增强的条件下，居民的收入增长以及享受基本公共服务水平的提高，可以在诸多方面产生有利于经济循环的效果。首先，低收入家庭消费支出占收入的比重远远高于高收入家庭，因此，收入分配改善可以显著增加边际消费倾向较高的低收入群体消费。其次，更高水平和更均等的基本公共服务供给，以及更完整的社会保护体系，可以解除居民消费的后顾之忧，扩大社会总消费；同时，对遭受劳动力市场冲击的劳动者及其家庭予以兜底保障，可以更好发挥创造性破坏机制，以便通过更充分的竞争提高生产率。最后，健康、医疗、教育和培训等公共服务水平的提升，有利于增进劳动者的人力资本，实现创新驱动的高质量发展。

扩大居民消费的根本在于提高居民收入，关键在于居民收入提高与经济增长保持同步。党的十九届五中全会采取定性表述为主、蕴含定量的方式确立了经济发展目标，即以人均 GDP 衡量，中国预期在 2025 年进入高收入国家的行列，在 2035 年进入中等发达国家的行列。考虑到未来一段时期中国的生产要素供给和生产率改善潜力，中国社会科学院学者做了两种情景的预测。

第一种情景假设其他条件不变，人均 GDP 年均潜在增长率在 2020—2025 年可以达到 5.33%，在 2025—2035 年可以达到 4.61%。也就是说，按照这个增长速度，预计中国实际人均 GDP 在 2025 年将达到 13852 美元，即超过世界银行定义的高收入国家门槛（大约 12000 美元），2035 年达到 21731 美元，接近于达到高收入国家三分位中间组的门槛（大约 23000 美元）。

第二种情景是在假设改革力度更大的条件下，更明显的改革红利体现为较高的潜在增长率。因此，在人均 GDP 的年均潜在增长率更高的假设下，在分别到达 2025 年和 2035 年两个时期中，中国人均 GDP 年均可以分别以 5.68% 和 4.99% 的速度增长，在两个时间点上分别达到 14129 美元和 22999 美元，意味着可以更完美地实现预期的目标。

可见，如果做到居民收入提高与经济增长同步，中国居民将在相应的时间点上达到与整体发展阶段相符的收入水平和消费水平。改革开放以来，特别是党的十八大以来，居民收入增长与 GDP 增长的同步性逐步增强。通过计算城乡居民可支配收入的年均增长率与 GDP 的年均增长率之比，将其作为居民收入增长领先 GDP 增长的程度，可以看到在 1979—1989 年、1989—1999 年、1999—2009 年以及 2009—2019 年四个十年期间，该比率分别为 0.86、0.73、1.00 和 1.08。如果在"十四五"期间乃至"十五五"期间，同步性能够保持在过去 20 年的水平，就意味着居民收入增长与 GDP 增长基本同步。

居民消费的持续扩大，既需要以居民收入不断增长为前提，还需要有合理的收入分配格局来保障。如果劳动者报酬与资本回报之间不协调、居民收入与企业收入之间不平衡、个人之间或家庭之间的就业创业机会不均等，都意味着收入分配的不均等，经济增长的蛋糕没有分好，居民消费也不能做到尽如人意。

借助表13-1，我们可以理解收入分配状况与居民消费的关系。消费能力是由收入水平决定的。高收入群体的边际消费倾向低，储蓄率高，所获得收入的很大部分必然被储蓄；低收入群体的边际消费倾向高，储蓄率较低。因此，在存在较大收入差距的条件下，社会总收入的较大部分为富裕群体获得，与此同时，相对贫困的群体却未能获得足够的收入，以充分满足自身的消费需求，并且由于社会保障水平和覆盖率也与居民收入水平具有一定的关联性，因此，低收入家庭往往还要进行预防性储蓄。结果便是居民消费受到抑制，造成总需求不足的情形。如果收入分配状况得到改善，中等收入群体比重显著提高，则会产生扩大消费需求的明显效果。

表13-1 收入分配与居民消费的关系

	消费能力	消费倾向	储蓄倾向	净效应
高收入	高	低	高	净储蓄
中等收入	中	中	中	消费储蓄合理
低收入	低	高	低	负储蓄

中国居民广泛分享改革开放发展的成果，迄今为止历经了两个阶段。第一个阶段是在劳动力无限供给的条件下，通过农业劳动力转移和就业扩大实现的。由于劳动参与率大幅度提高，经济高速增长做大的蛋糕，通过工资性收入的增加为城乡居民所分享。第二个阶段是在劳动力普遍出现短缺的条件下，普通劳动者的工资水平持续提高，并且由于劳动者

谈判地位的提高，社会保障和收入分配都得到了改善。这两个阶段的共同特点是，在劳动力市场机制作用下，主要通过初次分配使普通劳动者和家庭分享发展成果。但是，仅仅依靠劳动力市场改善收入分配的功能，既存在着局限性，还具有效应递减的趋势。

在新发展阶段上，由政府实施再分配政策，对于改善收入分配状况是必不可少的。国际比较表明，高收入国家的收入分配状况明显好于低收入和中等收入国家，即以 0.4 这一基尼系数的基准水平作为分界线，在多数情况下，前者的基尼系数显著低于这个水平，后者的基尼系数通常高于这个水平。换句话说，随着一个国家进入高收入国家行列，收入分配通常发生从不均等到更加均等的变化。其实，这里并没有什么特别的诀窍，原因完全在于高收入国家的政府实施了更大力度的再分配。例如，在 OECD 国家，政府以税收和转移支付为主要形式的再分配，把相关国家的基尼系数平均降低了 35%。

扩大中等收入群体的深层含义

党的十九届五中全会提出在"十四五"规划期间"着力提高低收入群体收入，扩大中等收入群体"的要求，并确立到 2035 年"中等收入群体显著扩大"的目标。这是从解决发展不平衡不充分问题出发，以提高人民收入水平、缩小收入分配和基本公共服务差距为导向，通过促进更加公平的发展，实现全体人民共同富裕取得更为明显的实质性进展目标的重要部署。在全面建成小康社会后，开启全面建设社会主义现代化国家新征程的新发展阶段，扩大中等收入群体是一项把发展的目的和手段有机统一的重要要求，也有助于把一系列与民生相关的改革和发展举措协同起来，同步、配套地予以推进。

中等收入群体为主体是收入分配良好的状态。党的十八大以来，居民收入保持了与国民经济的同步增长，收入分配状况得到明显改善，居民收入基尼系数从 2008 年的 0.491 降低到 2019 年的 0.465，人民生活水平显著提高，脱贫攻坚成果举世瞩目。由于率先取得抗击新冠肺炎疫情的决定性成就，2020 年中国成为全世界唯一实现正增长的主要经济体，GDP 超过 100 万亿元，城乡居民人均可支配收入总体实现了在 2010 年基础上提高一倍，并在中国大地上第一次消除绝对贫困现象，在全体人民共同富裕的道路上迈进了具有历史意义的一步。

促进全体人民共同富裕的目标没有终点，作为全面建成小康社会之后的第一个五年，"十四五"时期只是不断改善民生的一个新起点。首先，按照世界银行的分组标准，中国目前仍然处于中等偏上收入国家的行列，在"十四五"末中国人均 GDP 将达到高收入国家标准。只有居民收入实现同步提高，人民生活水平才能达到高收入国家的入门标准。其次，虽然基尼系数有所下降，但是仍然处于大于 0.4 这种收入不均等的水平，并且过去几年中基尼系数改善的幅度减小。最后，实现农村贫困人口全部脱贫之后，仍然面临着不断解决相对贫困问题的艰巨任务。针对这些挑战，党的十九届五中全会做出了一系列重大部署，其中扩大中等收入群体的要求，同时表达了实现全体人民共同富裕的目标和手段，具有重要意义和现实针对性。

从基尼系数这个度量收入均等程度指标的计算原理，可以看到扩大中等收入群体对于改善收入分配的意义。统计学家在度量收入差距时，先假设一种绝对均等的收入分配状况，即每个群体都获得相同的收入，或者说社会上每个人都获得全社会的平均收入或中位数收入（基尼系数取值为 0）；再假设一种绝对不均等的收入分配状况，即社会全部收入仅为极少数群体获得，大多数群体不能获得任何收入（基尼系数取值为 1）。现实中的收入分配状况处于这两种极端情形之间，因此基尼系数取值在 0~1 之间。

从统计意义上来看，获得社会平均水平收入的群体越庞大，全社会的收入分配就越接近于基尼系数为零的境界，收入分配状况就越均等。有的研究者利用 129 个国家的数据，发现在基尼系数与中产阶级相对规模之间，存在着高达 0.95 的负相关关系，即中等收入群体相对规模越庞大，社会收入差距越小。可见，从统计学中的众数、平均数和中位数等概念相统一的意义上，扩大中等收入群体就是改善收入分配，就是促进全体人民共同富裕的有效途径。

扩大中等收入群体是经济社会走向均衡的过程。促进全体人民共同富裕，是一个包括解决发展不平衡不充分问题、缩小城乡和区域发展及收入分配差距、改善人民生活品质等问题的内涵十分广泛的目标，需要从诸多方面着眼和着力。相应地，中等收入群体的定义也不仅限于收入水平一个指标，还应该包括其他与人民生活品质相关的内容。总体来说，中等收入群体应该具有在全社会处于中等水平的收入、稳定的就业、符合基本需要的居住条件、充分供给的基本公共服务、一定数量的家庭储蓄和适度的财产收入，并且具有超过基本生存需要的相关消费等等。按照这样的标准扩大中等收入群体规模，逐渐形成以中等收入群体为主体的橄榄形社会结构，就是一个经济社会发展均衡水平不断提高、全体人民共同富裕的过程。而且，在这个动态过程中，效率和公平之间以及经济发展和社会稳定之间，可以实现高度统一和相互促进。

首先，扩大中等收入群体是提高居民收入和消费水平的重要途径。以这种方式提高整体居民收入，意味着低收入家庭随着收入水平提高而不断进入中等收入群体行列，不仅社会收入分配状况得到改善，也会使有效消费需求得以整体提高。一般来说，低收入家庭具有更高的消费倾向，因而在收入增长的情况下，这类家庭会以较大的幅度扩大消费。因此，中等收入群体扩大的过程会促进经济循环的平衡。2018 年中国总人口、经济总量和最终消费总额的世界占比分别为 18.3%、16.4% 和 12.1%，在保持经济持续发展、居民收入增长与 GDP 增长同步以及居民消费水平不断提高的情况下，不仅人均 GDP、人均可支配收入和人均消费支出之间的平衡会得到改善，也会使总需求"三套车"即出口、投资和消费之间的关系更加平衡与合理。

其次，扩大中等收入群体是提高基本公共服务水平和均等化程度的重要途径。社会基本保险、各种社会救助、义务教育、生态环境保护、保障性住房和老年赡养与护理等一系列基本公共服务的满足程度，是人民生活品质不断得到改善的重要内容和显示性指标。一方面，随着人民生活水平的提高，对居住、环境、生态、安全等方面的需求显著提高，逐渐成为居民的刚性需求，需要增加供给和持续保障。另一方面，在经济发展和财力可持续增长的基础上筑牢社会保障网、提高基本公共服务水平和社会福利水平，可以解除消费的后顾之忧从而进一步释放居民消费潜力，促进经济循环的平衡。

最后，扩大中等收入群体是促进安定团结、提高社会凝聚力的重要途径。改革开放以来，践行以人民为中心的发展思想，中国创造了经济快速增长和社会长期稳定两大奇迹。一个重要原因在于中国改革开放发展的成果得到了最广泛的分享，从而使改革开放的方针以及国家治理方式和成效获得了最广大人民群众的高度认同。有恒产者有恒心。中等收入群体本身是共享发展成果的获益群体，该群体不断扩大的过程，同时也是提高劳动参与率和增进社会性流动的过程、贫困人口脱贫致富的过程、人民群众不断扩大劳动和其他要素收入及财产性收入的过程，以及基本公共服务保障水平和均等化程度不断提高的过程。

习近平总书记指出，共同富裕是社会主义的本质要求，是人民群众的共同期盼。我们推动经济社会发展，归根结底是要实现全体人民共同

富裕。① 党的十九届五中全会对"十四五"时期经济社会发展和 2035 年
远景目标做出的一系列重大部署，都是围绕着促进全体人民共同富裕这
一要求做出的。在新的全面建设社会主义现代化国家的发展阶段上，进
一步深化改革、扩大开放、推动经济社会发展，也需要充分体现共同富
裕这个根本目的和本质要求。下面，我们从几个方面阐释扩大中等收入
群体的重要政策举措。

在经济发展过程中不断提高居民收入水平，持续改善收入分配，促
进全体人民共同富裕，首先要做到在劳动生产率不断提高的基础上，提
高劳动者的工资水平。劳动力是一种以人为载体的特殊生产要素，因此，
工资水平不仅仅依靠劳动力市场上的供求关系决定，还要发挥最低工资、
集体协商、劳动合同等劳动力市场制度的作用。劳动力市场的初次分配
机制也不足以缩小现存的收入差距，还需要完善再分配机制、加大再分
配政策力度，利用税收、社保、转移支付等手段，合理调节收入。根据
国际经验，高收入国家的基尼系数显著低于中等收入国家，主要是通过
再分配手段调节实现的。中国正处在跨入高收入国家行列门槛的阶段，
遵循一般规律，应该逐步加大利用再分配手段缩小居民收入差距的政策
实施力度。

提高基本公共服务保障水平和均等化程度，突出再分配机制的中国
特色。尽力而为和量力而行的统一，最好地诠释了随着经济发展水平而
不断提高基本公共服务水平的中国方案。这里主要强调以下几个重要和
紧迫的基本公共服务领域。一是通过提高公共就业服务水平和效率，提
高劳动年龄人口的劳动参与率和就业率，达到扩大中等收入群体的目标。
二是提高各种社会保险制度的保障水平和覆盖率，通过社会政策托底来
保障和改善民生，在稳定劳动者和居民的基本民生和预期的前提下，营

---

① 习近平：《关于〈中共中央关于制定国民经济和社会发展第十四个五年规划和二〇三五年远景目标的
建议〉的说明》，中华人民共和国中央人民政府网 2020 年 11 月 3 日。

造创造性破坏的竞争环境，提高劳动生产率和全要素生产率，促进高质量发展。三是通过教育深化和均等化，使新一代劳动者具备符合时代要求的就业和创业能力，并能够不断更新技能，以适应新科技革命和产业结构调整的需要，更充分和更高质量地参与劳动力市场，阻断贫困代际传递，扩大中等收入群体规模。

培育新成长消费者主体

精准扶助重点人群，有针对性地解决困难群体的实际困难，既是防止脱贫人口返贫和杜绝新的贫困现象发生的需要，也是持续培育新成长中等收入群体的重要途径，进而形成居民收入与经济总量同步增长、人均可支配收入与人均 GDP 相互匹配，以及居民消费需求比重不断提高、各种需求因素动态均衡的良性经济循环。这里，我们突出阐述三个重要的群体，即脱贫后的农村低收入家庭、外出务工的农民工群体以及老年人口，帮助他们进入中等收入群体，发挥大规模消费需求潜力，是三项重要、紧迫且艰巨的任务。

第一项任务是帮助脱贫后的农村低收入群体成长为中等收入群体。党的十八大以来，中国创造了史无前例的历史性减贫成就。在 2012—2020 年共有 9899 万名农村贫困人口实现脱贫，贫困县全部摘帽，消除了区域性整体贫困。随着历史性地实现了农村贫困人口全部摆脱绝对贫困，为适应新发展阶段的任务目标，政策焦点和机制建设应及时转向三个方向。

首先，实现对低收入家庭的政策兜底，防止脱贫人口的返贫和新的贫困现象发生。如果说实施脱贫攻坚战略的做法，是在一段时间内逐步消除绝对贫困的存量，这种社会政策兜底的目标则是随时随地保证不产生绝对贫困的增量。从实施方式和机制来说，对新的绝对贫困人口进行政策兜底，可以依托于现行的最低生活保障制度。然而，从保障水平来说，需要根据中国进入的新发展阶段和已经实现脱贫的新形势，随着城乡居民收入水平的不断提高，采用更高的绝对贫困兜底标准。

党的十九大确定且已经如期打赢的脱贫攻坚战，是按照"现行标准"实现农村贫困人口全部脱贫。这个脱贫标准或通常所说的贫困线，以2011年的人均年收入2300元为基准，根据价格等因素的变化逐年有所调整，2020年大约为现价人均年收入4000元，即按照购买力平价计算每人每天约2.6美元。鉴于在不同的发展阶段收入水平、保障基本生活水平所需支出水平不尽相同，世界银行建议在低收入国家、中等偏下收入国家、中等偏上收入国家和高收入国家采用不同的绝对贫困标准，即按照购买力平价计算，分别为每人每天1.9美元、3.2美元、5.5美元和21.7美元。可见，中国用于兜底的绝对贫困标准有必要逐步提高。

其次，持续不断地解决相对贫困问题。一般来说，相对贫困标准是根据中位收入水平为基准制定，因此，建立解决相对贫困问题的长效机制，有助于尽快把已脱贫的农村人口提升到中等收入群体的行列。这里，我们可以参照OECD国家的一般做法，采用居民中位收入的50%作为相对贫困标准，观察一下中国农村居民的相对贫困状况。国家统计局数据显示，2019年农村人均可支配收入的中位数为14389元，其50%的水平即为7195元。然而，在农村住户按五等分进行的分组中，收入最低20%的农户人均可支配收入仅为4263元。由于低收入群体的平均家庭规模较大，意味着超过20%的农村人口处于这个标准下的相对贫困状态，未来仍有十分艰巨的解决相对贫困问题的任务。

最后，在双循环新发展格局下，实现巩固拓展脱贫成果与乡村振兴有效衔接。巩固脱贫成果的目标是防止返贫和新贫困现象发生，拓展脱贫成果的目标则是尽快使脱贫人口摆脱低收入水平，成为中等收入群体的组成部分。达到这两个目标的关键，是形成能够使农村家庭具有稳定收入的经营实体和就业岗位，而乡村振兴的关键领域就是产业兴旺。2019年，虽然农业劳动力仍然占到全部劳动力的 25.1%，但是，农业增加值在GDP 中的比重已经降到仅有 7.1%。因此，农村产业兴旺既要着眼于推进农业生产方式的现代化，促进第一产业、第二产业、第三产业的融合发展，也要进一步推动农业适度规模经营，把农业中的富余劳动力转移出来。此外，旨在弥补基础设施城乡差距、缩小城乡间技术和数字鸿沟的建设，也有巨大的投资和吸纳就业空间。

第二项任务是加快户籍制度改革，推进以人为核心的新型城镇化，让更多在城镇常住和稳定就业的农民工及其家庭成为市民，成长为中等收入群体。根据国家统计局调查，2019 年全国有 2.9 亿名农民工，其中 1.17亿人在户籍所在乡镇从事非农产业，1.74 亿人离开户籍所在乡镇外出就业达六个月及以上，其中有 1.35 亿人仍然居住在城镇。但是，农民工大多没有取得城镇户口，不仅尚未均等地享受城镇的基本公共服务，就业稳定性和工资水平也受到户籍身份的影响。

2019 年中国的常住人口城镇化率是 60.6%，户籍人口城镇化率仅为44.4%，两个城镇化率指标之间相差 16.2 个百分点，意味着城镇化还是一个不完整的过程，农业劳动力的转移也是不彻底的。新冠肺炎疫情进一步暴露出这一体制现状的弊端。例如，疫情被有效控制后农民工返城的难度，不仅造成农民家庭收入增长速度下降，也对城市的复工复产造成负面影响，说明大量人口的工作和常住地与户籍所在地的这种分离现象，阻碍了宏观经济的有力复苏。

这意味着，在户籍制度改革的决策权衡中，有利于加快改革的筹码分量增大，不改革或延误改革的成本愈益突显。鉴于现行户籍制度具有极大的全国范围负外部性，推进户籍制度改革则可以带来提高潜在增长率的改革红利，因此，政府特别是中央政府应承担更大的支出责任，即以中央财政为主为改革买单，推动这项紧迫的改革早见实效，既符合经济理论所揭示的逻辑，又顺应以人为核心的要求。

第三项任务是实施积极应对人口老龄化国家战略，通过提高老年人口的劳动参与率和享受社会保障的水平和均等化程度，同时满足他们对医养、康养和照护的需求，最大程度地使老年人享有中等收入水平的生活。更充分地利用老年群体的人力资源，与提高这部分人口的消费力之间具有相辅相成、互相促进的关系，需要以稳定劳动收入、增加财产性收入、提高社会保障水平为突破口，释放老年人的消费能量。

一方面，通过加大对技能培训的支持、消除就业市场上的年龄歧视，提高老年人实际劳动参与率，在稳定就业的基础上保持收入不会随着年龄增长而降低，并积累起必要的个人财产，才能确实稳定和扩大老年群体的消费能力。另一方面，完善基本社会养老保障制度，筑牢退休群体的基本生活保障网，才能消除老年人消费的后顾之忧。为了根本解决养老保障全覆盖的问题，应该增强社会养老保障制度的普惠性质，逐步做到每个人无论是否缴费，达到一定年龄后都能享有最基本的保障；在此基础上增强养老保险的积累性质，辅之以能够保值增值的基金运营机制；同时以企业年金和商业保险等多种形式作为补充养老。

参考文献

[1] 谢伏瞻主编，蔡昉，李雪松副主编：《中长期经济社会发展目标及指标研究》，《迈上新征程的中国经济社会发展》，中国社会科学出版社2020年版。

[2] 中国统计学会：《2017年轮国际比较项目完成》，国家统计局网站2020年5月19日。

第十四章

短板、新增长点与有效投资

　　在双循环新发展格局下要牢牢抓住扩大内需这个战略基点，既要强调消费对经济发展的基础性作用，全面促进消费，又要拓展投资空间，保持投资的合理增长。在新发展格局下的投资要符合高质量发展的发展理念要求，投资方向更加倾向于解决经济发展不平衡不充分的突出问题，这可以划分为"补短型投资"与"升级型投资"两类，所谓"补短型投资"是针对发展中不平衡的领域进行的投资，这类投资有助于提高国民经济运行的协调性、疏通国民经济循环的堵点，从而畅通经济循环、扩大经济循环流量，主要包括基础设施、民生事业、区域协调、生态保护等领域；所谓"升级型投资"是针对未来经济现代化发展方向进行促进经济高级化现代化的投资，旨在从国民经济循环角度提供经济循环的新动能，培育经济新增长点，从而增强经济循环动能、提高经济循环水平，重点方向包括新型基础设施建设投资和制造业高质量发展投资。新发展格局下有效投资要注意处理好投资与消费的关系、提高公共投资效率、发挥市场机制促进民间投资发展、促进国内外双向投资发展等方面的问题。

投资对于经济增长的意义毋庸多言。经济发展需要通过投资增加资本设备投入、完善基础设施建设、发展教育提高人力资本投入等，这对于发展中国家而言则尤其重要。经过改革开放 40 多年，中国人均国内生产总值已经达到 1 万美元，已经很好地解决了"双缺口理论"所揭示的投资资金投入问题。在以国内大循环为主体、国内国际双循环相互促进的新发展格局下，扩大内需是战略基点，通过供给侧结构性改革去补充短板、培育新增长动能进而畅通国内经济循环仍是经济工作的主线，投资的重点则是如何优化结构、如何补基础设施短板、如何培育经济新增长点和提高投资效率。

双循环下的投资逻辑

在宏观需求管理的框架中，内需与外需是一对最基本的关系。中国走上改革开放之路以来，以开放促改革，总体上实施了出口导向工业化战略，更多地依靠开拓外需促进经济发展。在亚洲金融危机后，1998 年中央经济工作会议首次强调扩大国内需求作为一项长期战略和宏观政策。以后在 2008 年全球金融危机、2018 年中美贸易摩擦等外需受到巨大冲击的背景下，扩大内需战略都被赋予更加重要的战略地位和结合当时背景具体化为相应的政策内涵。

2020 年在新冠肺炎疫情全球大流行背景下，中央提出的以国内大循环为主体、国内国际双循环相互促进的新发展格局，将供给侧结构性改革这个经济工作主线与扩大内需这个战略基点有机结合起来，以实现供需之间动态适配，促进经济循环，实现经济增长。而从扩大内需角度看，正确处理投资与消费之间的关系，则是宏观政策的核心议题。

改革开放以来中国经济高速增长总体上是与持续高投资率相伴随的。

中国经济增长的投资贡献率绝大多数年份都在50%以上，有些年份甚至接近70%，资本形成率绝大多数年份在35%以上，2008年全球金融危机以后，资本形成率更是连续几年超过了45%，2010年的峰值高达47%。中国这种持续多年的高投资的经济增长现象在国际上很少见到，日本在1970—1973年资本形成率曾达到35%~37%，韩国1990—1997年曾维持了一个较高资本形成率，高峰为39%。正是这个原因，高投资一直以来是中国经济快速增长的主要解释因素和先决条件，"中国经济增长为什么如此之快"这个问题大部分可以简单地回答"因为投资如此之高"。

但是，随着资本边际产量递减，这种高投资导致的经济增长往往被认为是不可持续的，是一种粗放的规模扩张性的增长模式。2000年我国的资本边际产量（MPK）为0.23，到2018年已经降低为0.13。大量文献分析了过度投资对经济结构的扭曲，以及导致了银行不良资产增加和金融系统风险积累的问题。也就是说投资驱动型的经济增长对于任何一个国家而言并不是一个合意的可持续增长模式。随着现代化进程的不断深化，工业化进入到后期，城市化进程日益深入，"三驾马车"中消费对经济增长的贡献率以及消费率都整体上呈现上升的趋势。虽然单纯提出依靠消费拉动经济增长可能还具有争议性，但消费在经济增长中占比提升是现代化经济体的一个重要表现。

随着我国步入工业化后期和城市化加速阶段，我国消费对经济增长贡献率不断提高，最终消费率从2010年的49.3%上升到2019年的55.3%。因此，逐步提高消费对经济增长的贡献率，无疑是经济增长的发展趋势，也是在形成以国内循环为主体、国内国际双循环相互促进新发展格局中的扩大内需战略的关键要求。但是，居民最终消费是收入和就业的函数，而收入和就业的增长又要取决于有效投资的增加。因此，在形成双循环新发展格局下抓住扩大内需这个战略基点，既要强调消费对经济发展的基础性作用，全面促进消费，但又要拓展投资空间，保持投资的合理增长。问题的关键在于，双循环新发展格局下畅通国内大循环我们需要什么样的投资。

这需要看中国经济的发展阶段。中国经济已经从高速增长转向高质量发展阶段，高质量发展阶段的增长更加强调符合创新发展、协调发展、绿色发展、开放发展和共享发展理念的增长，还应该处理好经济发展与经济安全之间的关系。也就是说，在新发展格局下的投资要符合高质量发展的发展理念要求，投资方向更加倾向于解决经济发展不平衡不充分的突出问题，包括增强创新能力、提高实体经济供给质量、强化生态环境保护、改善民生、缩减区域差距和收入差距、解决教育医疗等社会公共服务难题等方面。

具体可以把这些投资方向归结为两大类："补短型投资"与"升级型投资"。所谓"补短型投资"是针对发展中不平衡的领域进行的投资，以协调发展理念解决经济发展的短板问题，在形成新发展格局背景下这类投资有助于提高国民经济运行的协调性、疏通国民经济循环的堵点，从而畅通经济循环、扩大经济循环流量；所谓"升级型投资"是针对未来经济现代化发展方向进行促进经济高级化现代化的投资，以创新发展理念、实现技术创新和制度创新从而解决经济发展不充分、现代化水平有待提升的问题，在新发展格局下这类投资旨在从国民经济循环角度提供经济循环的新动能，从而增强经济循环动能、提高经济循环水平，具体可以归结为下表14-1。

表14-1 形成新发展格局的有效投资类型

	补短型投资	升级型投资
主要针对问题	经济社会发展不平衡问题，促进国民经济（供给和需求）协调性	经济社会发展不充分问题，促进国民经济（供给和需求）现代化
重点投资领域	改善民生、医疗、公共卫生、区域协调、扶贫、生态保护、基础教育等	科技创新、产业升级、新产业、新业态、新模式、职业教育和培训
经济循环目标	通过补短板深化供给侧结构性改革，畅通经济循环堵点，扩大经济循环流量	通过培育经济新增长点深化供给侧结构性改革，增强经济循环动能，提高经济循环水平
投资项目列举	有关基础设施、市政工程、农业农村、公共安全、生态环保、公共卫生、物资储备、防灾减灾、民生保障、城乡区域协调发展等领域短板项目，例如重大生态系统保护修复、公共卫生应急保障等	数字经济发展投资，符合制造业高级化、智能化、绿色化和服务化方向的设备更新和技术改造投资，战略性新兴产业投资，新型基础设施投资，新型城镇化投资，重大科研设施投资，人力资本投资等

从宏观调控看，形成新发展格局的关键内涵在于将扩大内需与供给侧结构性改革有机结合起来，也就是说仅仅满足扩大内需、促进经济短期增长意义的投资并不是构建新发展格局所要求的投资，而既能满足扩大内需要求又能够符合供给侧结构性改革方向的投资才是形成新发展格局所要求的投资。显然，"补短型投资"在能够直接通过投资实现扩大内需的同时，也满足了"三去一降一补"供给侧结构性改革的要求，而诸如新型基础设施投资这样的"升级型投资"同样在拉动大量内需的同时，也满足实现新旧动能转换、促进数字经济和战略性新兴产业发展的供给侧结构性改革的要求。

因此，在双循环新发展格局下有效投资的逻辑是"补短板"和"促升级"的结合。由于"补短型投资"和"升级型投资"都会扩大内需而带来相应的经济增长，还可以相应的进一步引申为存在两类经济增长："补短型增长"和"升级型增长"。

"补短型投资"的重点投资领域

由于初始条件、现代化路径和经济发展战略等各方面原因，中国经济发展的不平衡问题表现在多个方面，这决定了在许多领域相对于整体经济社会发展水平都存在发展的短板问题。从理论上说，可以参照发达国家的现代化路径，比较在同等发达水平下相关领域的发展水平，来确定相应的短板领域。一般而言，基于我国达到 1 万美元的人均国内生产总值的水平，可以考虑对应以一些发达国家 20 世纪七八十年代的发展水平作为一个标杆，从而寻求相应的短板领域。

但是，由于各国国情差异和现代化路径的区别，这种方法实际上只能供方向上的参考。实际上，由于我国是具有 14 亿多人口的第一人口大国，在很多发展指标的总量上，已经是全球第一，但人均指标则相应差距较大。这意味着要结合相关领域情况，要具体分析相应的短板问题，而"补短型投资"则要相对精准聚焦。从整体上看，我国基础设施、农业农村、民生保障、生态环保等领域存在短板比较突出，是"补短型投资"应该重点关注的领域，这基本上是研究界和政府部门的共识。

从基础设施看，一直以来我国基础设施建设投资都是投资的重点之一，基础设施建设投资能够占到固定资产投资的1/4左右，中国快速成长为基础设施大国，中国基建存量已居世界第一。但是，中国基建存量人均水平与发达国家存在明显差距，只相当于发达国家人均水平的20%到30%。根据国际货币基金组织（IMF）数据，2017年我国公共资本存量达到48万亿美元（以2011年不变价格计算），位列世界第一，但人均公共资本存量仅为3.5万美元，在149个经济体中居第37位。

这意味着我国基础设施短板问题仍很突出，再加之我国仍然处于经济空间大调整和城镇化大发展的时期，需要建设的城市基础设施仍然有很多，"十四五"时期城市群和都市圈战略对基础设施建设也还会有很大需求。从这个意义上，加强基础设施薄弱环节，提高公共服务水平和质量，仍是"补短型投资"的重要方向。要高度注意的是，基础设施"补短型投资"一定要提高投资精准性和有效性，一方面要考虑到项目投资乘数和全面科学评估投资项目的社会效益和社会成本，另一方面还要严格管控各地重复建设的低效或者无效项目，为国家或省级统筹基础设施建设留下空间，避免地方的无序举债所带来的过大债务压力。

从民生事业看，真正实现幼有所学、学有所教、劳有所得、病有所医、老有所养、住有所居、弱有所扶等方面的公共服务体系建设，我国还有很多短板需要修补。在"十四五"时期加快形成新发展格局下，在这个领域的"补短板"问题有以下方面因素非常值得重视。

由于新冠肺炎疫情冲击所引发对卫生健康领域投资的巨大需求增加，

相对于这种巨大需求我国在卫生健康领域的投入短板则愈加明显。围绕人民生命健康，需要医疗产业研发投入、疾病监测体系强化、卫生信息基础设施建设、公共医疗卫生系统完善、商业化医疗机构发展、康养基础设施丰富等各个方面的巨大投资，从而不断提高医疗卫生体系的弹性和韧性。

中国社会已经到了中度老龄化阶段，"十四五"期间中国 60 岁以上老年人口数量将从 2019 年的 2.53 亿上升到 3.03 亿，65 岁以上人口占比可能达到 14%。面对老龄化社会的到来，抚养比大幅上升和老龄化问题的加剧，与积极应对老龄化国家战略相适应的投资还存在巨大短板。我国老龄化水平总体上已经接近了发达国家的平均水平，但是在与应对老龄化相关的养老设施、医疗设施以及各类公共服务设施方面与发达国家相比还有较大差距。这无疑是未来民生领域补短型投资的一个重要方向。

从区域协调看，城乡之间和国内不同区域之间不平衡问题仍然比较突出。在形成新发展格局的战略部署下，针对区域协调发展的补短型投资应该包括以下两方面重点。

第一，针对中西部地区和县级以下地区的基础设施建设的补短型投资领域。总体而言，东部地区的基础设施总量、密度和人均水平均明显高于中西部地区，绝大部分的高速公路、城市轨道交通设施、高铁等都位于东部地区，而县级以下尤其是乡村的一些基础设施供给还存在短缺。这在一定程度上也体现出新型工业化与农村农业现代化发展不同步。尤其是在西南省份，基础设施建设存在诸多短板，通过补短型基建投资破除发展瓶颈制约是振兴西部的重要举措。

第二，与国家区域发展战略相关的重大生产力布局短板等方面的投资。党的十八大以来，中央提出了京津冀协同发展、长江经济带发展、东北老工业基地振兴、共建"一带一路"、粤港澳大湾区建设、长三角一体化发展、黄河流域生态保护和高质量发展等一系列区域发展战略，围绕着这些战略的推进的相应短板，相应会带动一系列关于生产力布局的重大投资，通过这些投资未来将形成优势互补、高质量发展的区域经济布局，成为新发展格局下的新区域格局。实际上与这些区域发展战略相适应的投资，既包括针对某些区域发展短板的"补短型投资"，也包括进一步推进新型城镇化建设、建设城市群和都市圈方面的推进区域升级的"升级型投资"。

从生态保护看，围绕构建国土空间开发保护新格局，围绕资源环境承载能力短板来优化重大基础设施、重大生产力和公共资源布局。这需要围绕保护基本农田和生态空间，支持生态功能区把发展重点放到保护生态环境、提供生态产品上等方面进行大量投资。另外，围绕水土气三大污染源，对生态进行系统性修复投资，坚持山水林田湖草系统治理，科学推进荒漠化、石漠化、水土流失综合治理。绿色发展的推进路径主要包括污染减排与治理、生态环境保护与修复、绿色城镇化与公共服务体系建设，以及发展绿色环保产业等各个方面，"补短型投资"主要针对污染减排与治理和生态环境保护与修复等内容。

改革开放以来，中国的低成本的快速工业化进程，在中国经济实现赶超同时，也对资源环境产生了大量的欠账。2018年中国能源消费总量达到46.4亿吨标准煤，是1980年的7.7倍；2017年工业固体废物产生量为33.2亿吨，比1990年增加了5.7倍，这种巨大的环境资源支持已经形成了对生态承载力的巨大透支，需要通过持续的大量投资对生态进行修复，这种投资与其说是绿色转型的投资，不如说是针对资源环境短板进行的生态修补性的"补短型投资"。

"升级型投资"的关键方向

新发展格局的形成需要实现更高水平的国内经济大循环，这意味着要实现更高质量、更可持续、更高效率、更加包容的经济增长。我国已经进入经济高质量发展阶段，为了构建现代化经济体系、促进经济高质量发展，对于整个经济循环而言，无论是供给侧和需求侧，还是生产、流通、分配、消费等各个环节，都面临着向高级化、智能化、绿色化等方向升级的任务。"升级型投资"就是围绕着经济现代化发展方向，旨在促进经济转型升级、提高经济增长质量和效率的投资。"补短型投资"有利于扩大经济循环流量，而"升级型投资"则有助于提升经济循环水平、实现更高水平的国内大循环。在众多投资方向中，新型基础设施投资和制造业高质量发展的投资十分关键，对于形成新发展格局具有重要的意义。

一、积极推进新型基础设施建设

新型基础设施可以包括信息基础设施，其中有以 5G、物联网、工业互联网、卫星互联网为代表的通信网络基础设施，以人工智能、云计算、区块链等为代表的新技术的基础设施，以及以数据中心、智能计算中心为代表的算力基础设施等。新型基础设施还包括智能交通基础设施、智慧能源基础设施等信息技术与传统基础设施融合的基础设施，以及重大科技基础设施、科教基础设施、产业技术创新基础设施等支撑研发的创新基础设施。

显然，这些新型基础设施建设需要巨大的投资量。例如，根据赛迪智库电子信息研究所 2020 年估计：一是 5G 领域，到 2025 年建成基本覆盖全国的 500 万到 550 万个基站，将直接拉动投资约 2.5 万亿元，而 5G 相关产业链投资高达 5 万亿元左右。二是大数据中心建设，到 2022 年将新增 220 万架机架，预计新增投资 1.5 万亿元。大数据中心将带动云计算、物联网产业快速发展，预计 2022 年会带动相关投资超 3.5 万亿元。三是人工智能基础设施建设，2025 年新增投资约为 2200 亿元，促进智慧医疗、智慧交通、智慧金融等产业快速发展，人工智能核心产业规模超过 4000

亿元。四是工业互联网领域，至 2025 年新增投资规模将超 6500 亿元，进一步带动智能制造相关投资超过万亿元。五是特高压领域，到 2025 年总投资规模将超过 5000 亿元，推动智能网络相关投资超 1.2 万亿元。六是新能源汽车充电桩，2025 年投资规模将达到 900 亿元，带动相关投资累计超 2700 亿 元。七是高速轨道交通，2025 年投资规模约 4.5 万亿元，带动相关投资累计超 5.7 万亿元。总体来说，"十四五"期间这七个新型基础设施领域可带动投资合计超过了 27 万亿元。

实际上新型基础设施建设绝非仅局限于上述七个领域。新型基础设施可以更抽象地表述为是支撑新型工业化的基础设施、支撑新型城镇化的基础设施和现代化经济体系的基础设施。

所谓新型工业化则是在传统工业化基础上叠加了信息化、数字化、网络化、智能化、绿色化等要求，是新一轮科技和工业革命的信息技术、智能技术、新能源技术等产生和应用的结果，因此，没有信息基础设施和新能源基础设施，实现新型工业化也就无从谈起。

新型城镇化的要求可以体现为建设智慧城市、绿色城市、森林城市、海绵城市、人文城市、宜居城市等一系列类型的现代化城市的要求，这些城市一方面需要布局全新的信息化、智能化、绿色化的城市基础设施，另一方面利用新一代信息技术和绿色技术与交通运输、能源水利、市政、环保、公共卫生等传统城市基础设施进行融合，对传统城市基础设施进行数字化、网络化、智能化、绿色化升级而建设形成的新基础设施，支撑新型城镇化战略，将是新型基础设施建设的一个主战场。

另外，新型基础设施还可以理解为现代化经济体系的基础设施，我国经济从高速增长转向高质量发展，相应的经济体系也需要从传统经济体系转向现代化经济体系，建设现代化经济体系是高质量发展的必然要求。现代化经济体系必然需要现代化的基础设施，信息化、智能化、绿色化都是现代化的方向和要求，因此新型基础设施是现代化的基础设施，构成了现代化经济体系的基础设施。因此，如果把新型基础设施建设广泛意义地理解为支撑新型工业化、新型城镇化的和现代化经济体系的新型基础设施建设，那么无疑需要巨大的投资量。而且，实证研究也表明，虽然中国投资乘数显著低于大部分 OECD 国家，但新型基础设施的投资乘数比较高，能够达到 OECD 大部分国家的水平，这说明了新型基建投资有别于传统基建投资，能够较快拉动经济增长。

新型基础设施建设投资的意义不仅仅在于投资需求巨大，进而有利于支撑经济增长、扩大经济循环，其更为重要的意义是促进经济升级、提高经济循环的水平。作为"升级型投资"，新型基础设施建设投资对未来实现新型工业化、新型城镇化、信息化和农业现代化的"新四化"，到 2035 年基本实现社会主义现代化具有重要意义。特别是新型基建的投资占比远低于传统基建的背景下，扩大新基建投资占比，能够促使我国经济结构转型和新旧动能转换。虽然新型基础设施建设具有双方面重要意义，但这并不意味着新型基础设施建设都应该由政府投资。

新型基础设施建设投资同样也要满足供给侧结构性改革的要求——深化市场化改革、完善市场经济体制，通过更加完善的市场体制机制这只手来推进经济结构调整和经济升级。也就是说，新型基础设施建设如果只是政府投资，试图通过政府投资来提高经济供给质量，虽然这可能会大幅度拉动投资、扩大内需，产生直接的从需求管理方面刺激经济增长的功能，但要想获得长期经济效率和经济高质量发展，基础设施建设也必须坚持优先和充分利用市场体制机制的原则。

尤其是，新型基础设施与传统基础设施具有很大区别，一方面市场前景不确定性较大，选择性产业政策的适用性不高，另一方面近些年在市场体制机制推动下这个领域已经有了很好地发展成就。因此，新型基础设施建设可以是政府投资和引导投资的重点方向，但有必要防止地方政府过多举债直接投资，新型基础设施建设投资的意义应该更多地从促进我国经济高质量发展、提高经济循环水平、构建新发展格局角度理解、认识和把握。

二、促进制造业高质量发展

中国作为世界制造业第一大国，制造业投资一直在经济发展中具有重要地位。经过工业化中期阶段制造业大发展以后，中国制造业的定位已经从支撑就业和经济增速转向为支撑中国经济创新发展和促进产业结构转型升级。但是，在三次产业中服务业占比在 2013 年超过工业占比、2015 年达到 50% 以上的背景下，中国经济总体上存在"过早去制造业化"或者"过快去制造业化"的问题，在制造业创新溢出效应和产业关联效应还没有很好地得到发挥的情况下，制造业占比和制造业投资出现了过快的下降。

中国制造业占比已经从 2011 年的 32% 快速下降到 2019 年的 27.2%，制造业投资增速也从 2011 年超过 30% 迅速下降到 2016 年的历史最低点 2.8%，经过 2017 年和 2018 年虽然显著回升至 9.5%，但 2019 年制造业投资增速出现断崖式下跌，回到了 2016 年的历史最低点。2020 年受到新冠肺炎疫情冲击，直到第三季度制造业投资数据一直是负增长。另外，虽然制造业固定资产投资规模在全国固定资产投资占比中仍具有关键地位，但 2012 年以后制造业固定资产投资占全部固定资产投资的比重逐年下降，到 2019 年已经从 44.6% 的高位回落至 39.1%。制造业固定资产投资的快速下降，也说明我国经济"脱实向虚"的结构性失衡问题比较突出。

对于中国这样一个大国而言，必须把发展经济的着力点放在实体经济上，而制造业是实体经济的核心。在形成以国内大循环为主体、国内国际双循环相互促进的新发展格局中，制造业的地位更加突出。中共中央关于"十四五"规划的建议要求坚定不移建设制造强国、质量强国、网络强国、数字中国，保持制造业比重基本稳定，巩固壮大实体经济根基，推进产业基础高级化、产业链现代化，这就决定了"十四五"期间制造业投资的方向：

一是遏制"去制造业化"的"脱实向虚"趋势，通过重视制造业投资保持制造业比重基本稳定。二是针对新冠肺炎疫情对我国产业链供应链的冲击及产业安全问题，制造业投资要突出坚持自主可控、安全高效原则，推动全产业链优化升级和提高全球价值链控制力，推动产业链供应链多元化，同时还要加强国际产业安全合作。三是发展战略性新兴产业，加快壮大新一代信息技术、生物技术、新能源、新材料、高端装备、新能源汽车、绿色环保以及航空航天、海洋装备等产业。推动互联网、大数据、人工智能等同各产业深度融合，推动先进制造业集群发展，培育新技术、新产品、新业态、新模式。促进平台经济、共享经济健康发展。四是推动传统产业高端化、智能化、绿色化，发展服务型制造业。五是针对产业基础能力薄弱问题等实施产业基础再造工程、完善国家质量基础设施、优化产业链供应链发展环境，加大重要产品和关键核心技术攻关的投资支持力量。六是针对我国经济区域协调问题，从区域布局角度提出促进产业在国内有序转移，优化区域产业链布局，支持老工业基地转型发展。

相对于基础设施建设投资而言，制造业投资更多是民营资本和企业自主决策，制造业投资提升在很大程度上反映我国经济内生动能的加强。制造业企业中民营企业占比比较大，近些年民营企业制造业投资占全部制造业投资的比重超过85％，民营资本是投资的中坚力量。实际上，2019年制造业投资下降，民营企业投资下滑是拖累全社会制造业投资下滑的主要因素。

制造业投资与基建投资、房地产投资相比而言，市场化程度最高，也就是制造业投资基本都是微观企业主体在综合考虑融资成本、投资回报和需求预期等因素后，决定是否进行资本投入。而基建投资和房地产投资受政府管制和政策影响程度相对要高，因此，政府促进制造业投资的关键是围绕制造业的发展创造一个有利于制造业高质量发展的良好环境，不断完善制造业创新的生态系统，降低制造业发展的成本，提高制造业投资回报。尤其是要在体制机制上扭转"脱实向虚"的经济结构失衡的趋势，推动金融、房地产同制造业均衡发展，实现上下游、产供销有效衔接，促进农业、制造业、服务业、能源资源等产业门类关系协调。

除此之外，政府可以在制造业的产业基础高级化方面发挥社会主义市场经济条件的新型举国体制的优势，再造产业基础，尤其是针对"卡脖子"的核心的基础零部件和元器件、关键的基础材料、重要的基础工艺、行业共性基础技术等内容进行攻关和投资，从而为制造业高质量发展奠定一个好的产业基础。

扩大有效投资政策着力点

直观地说，有效投资是指具有效率的投资，如何衡量投资的效率呢？根据新古典投资理论，当企业投资的边际成本等于边际价值时，企业投资效率最优。对于政府公共投资，这里的边际价值是指社会价值，公共投资效率最优点是边际成本等于社会价值。有效的投资既要避免投资规模低于最优点而造成投资不足、无法发挥投资的作用，又要防止投资规模高于最优点而形成投资过度、造成极大浪费。但是，实际上判断一项投资是否是有效投资，由于投资周期长、评价标准不确定和多重性等原因，往往十分复杂和困难。因此，在扩大有效投资方面要注意以下问题。

一是要正确处理投资与消费的关系。基于传统的经济增长理论，投资对经济增长具有决定性的作用，哈罗德 - 多马模型所证明的就是储蓄、投资对经济增长的意义。实际上在一个国家的经济起飞阶段，投资和资金对经济增长有决定性作用。但是，投资增加意味着当前消费的减少，如果说牺牲当前消费追加的投资无法在未来形成更多的产出，这种投资是无效的，经济增长也就不可持续。与投资需求相比，消费需求属于最终需求，消费拉动的经济增长是具有市场保证的可靠的经济增长。中国经济早已越过了依靠投资驱动的大推进阶段，消费对经济发展的基础性作用更加凸显，要顺应消费升级趋势，提升传统消费，培育新型消费，适当增加公共消费，促进中国经济增长模式从投资驱动主导转向消费拉动主导。

从根本上说，形成以国内大循环为主体、国内国际双循环相互促进的新发展格局，扩大内需仍需要投资，但投资应该是聚焦到"补短型投资"和"升级型投资"的有效投资。也即是说扩大内需的投资一定和供给侧结构性改革结合起来，形成适应消费转型升级需要的有效投资，通过投资能够优化供给结构、改善供给质量，提升供给体系对国内需求的适配性，以创新驱动、高质量供给引领和创造新需求。实际上，从供给侧看，依靠有效投资驱动经济增长、从投资驱动主导转向消费拉动主导的核心问题是如何将经济增长从要素驱动转向创新驱动。中国经济进入新常态以后，中国经济需要实现从资本、劳动力要素数量投入驱动转向以依靠创新提高全要素生产率的经济动能转换，将中国经济增长建立在全要素生产率提升这个可持续发展的基础上。

二是要注重提高公共投资效率。由于公共投资缺少市场的竞争约束，需要更加强调提高公共投资的效率。衡量公共投资效率需要从多维度综合视角进行判断，一个公共投资项目具有理想的投资效率，应该满足两方面要求。一方面，最大化投资的乘数效应和最小化投资的挤出效应，能够对私人投资发挥很好的带动作用，这意味着公共投资的有效性不能仅仅看这个项目本身的投资回报率；另一方面，最大限度地实现投资的社会综合价值，这意味着公共投资的评价不仅仅包括经济增长目标，在经济增长目标之外，公共投资还应考虑社会目标和社会价值，有利于促进社会公平和兼顾社会各方面利益。尤其是要注意考虑到生态要求，政府投资应当具有生态价值，有利于环境改善和生态保护。同时，公共投资还要重视促进空间布局的优化和要素的聚集，这要求公共投资要注意对完善基础设施建设，促进城镇化、城市群和都市圈的发展等发挥重要作用。

总之，公共投资要根据社会成本和社会价值来评判投资效率。在公共投资仍存在巨大需求的情况下，要找准公共投资领域中的短板和经济升级的关键领域，精准投资，为防止杠杆率和金融风险过度上升，要处理好中央和地方的关系、当前和长远的关系，合理划分中央和地方事权，对于地方政府的公共投资冲动要注意加以引导和规范，通过补短板扩大当前有效投资，防止造成产能过剩、重复建设、库存增加、杠杆扩大、成本高企等问题，通过"升级型投资"加快传统产业升级改造，积极培育发展新动能。

三是充分发挥市场体制机制促进民间投资发展。要充分发挥市场决定性作用、能够由市场解决的交由市场解决，而政府要为企业等社会主体创造良好的投资环境。一方面要通过完善市场环境激发民间投资的需求。应推进供给侧结构性改革，改善民间投资环境，进一步放宽民间投资领域，不断完善要素市场化配置体制机制，深化科技创新体制改革、教育体制改革、户籍制度改革、城乡土地制度改革、投融资体制改革、收入分配体制改革、医疗体制改革等，激励劳动、资本、土地、技术、数据等各类要素资源优化再配置。要培育和维护公平的市场竞争环境，切实保护民间投资的合法权益，进一步推进"放管服"，提高行政服务效率，减轻企业负担。

另一方面要完善公共投融资体系，拓宽民间投资渠道。这要求创新投融资机制，探索建立基础设施投资基金，推进市场化运作，用好地方政府专项债券。尤其是在地方土地财政收紧、融资受限，以及防范地方政府债务风险的压力下，要坚持多渠道筹措资金，合理安排地方政府专项债券规模，增加合法合规PPP项目，撬动社会资本进入补短板的重大项目。既要通过间接融资，发挥信贷支持基建的作用，也要加强直接融资，通过股票、债券等资本市场工具来支持"补短型投资"和"升级型投资"的资金需求。加大"补短型投资"本身也是投资环境改善的要求，一旦发展短板补齐，投资环境也会相应改善，对促进经济增长、增加就业、提高居民收入水平等也将起到非常重要的促进作用。另外，让社会资本参与到基础设施、公共设施、公益事业等方面十分重要，其意义不仅仅促进了公共产品投入，而公共产品丰富还能进一步激励民间投资者投资产业的热情，从而进一步加大"升级型投资"，有效促进产业创新发展，从而形成良性互动效果，促进经济社会更加健康、有序、平衡、可持续发展。

四是以双循环促进国内国际双向投资发展。加快形成以国内大循环为主体、国内国际双循环相互促进的新发展格局，需要扩大内循环、更好发挥内循环对外循环的拉动作用，同时以外循环促进内循环水平提升。其中，促进国内国际双向投资是连接国内外两个循环的关键手段。在全球外商直接投资持续低迷，特别是受新冠肺炎疫情影响下 2020 年全球外商直接投资大幅减少，根据联合国贸易和发展会议发布的《2020 年世界投资报告》预测，2020 年全球外商直接投资将急剧减少 40%，达到近 20 年来的最低水平。

在这种背景下，一方面，我国要加快打造市场化法治化国际化营商环境，完善外商在华投资的法治环境，进一步完善"负面清单"制度，加强知识产权保护，提升投资信心，吸引高科技投资，把自贸区、自贸港打造成为吸引外资的新高地。另一方面，继续推进中国企业"走出去"进行海外投资，这也是我国形成双循环新发展格局的重要组成部分。这要求要继续推动"一带一路"建设，促进"一带一路"多边化发展，加大与世界银行、国际货币基金组织、世界贸易组织等国际组织的合作力度，鼓励和支持中小企业参与"一带一路"建设等，政府、企业与第三方服务机构要携手做好对外投资的风险管理。2020 年 11 月 15 日，东盟十国以及中国、日本、韩国、澳大利亚、新西兰 15 个国家，正式签署区域全面经济伙伴关系协定（RCEP），标志着全球规模最大的自由贸易协定正式达成。2020 年 12 月 30 日中欧领导人共同宣布如期完成中欧投资协定谈判。这将推进中国高水平的对外开放，十分有利于扩大国内国际双向投资，从而对中国经济高质量发展发挥重要作用。

参考文献

［1］巴里·诺顿：《中国经济：转型与增长》，安佳译，上海人民出版社2010年版。

［2］黄群慧：《从高质量发展看新型基础设施建设》，《学习时报》2020年3月18日。

［3］黄群慧：《百年目标视域下的中国工业化进程》，《经济研究》2019年第10期。

［4］姜卫民、范金、张晓兰：《中国"新基建"：投资乘数及其效应研究》，《南京社会科学》2020年第4期。

［5］刘世锦：《补短型增长与升级型增长》，《比较》2020年第4辑。

［6］汪红驹：《当前增加有效投资的重点是补短板》，《中国发展观察》2018年17期。

［7］王辉耀：《加大双向投资 推动构建新发展格局》，《北京青年报》2020年12月13日。

［8］王一鸣：《中国的绿色转型：进程和展望》，《中国经济报告》2019年第6期。

［9］吴敬琏：《中国增长模式抉择（增订版）》，上海远东出版社2011年版。

［10］徐林：《深化改革防止跌入"扩大内需陷阱"》，《比较》2020年第4辑。

［11］中国社会科学院经济研究所：《中国经济报告（2020）——大变局下的经济高质量发展》，中国社会科学出版社2020年版。

第十五章

扩大开放与促进经济良性循环

　　构建以国内大循环为主体、国内国际双循环相互促进的新发展格局，是以习近平同志为核心的党中央顺应新时代要求所做出的重大战略。构建新发展格局，首要的是不断夯实和提升国内大循环的主体地位。但是，强调国内大循环的主体地位，绝不是关起门来封闭运行，而是要通过发挥内需潜力，加快推进规则、标准等为主要内容的制度型开放，使国内市场和国际市场更好联通，更好利用国际国内两个市场、两种资源，统筹开放与安全，实现更加强劲、可持续的发展。本章将从在国内构建国际大市场、制度型开放与双循环、高水平对外开放与国际循环、实行对外开放与安全的协调统一等四个角度，论述新发展格局的特征，即在更高质量、更趋平衡、更加主动、更为安全的开放中，更好地利用两个市场、两种资源畅通国内国际经济循环，并不断为国内大循环注入新的动力。针对上述不同角度的分析，本章均介绍了与之相关的经济学概念、含义，如资源配置、规模经济、制度性交易成本和不确定性等，进而在指出我国上述方面尚存不足或问题的基础上，提出了扩大开放，促进经济良性循环的具体建议。

新发展格局，是以习近平同志为核心的党中央立足新时代，顺应经济发展规律，对"十四五"和未来更长时期我国经济发展战略、路径作出的重大调整完善，具有深刻的经济学含义。本章立足经济学相关概念和原理，不仅对新发展格局的基本内涵，即在国内构建国际大市场、制度型开放与双循环、高水平对外开放与国际循环、实行对外开放与安全的协调统一四个方面，进行了深入阐释；还针对我国在相关方面存在的不足，提出了有针对性的政策建议。

在国内构建国际大市场

构建新发展格局，首要的是不断夯实和提升国内大循环的主体地位。习近平总书记多次强调："中国将秉持开放、合作、团结、共赢的信念，坚定不移全面扩大开放，将更有效率地实现内外市场联通、要素资源共享，让中国市场成为世界的市场、共享的市场、大家的市场。"[①]

一、在国内构建国际大市场的经济学含义

扩大市场可以优化资源配置。随着全球化尤其是经济全球化的迅猛发展，国内市场向统一的共同市场延伸，市场规模会不断扩大，市场聚集效应和市场效率也会越来越高。一方面，共同市场上的竞争更加激烈、优胜劣汰，而那些在竞争中生存下来的具有优势的企业，可以通过使用失败企业的生产要素或市场资源，实现更为有效的资源配置，进一步扩大生产规模，从而获得规模经济和更有效率的资源配置；另一方面，激烈的市场竞争和由此实现的规模经济，可以进一步降低企业生产的成本

---

① 习近平：《在第三届中国国际进口博览会开幕式上的主旨演讲》，人民出版社 2020 年版。

和销售价格，从而使消费者的实际购买力增强，并提高他们的实际生活水平。即使消费者保持原有的储蓄习惯或方式，降低的消费成本必然会带来储蓄的增加。根据储蓄投资恒等式，我们知道，扩大市场会最终促进投资的增加。不仅如此，统一市场还有助于更好地应对供求变化及价格波动。扩大市场通过竞争机制和价格机制可以带来经济效益，与西托夫斯基和德纽针对欧洲共同市场提出的大市场理论是一致的。

整体而言，加入国际大市场的经济体都能获得福利收益。在市场分割状态下，各经济体在内部所达到的"局部最优"，显然是要劣于国际统一大市场下的"整体最优"。因此，大多数经济体都可以通过加入国际大市场，在更广的范围进行分工协作，并据此来分享日益扩大的国际经贸合作所带来的规模经济效益。正如《共产党宣言》所指出的："大工业建立了由美洲的发现所准备好的世界市场。世界市场使商业、航海业和陆路交通得到了巨大的发展。这种发展又反过来促进了工业的扩展。"

二、我国已经具备构建国际大市场的条件

我国已经具备了在国内构建国际大市场的基础。首先，我国有 14 亿多人口，人均国内生产总值已达到 1 万美元，消费率与世界平均水平的差距在 15 个百分点以上，中等收入群体规模持续壮大，未来消费增长动力强劲。其次，我国拥有超过 1.2 亿户市场主体，是全球唯一拥有联合国产业分类目录中所有工业门类的国家，拥有 39 个工业大类、525 个小类工业品生产体系，综合制造能力全球领先，200 多种工业品产量居世界第一；2019 年粮食总产量 6.6 亿吨，是世界第一大产粮国；2019 年全球 494 家"独角兽"企业中，中国有 206 家，位居世界第一。

从国际经贸格局来看，我国也具备了构建国际大市场的条件。首先，对外贸易方面，我国自 2009 年成为全球货物贸易第一大出口国和第二大进口国之后，只用了 4 年就超越美国成为全球货物贸易第一大国。不仅

如此，2014 年开始，我国还成为全球服务进出口第二大国。其次，利用外资方面，截至 2019 年，我国已连续三年成为全球第二大外资流入国，连续 28 年成为外资流入最多的发展中经济体。对外投资方面，2018 年，我国成为对外直接投资存量全球第三大国，对外直接投资流量全球第二大国，全球 80% 以上国家和地区都有我国的投资。此外，中国对高质量产品与服务的消费能力增长迅速。

从长远看，我国巨大的市场拉动效应将不断显现。相比美、欧等国家或地区，我国经济率先从新冠肺炎疫情中复苏。伴随国内经济向着加快形成新发展格局目标迈进，我国将继续积极扩大重要设备和关键零部件等进口，同时对于大宗商品和能源的需求也比较大，预计未来（2020 年—2030 年）进口 22 万亿美元，中国超大市场规模对全球需求的外溢效应将明显上升。

三、构建国际大市场中存在的不足之处

尽管多年前我们就认识到建设国际大市场的重要性，如党的十八届三中全会提出要建设统一、开放、竞争、有序的市场体系，后来一些重要的经济工作会议等，也都讲到要充分发挥超大规模市场的优势。但目前，我国在构建国际大市场方面仍存在一些问题。

首先，存在一些机制和要素流动壁垒。我国的主要矛盾是人民日益增长的美好生活需要和不平衡不充分的发展之间的矛盾，发展的不平衡不充分表现在多个方面：从国民收入分配结构上看，居民收入基尼系数仍然偏高；从城乡结构上看，城乡差距依然过大；从地区和区域结构上看，区域发展不平衡问题突出，近些年来又表现出"南强北弱"的特点；从国内市场的统一性来看，还存在地方保护主义和市场分割现象，市场竞争还不充分，资源配置效率需进一步提高；从产业结构和技术水平看，仍拥有数量众多需要技术转型和升级的传统制造业企业，以及大量仍采

取传统农业生产方式的小农户。

其次，开放型经济的发展水平还有提升空间。我国关税距发达国家的平均水平还有差距，平均关税更是发达国家的一倍以上。而且，服务贸易自由化水平整体较低，在知识产权保护方面有待提升，同时还需要尽早加入政府采购协议。在营商环境和市场准入方面，国内规则和法律法规尚不完善，与国际接轨的程度也不高。

四、在国内构建国际大市场的政策举措

依托国内超大规模市场构建的国际大市场，是新时期我国的比较优势甚至是绝对优势，是参与全球竞争的新战略资源，也是当前全球化战略转型和发展创新经济的基础和前提。这一国际大市场不仅要求市场在地理空间上的统一，更要求市场规则的内在统一，消除各种壁垒障碍；市场开放也不只是对外开放，也包括对内开放，即区域之间、部门之间的相互开放，能够形成跨部门、行业、区域的商品与要素资源自由流动的国际大市场体系；不仅如此，这一国际大市场还应为各类市场主体提供法制、公平、竞争的市场环境。为此需要：

第一，更好发挥消费拉动经济的基础性作用。不断创造适应新需求的有效供给，推出更多符合国内消费者需求的各种档次的商品和服务；要加快建设体现效率、促进公平的收入分配体系，健全以税收、社会保障、转移支付等为主要手段的再分配调节机制；要全面推动投资需求，围绕重点产业链、龙头企业、重大投资项目，着力推动新型基础设施、新型城镇化和交通、水利等重大工程的"两新一重"建设，形成大规模的投资需求。

第二，全面提升供给体系对国内外需求的适配性。顺应迈入高收入国家行列、中等收入人群规模持续扩大的趋势，聚焦人民群众未被满足的基本需要和尚待激发的潜在需要，同步推动供给和需求双侧的结构性

改革，通过新消费引领新供给和塑造新市场；要打破阻碍国内外供求匹配的市场壁垒，盘活全球范围的市场有效供给，提供更多高性价比的商品和服务，更好支撑消费结构和品质双升级，倒逼供给结构与质量大幅提升。

第三，加快从商品和要素流动型开放向规则等制度型开放转变，对标国际营商规则、打通国内外统一大市场的阻点和堵点，构建开放型经济新体制，只有这样才能打造具有全球影响力的国际大市场。

高水平对外开放与国际循环

习近平总书记多次强调，以国内大循环为主体，绝不是关起门来封闭运行。推动形成以国内大循环为主体、国内国际双循环相互促进的新发展格局，目的是通过发挥内需潜力，使国内市场和国际市场更好联通，更好利用国际国内两个市场、两种资源，实现更加强劲可持续的发展。因此，以国内大循环为主体、国内国际双循环相互促进的新发展格局，本质上是一种高水平的开放发展新格局。

一、高水平对外开放与国际循环的经济学含义

无论是发展中国家，还是发达国家，通过国际贸易、投资和其他经济合作方式对外开放，对其自身的发展均有重要意义。从经济理论上看，亚当·斯密的绝对优势理论提出，贸易双方各自生产并交换自身具有绝对优势的产品，可以为双方带来收益，因为专业化生产能提高生产效率，同时贸易还能有效扩大市场规模。之后，大卫·李嘉图的比较优势理论进一步提出，即使贸易一方缺乏具有绝对优势的产品，贸易双方各自生产并交换自身仅具有比较优势的产品，同样可以为双方带来收益。赫克

歇尔和俄林的要素禀赋理论则从要素相对丰裕的角度，探讨了比较优势的来源，提出贸易双方应专业化生产并交换密集使用本国丰裕要素的产品。

按照上述理论，类似中国这样劳动力丰裕，但资金、技术和其他自然资源稀缺的国家，参与国际循环的方式，大致上是通过把本国作为加工制造生产装配平台的方式参与国际循环。在国内市场没有发展起来的情况下，利用这种方式参与国际循环，其后果必然是"两头在外"，即原材料和产成品的市场都不能控制在自己手上。因此，在产业链中处于从属性和依附性地位，规模可能会发展得比较庞大，但是缺乏控制力。

推动更高水平的对外开放，强调以国内市场驱动经济发展。随着我国经济发展水平的迅速提升，我国的比较优势已经发生了重大的改变，过去开放战略的基本条件和环境已经发生了根本性的变化。以国内市场驱动经济发展，同样具有坚实的理论基础。比如，以克鲁格曼为代表的新贸易理论提出的本地市场效应[1]概念。克鲁格曼认为，由于规模报酬递增和运输成本，商品生产有到离市场近的区位进行集聚的动机。在一个地区进行集聚，规模经济就得以实现，形成大的市场。对于存在规模经济的产业，往往可以在出口贸易中具有优势；那么，一国或地区就有可能成为该产业的净出口国，庞大的国内市场可能成为国际贸易优势的来源。

二、我国高水平对外开放存在的不足

我国目前的对外开放水平、领域等与适应错综复杂外部环境变化、培育国际竞争合作新优势、助力我国经济高质量发展的需要相比，还存在着差距。

第一，服务贸易开放程度还有待提升。我国服务贸易发展总体水平不

---

[1]　也称母国市场效应。

高，长期保持服务贸易逆差（2019 年逆差规模有所缩小），全球市场份额仍有较大提升空间。具体而言，首先，作为服务贸易基础的我国服务业对外开放程度仍然不高。经济合作发展组织（OECD）每年发布的各国服务贸易限制指数（STRI）[①] 是国际上评价一个国家服务业开放程度高低的主要标杆。2020 年的服务贸易限制指数显示，我国在物流、仓储、电信和交通等大多数服务门类的得分仍然显著高于 OECD 国家的平均得分。其次，知识密集型服务贸易发展滞后。我国服务贸易优势主要集中在人力资源密集型行业，而知识产权、信息技术、文化娱乐、养老、保险、金融及其他商务服务等知识密集型服务的出口占比，美国、英国达 60% 以上，远远高于我国 34.7% 的水平。最后，高技术和关键领域对国外依赖性较强。比如，2019 年我国支付知识产权使用费 343.8 亿美元。

第二，外资准入开放水平还存在差距。OECD 每年公布的各国外资限制性指数是国际上评价一个国家投资领域开放程度高低的主要标杆。从国际经验来看，除军工、公共服务、能源、稀有矿产、教育、法律等涉及国家安全、战略领域的行业外，大部分国家均具有较高对外开放水平，且国内市场竞争较为充分。而我国在对外开放的过程中，部分行业（如金融等）对外开放限制较多，行政干涉力度较强，市场竞争不充分，整体对外开放程度不高（表 15-1）。2018 年以后，虽然我国推出了一系列扩大投资准入的开放举措，比如，我国先后设立了 21 个自贸试验区；此外，我国对外商投资管理体制进行重大改革，将过去外商投资审批制改为非限制行业备案制，外资企业设立程序、时间得到大幅缩减，"准入前国民待遇＋负面清单"的外资管理模式将进一步在全国实施；而且，2018 年海南自由贸易港设立，在关税、货物审批、税收以及离岸金融方面开放力度，较自贸区进一步扩大；但是 2019 年我国外资限制指数值仍

---

① 服务贸易限制指数反映的是经济体服务贸易受限制程度 / 开放程度，取值范围从 0 到 100，其中 0 表示完全开放，100 表示完全封闭。

为 0.244，是 OECD 国家平均水平的 3.8 倍，比巴西、印度、俄罗斯、南非、埃及、越南都要高得多。在吸引外商直接投资能力方面，美国明显比我国有优势。从对外直接投资的角度来看，美国长期以来维持世界第一投资大国的地位，从对外直接投资的存量来看，当前我国相较于美国而言也有较大差距。

表 15-1　我国与主要发达国家外资限制性指数情况

	2010	2011	2012	2013	2014	2015	2016	2017	2018	2019
中国	0.435	0.435	0.431	0.431	0.431	0.393	0.343	0.326	0.260	0.244
美国	0.089	0.089	0.089	0.089	0.089	0.089	0.089	0.089	0.089	0.089
英国	0.040	0.040	0.040	0.040	0.040	0.040	0.040	0.040	0.040	0.040
德国	0.023	0.023	0.023	0.023	0.023	0.023	0.023	0.023	0.023	0.023
日本	0.052	0.052	0.052	0.052	0.052	0.052	0.052	0.052	0.052	0.052
法国	0.045	0.045	0.045	0.045	0.045	0.045	0.045	0.045	0.045	0.045
OECD 平均	0.066	0.065	0.065	0.064	0.064	0.064	0.064	0.064	0.064	0.064

资料来源：OECD。

三、以高水平对外开放参与国际循环的政策建议

我国经济快速发展是在开放条件下取得的，未来我国经济高质量发展也必将在更加开放的条件下实现，主动推进更高水平对外开放，需要我们：

第一，秉持包容互惠原则，坚持多边贸易体制的核心价值和基本原则，促进贸易和投资自由化便利化，以自身开放来促进世界各国相互开放、共同开放，同世界经济形成更加紧密联系，为其他国家提供更加广阔的市场机会，成为吸引国际商品和要素资源的巨大引力场，推动经济全球化朝更加开放、包容、普惠、平衡、共赢的方向发展。

第二，通过建设高水平的开发区、自贸区、自贸港、保税区等，从制度、技术、规则上打通国内循环与国际循环相互融合、相互促进的痛点和堵点，

开创面向更多国家的国际大循环。

第三，探索更精简的服务业开放负面清单；进一步完善服务贸易管理体制和政策体系，创新发展模式与监管模式；提升服务贸易自由化与便利化水平；推动重点服务贸易领域对外开放，逐步消除金融、运输、医疗、服务等领域的贸易壁垒；在多边、双边自贸谈判中进一步增加服务贸易内容，以扩大服务贸易开放为重点推进多边、双边自由贸易进程，建立以负面清单模式进行服务贸易谈判的机制。

第四，允许外资控股或独资经营，吸引更多全球产业链相关企业落户中国、加入区域产业链集群，吸引外资更多投向先进制造业，鼓励跨国公司在华设立研发中心等高端服务机构，促进国外高端产业向内延伸和跨境融合，加快大幅缩减负面清单步伐，推动现代服务业、先进制造业、现代农业等高端产业的全方位对外开放。

第五，要推动优势企业以核心技术、创新能力、自主知名品牌、营销网络等为依托，带动技术、标准、产品和服务"走出去"，拓展供应链协同的广度和深度，建立健全全球研发、生产和营销体系，提升企业国际化布局和运营能力。

第六，积极参与WTO改革，推动构建新的全球经济治理体系，促进经济全球化朝着开放、包容、普惠、平衡、共赢的方向发展。加快完成区域全面经济伙伴关系协定（RCEP）、中日韩自贸区谈判、中欧等多双边投资协定谈判，促进区域开放合作和双循环格局的构建。

制度型开放与双循环

习近平总书记多次强调："要优化升级生产、分配、流通、消费体系，深化对内经济联系、增加经济纵深，增强畅通国内大循环和联通国内国际双循环的功能，加快推进规则标准等制度型开放。"①

一、制度型开放与双循环的经济学含义

开放带来的竞争与合作，对于更好地实现以国内大循环为主体，保持内循环机体的活力和竞争力至关重要。一方面，参与国际循环可以在促进国际需求的同时刺激国内生产，使得国内循环更加畅通且充满活力；参与国际循环还可以更好地参与国际分工、拓展国际市场，加速资本积累、增加利润，获得国际市场的规模经济效益。另一方面，参与国际循环，更会导致竞争更为激烈，迫使企业为了生存发展而提高生产率和国际竞争力，促进国内产业链和价值链在国际经济体系中实现不断攀升，成为全球创新链、产业链、供应链必不可少的组成部分，并增强不可替代性。

国内大循环也为国际大循环提供了新的发展机遇。在世界经济持续低迷、经济全球化出现逆潮、全球产业链供应链循环受阻的困境下，国内大循环在助力国内经济增长的同时，也将成为拉动世界经济增长的重要力量，实现中国与世界双赢。一方面，中国具有市场规模庞大的优势，国内需求种类全面，数字经济发展进一步激发了新消费需求，国内市场潜力广阔，国内大循环通过需求侧将为形成更加强大的国际大循环提供助力。另一方面，中国是全世界唯一拥有联合国产业分类中全部工业门类的国家，是世界市场不可或缺的商品和服务供给者。畅通国内大循环，能够为世界提供更多高质量供给，成为稳定全球产业链、供应链的中坚力量，通过供给侧助力国际大循环。

国内国际双循环能否相互促进，关键在于国内外制度能否有机衔接、良性互动。在新发展格局中，国内大循环与国际大循环绝非相互分离，但也并非完全步调一致，两者有时相互促进，有时又会此消彼长。在国

---

① 习近平：《在深圳经济特区建立 40 周年庆祝大会上的讲话》，人民出版社 2020 年版。

内外制度能有机衔接、良性互动的情况下，国际大循环完全可以实现国内大循环的扩大发展；但是，在国内外制度存在较大差异的时候，国际大循环也可能成为国家内生动力产生的阻碍因素。

市场开放是国际经贸合作的逻辑基础，而影响和推动深层次多双边经贸合作的，就是相关的制度型开放。理解制度型开放为什么重要，首先要了解交易成本这个经济学概念。交易成本（或称交易费用）是科斯1937年在《企业的性质》一文中提出的，指完成一笔交易时，交易双方在买卖前后所产生的各种与此交易相关的成本。其次要了解制度性交易成本这个经济学概念。制度是人类社会形成后逐渐形成的，是经济发展和社会进步的重要基础。与交易成本一样，制度成本也是客观存在的一种社会事实。制度性交易成本是企业在运转过程中因遵循政府制定的各种制度、规章、政策而需要付出的成本，是由于体制机制问题而造成的经济、时间和机会等各种成本。很显然，开展国际经营的企业，除了必须支付国内政府制定的与国际经营相关的各种制度性交易成本外，还必须支付国外政府制定的与国际经营相关的各种制度性交易成本。全球贸易和经济活动的复苏，依赖一个交易成本更低的国际合作环境。

二、我国制度型开放的不足之处

近年来，国际经贸规则更加注重促进制度型开放，即通过贸易投资便利化、优化营商环境、加强知识产权保护等促进对外开放水平不断提升。目前，我国在制度型开放方面仍有一些不足，还不能很好地适应新时代、新要求。

第一，距国际高标准经贸规则还有不小差距。2018年以来，全球范围内先后有《全面与进步跨太平洋伙伴关系协定》《日本—欧盟经济伙伴关系协定》《美墨加三国协议》等超大型自贸协定签署。这些协定具有全方位、多元化、高标准等特点，凸显了原产地规则、知识产权保护、服务业开放、数字贸易、环保劳动、竞争政策和国有企业等方面的变革趋势，超过了我国对外商签经贸协议的水平。

第二，营商环境部分指标国际排名还比较靠后。世界银行《全球营商环境报告》的评价范围包括开办企业、办理施工许可证、获得电力、登记财产、获得信贷、保护中小投资者、缴纳税款、跨境贸易、执行合同和办理企业退出①。根据世界银行 2020 年评估报告，我国总体得分为77.9 分，较上年提高 4.26 分；在全球 190 个经济体中的排名由上年的第46 位上升至第 31 位，继 2018 年由第 78 位提升至第 46 位之后，我国又往前迈进了 15 位。虽然连续两年进入全球优化营商环境改善幅度最大的十大经济体，但是，按照全球 190 个经济体评估指标得分的中值衡量，从营商环境便利度和全球排名两个维度综合分析，我国的缴纳税款、获得信贷、办理企业退出等 3 项一级指标失分严重，与全球营商环境先进国家存在较大差距。

三、以制度型开放推进双循环新发展格局构建的政策建议

制度性的开放，其核心是成员国通过协议合约，制定共同可遵守的规则，并为此在国内相关法律、政策层面形成制度性规定，使开放成为既定的制度性操作。但是，制度型开放也不能简单盲目效仿国际制度规则，而应在充分尊重我国国情和发展阶段前提下，对国际有益规则、体制、管理、标准等的适度引进、借鉴、消化、吸收。从这个角度，我们建议：

第一，积极参与国际经济贸易领域相关规则的制定，在全球经济治理中提供中国经验、提出中国方案、贡献中国智慧。坚持世界贸易体制、规则，坚持双边、多边、区域次区域开放合作，扩大同各国各地区利益

---

① 世界银行《全球营商环境报告》的评价范围覆盖了企业从设立到破产退出的全生命周期；2020 年评估指标由 10 个一级指标和 42 个二级指标构成，由此得出对各经济体营商环境便利度的定量评价。

汇合点。坚持通过磋商的方式，兼顾原则性与灵活性，妥善解决中美经贸合作中存在的突出问题；做好《区域全面经济伙伴关系协定》后续工作，推动中日韩自贸区谈判等早日达成，推进亚太自贸区建设。

第二，以更高标准、更高质量推动自贸试验区建设。推动自贸试验区投资自由、贸易自由、资金自由、运输自由、人员从业自由和信息快捷联通政策加快落地，实施具有国际竞争力的税收制度和全面风险管理制度。充分释放自贸试验区的平台窗口、辐射带动和引领示范作用。鼓励各自贸试验区结合本地优势和特色，努力开展差别化探索，因地制宜，积极支持各自贸试验区走出具有特色的发展道路。

第三，构建高标准自贸区网络。不断扩大自贸区网络覆盖范围，积极推进同更多国家商签高标准自贸协定和区域贸易协定。加快环境保护、投资保护、政府采购、电子商务等新议题谈判，加快与有关经济体商谈高水平的双边投资条约以及各种形式的优惠贸易安排。

第四，全面深入落实外资准入前国民待遇加负面清单管理制度。不断缩减全国和自贸试验区负面清单，允许更多领域实行独资经营。全面清理取消未纳入全国和自贸试验区外商投资准入负面清单的限制性措施，及时修订或者废止有关规章和规范性文件，及时完善有关办事程序。

第五，加大对外资企业合法权益的保护力度。坚决贯彻外商投资法及其实施条例，强化监管政策执行规范性，提高行政规范性文件制定透明度，保护外商投资企业合法权益。加大对外资企业知识产权的保护力度，建立健全外资投诉机制，认真对待外资企业关切的各类问题，特别是加强对新制定法律法规和政策的公平竞争审查，敦促国内企业遵循"竞争中立"原则。积极打造市场化、法治化和国际化的国际一流营商环境，进一步提升吸收外资的国际竞争力。

实现对外开放与安全的协调统一

实现中华民族伟大复兴的中国梦，国家安全是头等大事。习近平总书记多次强调，越开放越要重视安全，越要统筹好发展和安全，着力增强自身竞争能力、开放监管能力、风险防控能力，炼就金刚不坏之身 [1]。

一、实现对外开放与安全的协调统一的经济学含义

经济全球化也会使世界经济的不确定性因素不断地增加。前文提到对外开放对我国经济社会发展具有重要意义，但是，对外开放也会带来各种各样的安全隐患。一方面，前文提到在开放的国际产业分工体系中，西方发达国家在国际分工体系中处于主体和支配的地位，我们依自己国情、资源比较优势，容易被牢牢锁定在特定分工范围内，产业特点、发展方式被发达国家挤压在低端化的领域，西方主要资本主义国家也不会把最新的创新技术成果转移给我们，长期学习、模仿造成创新能力增长乏力。

另一方面，经济日趋全球化，随着我们的国门越开越大，各种各样的外部风险，如金融危机、英国"脱欧"、美联储政策外溢和供应链重构等，也更容易往内部传导，影响作用机制也十分复杂。从企业的层面来看，其在宏观不确定性条件下所做的决策，一般倾向于增加持有现金，尽可能减少新的投资。从国家的层面来看，在经济正向增长的时候，不确定性的程度通常会比较低；在经济萎缩的时候，不确定性的程度一般会比较高；两者之间存在相互促进的螺旋关系。也就是说，不确定性很大可能会使本已存在的衰退更加严重。

完全忽视不确定性固然不可取，但过度关注不确定性而谨小慎微甚至不敢采取任何行动，更是不恰当的。不确定性条件下的行为决策是经

---

[1] 习近平：《在经济社会领域专家座谈会上的讲话》，《人民日报》2020 年 8 月 25 日。

济学中的基本问题,也是一个前沿问题。当今世界正在发生复杂深刻变化,全球经济放缓,贸易保护主义、单边主义、孤立主义等逆全球化思潮有所蔓延,加之罕见的疫情冲击,全球化分工带来的产业链、供应链和价值链布局面临严峻挑战,构建新发展格局是有效应对全球经济不确定性的战略选择。

二、在对外开放中保障安全的形势更加严峻

伴随着开放的进一步深入,国内产业安全、金融安全、数字和网络安全等风险随之上升。由于国际格局发展演变日趋复杂,世界经济调整日趋曲折,国际矛盾和斗争日趋尖锐,各种影响国家安全的因素跨国界流动更加迅速,导致各种可以预见和难以预见的安全风险挑战前所未有。比如:产业领域中,诸多生产技术、软件和关键零部件面临被"卡脖子"的风险,另外,外部遏制可能加大我国产业链过快外迁的风险等;金融领域中,金融开放带来大量外资金融机构的较快进入,激烈竞争可能加大国内金融机构风险,资本账户开放也将伴随着资金跨境流动风险的上升;数字和网络安全领域中,国家关键信息基础设施面临较大风险隐患,网络安全防控能力薄弱,在没有各方普遍接受的数字和网络空间国际规则情况下,我国难以应对开放带来的网络恐怖主义、网络犯罪、网络诈骗等跨国性难题。

而且,随着对外开放程度加大,保障我国海外利益安全的任务将更加艰巨。从中长期来看,全球传统安全问题与非传统安全问题将更紧密地交织在一起,极端主义、恐怖主义也将不断蔓延。我国海外投资、人员大幅增加,且有较大比例集中于政治风险较高的国家与地区,我国海外利益面临的经济、安全、政治、社会、法律等风险和挑战日益凸显。不仅如此,我们还要应对某些国家以其国内法律为依据的针对中资企业、项目和人员的双重标准行为,维护海外利益的任务将更加艰巨。

三、实现对外开放与安全的协调统一的政策建议

总体国家安全观已成为习近平新时代中国特色社会主义思想的重要组成部分，是新时代中国特色社会主义基本方略之一。但是，与对外开放相伴随的安全挑战，尤其是重大安全风险将与日俱增，并加速向政治、经济、文化、社会、生态、国防等领域传导渗透。任何一个领域出现安全隐患，都有可能损害群众切身利益，甚至影响到国家利益和民族复兴大业。为更好实现对外开放与安全的协调统一，我们建议：

第一，要坚持底线思维。在商签自贸协定等对外谈判中，坚决守住底线和红线，坚决贯彻党中央决策部署，稳住外贸外资基本盘，稳住全球产业链、供应链，防范"一带一路"相关风险，把风险防范落到实处。把握好扩大开放的力度、进度和深度，积极应对传统和非传统安全风险，更好维护国家经济安全。

第二，切实维护产业链正常运转。完善国内产业配套体系，形成替代进口的技术储备、装备储备和产品储备，尽快克服"卡脖子"问题，确保我国产业发展协调与产业链畅通；要围绕重点产业链、龙头企业、平台公司、重大投资项目等，加强产业链上下游企业的纵向合作和相关产业链企业之间的横向互动，探索发展基于国内的产业配套体系。要积极参与到全球产业链重构进程中，充分利用自身的资金和产业链优势，优化产业链、供应链结构，不断强化中国在全球产业链中的地位，增强中国企业的竞争优势。

第三，依托共建"一带一路"，加强与其他国家在产业链、供应链方面的合作，稳固我国在全球产业链、供应链网络中的枢纽位置。共建"一带一路"安全保障体系。以总体国家安全观为引领，在大幅提高我国海外安全保障能力和水平的基础上，加强"一带一路"安全保障总体规划和统一部署，与沿线国家探索共建"一带一路"境外安全风险识别、

防控和应急体系架构。

第四，加大贸易救济力度。提高对贸易救济的协调力度，加强贸易摩擦应对工作的总体协调和部门合作，降低贸易摩擦对企业参与国际贸易的消极影响。充分发挥行业协会的预警、组织、协调作用，加强行业自律，规范企业行为，防止恶性竞争，努力营造国际化、法治化的营商环境①。积极推动世贸组织反倾销反补贴规则谈判，防止贸易救济措施滥用和误用，消除歧视性规则和做法，维护发展中成员、中小企业和公共利益，维护自由贸易和公平竞争环境。加强国际交流合作，管控贸易摩擦，维护多边贸易体制。

第五，加强海外投资利益保护。完善海外投资风险监控预警体系。我国政府驻外机构、使领馆、经参机构、商务机构、海外分支机构等应加强对东道国和相关国家形势的分析与跟踪，及时预警，引导企业规避和防范风险。加快双边投资协定的谈判，特别是重视与市场经济程度较低的发展中国家在投资协定中的利益保护，以更好地通过双边制度化机制来保障中国企业的海外权益。完善海外投资保险制度。在立足于中国海外投资现状和发展趋势的基础上，借鉴和吸收发达资本输出国所实行的海外投资保险制度和《多边投资担保机构公约》所建立的国际投资保险制度中行之有效的措施和做法，建立自己的海外投资保险法律制度。细化和扩大投资保险的险种覆盖范围，进一步提高对民营中小企业海外投资的服务力度。提升应急行动能力，建立相应危机管理机制，改变以往突发式利益拓展和维护模式。合理制定海外利益的拓展机制，规划中国海外利益分布的业态及域态，分别制定中长期发展规划，使其更好地符合中国政治经济发展的整体要求。

---

① 《国务院办公厅关于支持外贸稳定增长的若干意见》。

参考文献

[1] 顾学明：《加快形成新发展格局》，《理论导报》2020 年第 9 期。

[2] 王晓红、费娇艳、谢兰兰：《"十四五"服务贸易高质量发展思路》，《开放导报》2020 年第2期、第4期。

[3] 史丹：《构建新发展格局的时代背景与重点任务》，《经济日报》2020 年 8 月 19 日。

[4] 刘阳子：《如何优化海外利益保护机制》，《学习时报》2017 年 5 月 22 日。

第十六章

完善双循环的激励机制

双循环新发展格局至少有三层含义：一是以国内大循环为主，二是国内国际双循环互相促进，三是开放的循环。从构建新发展格局的角度，目前这三方面都存在堵点。因此，需要通过深化供需两侧的结构性改革，完善双循环激励机制，打通堵点，实现双循环的畅通。一是推进要素市场化改革，畅通国民经济循环。包括户籍制度改革、土地改革、资本的市场化定价与资本的自由流动。二是完善创新激励机制，促进企业自主创新。包括探索科技创新举国体制新模式、营造良好的创新环境。三是打破垄断和保护，形成统一的国内大市场。包括取消地方保护、确立竞争政策的基础性地位、形成全国统一大市场。四是改善收入分配，释放消费潜力。五是进一步扩大开放，让世界分享中国增长红利。包括营造更加市场化、法治化、国际化的营商环境、以"一带一路"倡议为抓手，重塑全球经贸与地缘政治格局、积极参与全球治理体制变革。

双循环新发展格局至少有三层含义：一是以国内大循环为主，二是国内国际双循环互相促进，三是开放的循环。从构建新发展格局的角度，目前这三个方面，都存在这样那样的障碍或堵点。因此，需要通过深化供需两侧的结构性改革，完善双循环激励机制，打通堵点，实现双循环的畅通。

推进要素市场化改革，畅通国民经济循环

当前，我国要素市场化不足、要素自由流动受限，已经成为制约国民经济循环的主要障碍。因此，推进要素市场化改革——主要涉及劳动力、土地和资本，成为畅通国民经济循环首先需要突破的堵点。

一、推进户籍制度改革，促进劳动力自由流动

传统计划经济时代遗留的户籍制度是约束劳动力迁移的核心因素。尽管随着改革开放，户籍制度对人口的控制力度有所放松。户籍制度的松绑也为改革开放初期经济启动和人口红利释放提供了必要的前提条件。但迄今为止，户籍仍与教育、医疗等一系列社会公共服务绑定，劳动力的跨区域转移往往存在户籍的障碍，无形中形成了劳动力转移的额外负担，进而导致劳动力市场价格信号对劳动力分配的调解作用不足，客观上阻碍了劳动力的最优配置。

解决城乡二元的劳动力市场分割将有助于我国人口红利的二次释放。我国劳动年龄人口负增长，出生率和人口增长率不断创新低。2017年以来，南京、西安、天津、青岛等城市纷纷放开户籍政策展开"人才争夺战"，一定程度上反映了部分城市面临的劳动力压力。在我国经济"三期叠加"的现实背景下，进一步发展客观上要求微观上提高劳动边际生产率、中观上要求优化产业结构、宏观上要求合理配置资源，这些都需要尽快破

除劳动力要素市场化过程中存在的不足。

劳动力自由流动将成为应对我国劳动力人口增速放缓的有效措施，是我国人口红利二次释放的重要契机。同时，制度性障碍的消除也将改善劳动力在不同地区、不同产业间的分配，从而缓解就业市场结构性摩擦，为就业问题的解决提供必要的条件。当前，在"稳就业"成为中央经济工作的重点且"就业优先"成为宏观调控的重要维度情况下，加速推进劳动力要素的市场化显得尤为必要。

放开放宽除个别超大城市外的城市落户限制，探索实行城市群内户口通迁、居住证互认制度。推动公共资源由按城市行政等级配置向按实际服务管理人口规模配置转变。推进户籍制度改革，关键在于良好的成本分摊机制，中央政府应该承担更大责任，全国整体推进、打破行政区域分割，以城市的实际市民化改革负担能力为基本依据，逐步有序推进城镇常住人口基本公共服务和福利的均等化，遵循"全国同步推进、兼顾地区差异"和基本的改革思路与方案，保障市民化成本在地区和城市间的合理分摊。

二、推进土地改革：明确权属和加快流转

土地问题的症结在于使用权人为分割和固化，同地不同权。现行制度下，城镇土地所有权和使用权属于国家所有，农村和城市郊区的土地所有权属于集体，但集体土地承包经营权归农户，农村宅基地和集体建设用地使用权分别归农户和集体企业。政府可以通过征收、没收、征购、征用等形式将集体土地转为国有。农民仅拥有农地的承包经营权和限于集体内部的流转权，即所谓同地不同权。

土地市场分割下，土地要素价值难以得到充分利用。实际上，农地使用权是农民相对核心的资产，但现行土地制度相对压制了农民在该资产的受益权：宅基地和建设用地不能直接入市，只能通过政府征收途径，

但经政府征收后，农民可得的仅仅是有限的补偿，无法从土地要素的工业化和商业化中受益，土地经营权只能在集体内流转，压制了农业的集约化和规模化发展。

为此，应加快建设城乡统一的建设用地市场，建立同权同价、流转顺畅、收益共享的农村集体经营性建设用地入市制度。探索农村宅基地所有权、资格权、使用权"三权分置"，深化农村宅基地改革试点。改革征地制度，提高农民在土地增值收益中的分配比例，通过合理确定征地补偿标准和鼓励推进多种方式的征地补偿安置机制的方式，确保老百姓发展权益的实现。赋予农民承包经营权和宅基地使用权以完整的权能，确保将农民的土地财产权利落到实处。

三、促进资本的市场化定价与自由流动

一是利率市场化。利率作为资金的价格，是市场配置资金最主要的风向标，只有政府放松对利率的管制，才能更好地发挥市场配置资金的作用，提高资金的使用效率。因此，需要进一步推进利率市场化改革。取消官方贷款基准利率，以更加市场化的利率（如 LPR）作为贷款定价基准；在存款利率水平基本稳定的前提下，适时取消官方存款基准利率，实现存款利率市场化。加快构建更加清晰的利率走廊机制。

二是汇率市场化。汇率市场化就是让市场在汇率调整和决定中发挥更大的作用，实行真正的有管理浮动。这就要求汇率主要由市场决定，没有公开的汇率管理目标，允许存在基于汇率稳定的政府干预。转向真正的有管理浮动，参考一篮子货币进行调节需要逐步淡出历史舞台。参考一篮子货币的淡出，还要求央行退出常态化外汇市场干预，转向使用间接调控工具。

三是实现资本的自由进出。这是要素自由流动的微观基础。要素怎么进入市场、怎么自由流动，是在资本的自由选择中实现的。资本自由

选择有两个条件：（1）需要营造宽松、便捷的市场准入环境，建立公平统一、开放透明的市场准入机制。政府审批和准入的制度安排阻碍资本的自主选择和要素的自由流动，国家通过负面清单的准入制度安排为资本的自由选择提供了制度性保证。（2）需要有效的资本退出机制。这里有两个方面特别重要。一方面是强化优胜劣汰的退出机制，解放束缚在低效率企业中的各种要素，使其退出后进入市场。如果没有退出，进入市场的要素一定是有限的。另一方面是灵活的资本市场退出机制。因此，要进一步推动以信息披露为核心的股票发行注册制改革，完善强制退市和主动退市制度，提高上市公司质量，强化投资者保护。

完善创新激励机制，促进企业自主创新

构建新发展格局最本质的特征是实现高水平的自立自强，必须更强调自主创新，全面加强对科技创新的部署，集合优势资源，有力有序推进创新攻关的"揭榜挂帅"体制机制，加强创新链和产业链对接[1]。完善创新激励机制，激发各方面特别是企业家的创新精神，是促进自主创新、补创新短板、畅通双循环的关键环节。

一、探索科技创新举国体制新模式

在社会主义市场经济体制下，传统举国体制与当前科技快速发展的需要表现出不适应性，过于强调政府规划和国家意志，往往对市场不够敏感，目标或课题设定后纠偏较难，忽视了科学研究特别是基础研究存在不确定性的特点。对过于强调政府作用而忽略市场等其他创新要素的

---

[1] 《习近平在省部级主要领导干部学习贯彻党的十九届五中全会精神专题研讨班开班式上发表重要讲话》，中共中央党校（国家行政学院）网站 2021 年 1 月 11 日。

传统举国体制进行扬弃和超越，从均衡治理视角构建科技创新的新型举国体制，实现从政府主导型到多元参与型举国体制的转变，注重政府规划性与科学自主性的均衡，发挥政府作用与市场力量的均衡，实现有组织创新与自组织创新的均衡，把政府推动、市场驱动与科技界能动作用结合起来。

一方面，政府可以发挥顶层设计、平台建立、机制协调，以及集中资源办大事的优势。构建新型科技创新举国体制需要一系列机制为基础并形成制度框架：建立国家高层次科技宏观决策机制、跨领域横向协调机制、科学家参与决策机制、官产学研联合研究机制；完善合同约束机制、项目责任机制、研发组织机制，加强成本控制机制、绩效评价机制、融资机制、政府采购制度、市场信号政策激励机制、风险防范机制等。在政府参与创新的全过程中，应当高度重视事前的科学民主决策，以及事中事后的监督问责，切实保证"集中力量办好事"。

另一方面，突出政府与市场的结合。风险资本是技术创新的开拓者。但风险资本并非孤军奋战，而是离不开政府的支持。风险资本经常是在政府投资并承担创新的不确定性和高风险之后才进入的。马祖卡托提出，发达经济体的政府在创新中应该而且能够发挥非常积极的作用，是产业政策而非自由市场促进了创新。政府作为风险投资家，弥合了公共投资与私人投资之间的鸿沟；政府不仅仅是修复了市场（弥补市场不足），并且还会积极地创造和塑造市场。这实际上颠覆了新古典经济学的一些教条。

对美国 IT 革命、生物技术产业和纳米技术的研究说明，大多数私人风险资本集中在风险投资的中间阶段，而在早期阶段则是由美国"小企业创新研究计划"提供融资的。造成这种状况的主要原因是：激进创新的早期阶段在风险投资上具有资本密集、较低的收益预期和需要长期坚守的特点，而私人风险资本对此却不感兴趣，从而使政府不得不担负起这种风险承担者的职责。如果说，风险资本进入不确定性领域的"第一推动力"可以由政府完成，那么，后续的创新过程则主要由市场驱动。在创新全生命周期的不同阶段，都需要政府与市场不同形式的协调配合。

二、充分发挥企业的创新主导作用

创新本质上是一个市场现象，市场竞争是甄别创新价值的试金石。企业是经济活动的主体，技术创新本质上是一个经济过程，只有以企业为主体，才能坚持市场导向，反映市场需求。如果说在模仿和赶超阶段，政府支持下的流程创新可能有效的话；那么在一个接近技术前沿阶段，自主创新充满着不确定性，这时候，就需要依靠市场机制来探索，由市场来分散风险，创新企业也要通过市场机制来获取垄断利润。因此，发挥市场机制的作用是企业家创新得以实现的制度前提。发挥企业的创新主导作用，需要有成熟、开放、公平竞争的市场环境，需要健全、合理的法律法规和良好的政策环境。

要通过改革建立真正"面向市场、依靠市场"的创新要素配置机制。鼓励包括资金、人才、技术在内的一切创新要素自由流动与灵活组合，破除种种不合理的体制机制障碍，如金融管制、（产业）准入限制、户籍制度、人事档案等。最大限度地减少政府对竞争性领域的干预，取消种种不合理的行政审批与许可，降低创业成本，增强对企业家创业失败的宽容度，充分释放微观经济主体的竞争活力。

强化企业创新主体地位和主导作用，形成一批有国际竞争力的创新型领军企业，支持科技型中小企业健康发展。依托企业、高校、科研院所建设一批国家技术创新中心，形成若干具有强大带动力的创新型城市和区域创新中心。完善企业研发费用加计扣除政策，扩大固定资产加速折旧实施范围，推动设备更新和新技术应用。

三、激发科研人员的创新动力

人才是创新的根基，是创新的核心要素，创新驱动实质上是人才驱动，必须把激发科研人员积极性放在科技创新的核心位置。完善以知识价值为导向的分配政策，激发科研人员的创新动力。

一是给予科研人员足够的知识产权激励。要进一步明晰科研人员在科技成果使用权、收益权和处置权中的权益，赋予成果发明人在科技成果转化中的决策参与权，切实按照《促进科技成果转化法》和国家相关政策让科研人员足额分享到科技成果转化的收益。建立短期分红和长期股权相结合的激励机制，鼓励企业通过项目分红的方式将技术发明和科技成果转化的收益分享给科研人员，鼓励企业通过股权激励将股权出售给科研人员，实现"有恒产者有恒心"。

二是提高科研经费中的"人头费"比例。"人头费"即人力资源成本开支比例较低，且只能用来支付临时工劳务费，正式的科研人员不能领取。这与基层科研人员的期待和实际需求相去甚远，不仅难以调动研究者的积极性，经费"跑冒滴漏"等诸多问题也由此肇端。因此，为调动科研人员积极性，发挥他们的创造力，需要在科研经费管理中，进一步提高"人头费"的直接提取比率，这是对于人力资本投入的充分认可。

四、营造良好的创新环境，实质性推进大众创业

加大知识产权保护力度，以使企业更加放心在创新领域投入资源。加大力量保护知识产权，一是要进一步完善知识产权保护相关法律法规，合理降低入罪门槛，逐步确立对知识产权侵权的惩罚性赔偿机制，以对潜在的侵权行为造成威慑与遏制，完善侵权后的强制补救措施，包括侵权强制令、损害赔偿、销毁货物等制度。二是要加大保护知识产权的执

法力度，相关执法部门应着力建立更加透明的工作程序和工作规范，细化规则，严格防范执法的随意性和选择性。此外，应尽可能减少政府出于推动技术创新的好意而对专利等进行简单化的干预或将其与特定的产业政策或人才政策挂钩，应逐步完善对其的市场化激励，使得市场力量成为专利数量及质量提升的主要推动力。

政策需要具有包容性，以使广大民众更容易接纳创新。考虑到创新所带来的创造性破坏，因此，一个旨在促进创新的政策，要有足够的包容性，即要兼顾社会公平、环境友好、人民安康与国家安全，降低创造性破坏对社会稳定的冲击。在社会鸿沟和环境危害日益加剧的今天，实施创新驱动发展战略，在政策上要对创新的负面影响加以制度性约束，在资源分配上要对普通人、多数人受益的技术变革领域和与环境保护、生态建设相关的创新加以倾斜。包容性创新政策的重点是加强社会安全网络建设、加大人力资本和社会资本投资力度、提供创新所需的各类信息和软硬件基础设施、培育倡导信任与合作的社会文化、实施强有力的反寻租政策等。

打破垄断和保护，形成统一的国内大市场

超大的市场规模一直是中国参与国际竞争的重要砝码，也是扩大内需的底气所在。但事实上，这个"超大"规模，很大程度指的是潜力，离现实还有一段距离。原因在于，国内市场的分割还相当严重，不仅有城乡分割、地区分割，还有行业和要素市场的分割，以及基础设施等公共服务体系的分割。正是在这样的背景下，中央提出，"要建立起扩大内需的有效制度，释放内需潜力，加快培育完整内需体系，加强需求侧管理，扩大居民消费，提升消费层次，使建设超大规模的国内市场成为

一个可持续的历史过程"①。

一、取消地方保护，做到物（也包括人）畅其流

地方行政壁垒的存在妨碍了市场机制的有效运行。1994 年分税制改革以来，以财政分权和行政集权为特点的"中国式分权"逐步成为我国经济领域最为重要的制度性安排，有效解决了中央与地方激励兼容的问题，促进了中国经济增长。但在这一过程中，地方政府出于自身利益考虑，往往运用行政手段对本地市场进行保护和封锁。这种行为虽然在一段时间内保护了本地的弱势产业，提高了本地企业的生存能力，但是从长远来看，在地方保护主义的影响下，价格机制扭曲，商品、劳动力的自由流动受限，各地区的产业结构趋同，不能按照比较优势形成合理的分工格局，抑制了国内统一市场的形成。

国务院发布关于在市场体系建设中建立公平竞争审查制度的意见，要求着力打破地区封锁和行业垄断，清除市场壁垒，促进商品和要素在全国范围内自由流动。统筹考虑维护国家利益和经济安全、促进区域协调发展、保持经济平稳健康运行等多重目标需要，稳妥推进制度实施。

二、确立竞争政策的基础性地位，使之成为统一市场运行的奠基石

维护公平竞争是市场经济制度的一个基本前提。1993 年，十四届三中全会通过的《中共中央关于建立社会主义市场经济体制若干问题的决定》蕴含着丰富的维护和促进公平竞争的思想，如提出，"国家要为各种所有制经济平等参与市场竞争创造条件，对各类企业一视同仁"；"发挥市场机制在资源配置中的基础性作用，必须培育和发展市场体系。当

---

① 《习近平在省部级主要领导干部学习贯彻党的十九届五中全会精神专题研讨班开班式上发表重要讲话》，中共中央党校（国家行政学院）网站，2021 年 1 月 11 日。

前要着重发展生产要素市场，规范市场行为，打破地区、部门的分割和封锁，反对不正当竞争，创造平等竞争的环境，形成统一、开放、竞争、有序的大市场"。

十九届四中全会聚焦社会主义市场经济的制度建设，提出"强化竞争政策基础地位，落实公平竞争审查制度，加强和改进反垄断和反不正当竞争执法"，把强化竞争政策的基础地位提高到社会主义市场经济支持性制度的高度。2020 年 5 月中共中央、国务院颁发《中共中央　国务院关于新时代加快完善社会主义市场经济体制的意见》，重申了"强化竞争政策基础地位"的提法。至此，竞争政策的基础地位开始成为基本的政府政策思维。这就意味着政府政策体系需要围绕竞争政策展开，当其他政策与竞争政策不一致时，需要根据竞争政策的要求进行相应的调整。

过去实施产业政策的本意，就是为了贯彻"非均衡"发展战略。因此，非中性化的产业政策最容易导致不公平的发展竞争。在产业政策地方政府化运作之后，容易导致对全国统一市场的分割。基于建设统一市场、扫除平等竞争的障碍的要求，首先必须调整产业政策的实施方式，推进经济从"发展竞争"，转向"自由竞争"和"平等竞争"。也就是以普惠型的竞争政策来逐步替代选择性的、歧视性的产业政策，并使之成为我国统一市场运行的奠基石，成为规范市场竞争关系的主导规则，由此确立竞争政策在整个政策体系中的基础性地位。

三、以区域一体化带动形成全国统一市场

国内统一市场的形成应是市场发育在经济区域上空间界限一系列突破的结果，构建公平竞争、开放有序的区域统一市场是国内统一大市场形成的前提和基础。改革开放以来，已经形成长江三角洲、珠江三角洲、环渤海地区等经济区，这些地区应在形成全国统一市场过程中，按照优势互补、产业分工和共同富裕的原则率先建立区域的统一市场。

差异化的政策在促进某些区域率先发展的同时，也形成了特定形式的区域分割，使得相对统一的全国性制度法规难以形成。各个地区都是因地制宜、特事特办，将不利于形成统一的国内市场。未来需要推进区域一体化（如长三角一体化），打破区域内的各种壁垒，在此基础上，建立跨区域协调机构，扩大区域一体化的辐射能力，促进全国范围内的统一市场形成。推进一体化的安排：在竞争性产业部门，减少政府管制，以充分竞争实现市场协同，从而达到资源配置最优目标；公共品生产领域，是推进一体化发展的重点领域，主要突破口在基础设施的超前规划、建设的统一指挥和连接点的互通以及管理协调上的一致性；民生性消费领域，一体化发展实质效应是使地区间、城乡间在公共福利上的差距均等化。

改善收入分配，释放消费潜力

扩大内需特别是居民消费，面临的一个主要堵点是收入分配问题。我国的收入分配状况尽管好于拉美国家，但与同样取得快速增长佳绩的东亚经济体相比，还有差距。从国民收入分配格局看，我国居民可支配收入与人均 GDP 差距过大，劳动者报酬呈下降态势。与此同时，居民收入差距、财富差距仍然较大，且这些年并未有较大改观，一些研究表明收入分配状况甚至出现了恶化。因此，唯有实质性改善收入分配，才能有效释放消费潜力。需要强调的是，改善收入分配是分蛋糕的问题，会触及各方利益，涉及全面的制度调整，不是仅仅靠税收、转移支付等手段就能够解决的。

一、提高劳动者报酬比重

劳动力市场的初次分配效应在递减。随着农业剩余劳动力转移速度减慢，城乡就业扩大和资源重新配置都不再像以往那样以急风暴雨式的节奏进行，劳动密集型制造业的比较优势也加速减弱，国际贸易以发达国家为主要对象的特点也趋于淡化。相应地，劳动力市场机制的初次分配功能既不再能够单独解决收入分配问题，也不足以解决民生领域面临的其他问题。

需要从以下几个方面入手，努力提高劳动者报酬比重。（1）继续实现居民收入增速与经济发展速度同步、劳动报酬增长与劳动生产率提高同步；同时，在平衡资本与劳动的分配关系上做文章，即完善要素市场环境和机制，破除市场的垄断和价格扭曲，消除市场分割和身份歧视，增加公平机会和竞争。（2）改革城乡分割的户籍制度。推动超大、特大城市调整完善积分落户政策，探索推动在长三角、珠三角等城市群率先实现户籍准入年限同城化累计互认。放开放宽除个别超大城市外的城市落户限制，试行以经常居住地登记户口制度。（3）建设城乡统一的劳动力市场，促进农民向工业部门和城市的合理流动，根据效率原则配置劳动力资源。（4）深化工资制度改革，健全最低工资标准调整、工资集体协商和企业薪酬调查制度，促进中低收入职工工资合理增长。

二、加大再分配调节力度

国际比较发现，我国的收入再分配力度要小于 OECD 国家。剔除 OECD 国家中收入差距较大的智利和墨西哥，这些高收入国家较为合理的收入分配状况实际上是在再分配之后才形成的。例如，经过税收和转移支付，这些国家的基尼系数从平均 0.473 下降到 0.306，降低幅度高达 35.3%。而我国再分配政策使得收入差距的基尼系数仅缩小 10% 左右。因此，"十四五"时期必须进一步加大收入再分配调节力度。健全以税收、社会保障、转移支付等为主要手段的再分配调节机制，强化税收调节，完善直接税制度并逐步提高其比重；将保障性住房纳入公共财政范畴，开征房地产税；稳步提高社会保障统筹层次和水平，建立健全更加公平、更可持续的社会保障制度；完善相关制度和政策，合理调节城乡、区域、不同群体间分配关系。

三、纠正金融抑制对居民财产性收入的侵蚀

尽管随着近些年金融的大发展，我国居民财产性收入有所上升，但总体上占比还偏低，群体间的差距也偏大。居民财产性收入与一国的金融市场和制度安排有着直接关系。我国长期以来由发展型政府主导的金融抑制政策，其初衷是加速动员资源、促进经济更快发展，但由此也带来对居民财产性收入的侵蚀。金融抑制不仅表现在官方利率长期远远低于市场利率，而且表现在国有银行的垄断地位和门槛准入方面。对存款利率上限的管制，虽然一定程度上降低了国企的投资成本，也使得中国银行业的不良贷款率恢复至正常水平，但扭曲的资本价格除了误导投资外，也对居民收入产生了负面影响，使得居民储蓄存款收益大幅下降。金融抑制政策形成了一种居民补贴企业和地方政府的财富分配机制，居民财产性收入受到侵蚀，企业和地方融资平台却得到"补贴"，银行业长期扮演着"劫贫济富"的角色。

为纠正金融抑制对居民财产性收入的侵蚀，需要减少政府对金融资源定价和分配的干预，进一步推进存款利率市场化，逐步放宽金融市场准入条件，深化以银行为主的金融体系改革，加快发展多层次资本市场，鼓励金融产品创新，开发适宜投资需求的金融产品，拓宽居民利息、股息、红利、租金、保险等财产性增收渠道。

四、提高国有资本及其收益对公共财政的贡献

国有资本收益上缴是国际惯例。我国的国有资本或国有企业还享有"结构性优势"，即一方面在税收、信贷、产业政策方面享受特别的优惠政策，另一方面在市场准入和政府隐性担保方面具有社会资本所不可

比拟的特权。不少国有资本收益来自垄断牌照和政府赋予的特权。国有资本性质是全民所有，国有资本收益不能归于某个企业或某个群体，而应归于全社会。因此，一方面，要提高国有资本收益上缴公共财政的比例，另一方面，划转部分国有资本充实社保账户。

2014年底，财政部提出要完善国有资本经营预算制度，提高国有资本收益上缴公共财政的比例，在2020年提高到30%，更多用于保障和改善民生。2017年进一步提出划转部分国有资本充实社保基金。2019年全面推开将中央和地方国有及国有控股大中型企业和金融机构10%的国有股权，划转至社保基金会和地方相关承接主体，并作为财务投资者，依照规定享有收益权等权利。截至2019年底，中央层面已经完成四4批81家中央企业和中央金融机构国有资本划转社保基金的工作，划转的国有资本是1.3万亿元，地方层面划转的工作也正在积极地推进。提高国有资本收益上缴公共财政的比例以及划转部分国有资本充实社保账户，绝非救急的权宜之策，而是实践社会分红理论，增进民生福祉，促进社会公平的长期性、机制性的制度安排。

五、落实农民土地财产权利

缩小城乡收入差距是改善收入分配的重要方面。对于农民而言，在过去的工业化与城镇化中做出了巨大的贡献和牺牲，因此，在未来的现代化征程中，要兼顾农民的利益。农民走出农村到城镇就业，固然是提高收入的一条途径，但更重要的是在市场化推进过程中，对农民土地财产权利的保护。在土地产权仍然比较模糊的情况下，存在着土地收益如何分配的难题。土地制度改革的核心在于如何保护好农民的利益。在推进土地要素市场化配置体制机制改革过程中，要深化农村土地制度改革，推进宅基地流转、置换方式创新，让农村居民合理分享土地升值收益，真正将农民的土地财产权利落实到位。

进一步扩大开放，让世界分享中国增长红利

双循环本质上是开放的循环。理论上，开放系统的存在是绝对的，封闭或孤立系统是相对的；开放系统具有一般性，而封闭系统则被视作开放的特例。即使在清朝闭关锁国时期，也留存了广州可以对外通商，史称"一口通商"。开放是后发国家重要的学习通道，要"重视以国际循环提升国内大循环效率和水平，改善我国生产要素质量和配置水平，推动我国产业转型升级"[①]。从这个角度，进一步扩大高水平开放，重塑我国合作与竞争新优势，让世界分享中国增长红利，是畅通双循环特别是国际循环的重要环节。

建设更高水平开放型经济新体制，加快建设与国际高标准贸易和投资通行规则相互衔接的市场规则制度体系，体现出开放重心的变化，即从之前商品和要素流动型开放向规则等制度型开放转变，更加突出规则、规制、管理、标准等制度层面的开放。以制度型开放为重点，意味着开放的领域从贸易壁垒、市场准入的"边境措施"向规则、管理、标准等"边境后措施"延伸，加速从高标准国际经贸规则的跟随者、接受者向参与者、制定者的角色转变，强化以制度保障国际国内要素自由流动、资源高效配置、市场深度融合的全面开放，不断推动建立与国际通行规则相衔接的制度体系。制度型开放必然要求大力推进制度变革与创新，在开放领域推动国家治理能力与治理体系的现代化。

一、营造市场化、法治化、国际化的营商环境

2019 年 10 月，世界银行《全球营商环境报告 2020》显示，中国营商

[①] 《习近平在省部级主要领导干部学习贯彻党的十九届五中全会精神专题研讨班开班式上发表重要讲话》，中共中央党校（国家行政学院）网站，2021 年 1 月 11 日。

环境排名大幅提升 15 位，名列全球第 31 位，连续两年入列全球优化营商环境幅度最大的十大经济体。出台《优化营商环境条例》，并于 2020年 1 月 1 日起实施。一方面是创造良好的营商环境，进一步开放市场、完善"准入前国民待遇＋负面清单"管理制度，统筹强化知识产权保护与产权保护，调整政府补贴、环保标准等；适应和对接零关税、零补贴、零壁垒等未来经贸规则变化的大趋势直面关税制度、政府采购公开化等问题。另一方面是以强化竞争政策基础性地位为重点实现市场化改革新突破。全面清理妨碍公平竞争的产业政策，更多采取市场化的手段；确立竞争中性原则，深化国企改革；推动产业政策向普惠化、功能性转变；实现市场监管的重点由一般市场行为监管向公平竞争审查的转变。

通过完善产权保护、优化营商环境、减少准入限制、取消超国民待遇、健全负面清单制度、放松外资企业相关外汇管制等多种举措，以及按照市场化、法治化、国际化原则，为来华投资的外商提供切实的制度保障和激励。

二、推动服务业扩大开放

我国服务贸易进出口呈现逐年上升的趋势，但服务贸易一直是逆差。推动服务业进一步扩大开放，是形成国际竞争新优势的重要方面。

1995 年，世界服务业增加值占 GDP 比重为 60.5%，2018 年提高至68.2%。同期，服务业增加值年均增速 5.1%，比世界经济增长（4.6%）快 0.5个百分点。从世界服务贸易情况看，2018 年，全球服务贸易保持 7.5% 的强劲增长速度，进出口规模达 11.5 万亿美元，服务贸易占全球贸易的比重超过 40%。世界贸易组织预测，到 2040 年，服务贸易在全球贸易中的份额将增长至 50%，超过货物贸易，成为全球贸易发展主引擎。

我国服务业国际竞争力与国际水平相比尚有差距。我国服务业增加值占 GDP 比重不仅与发达国家 74% 的平均水平相差 20 个百分点左右，也明显低于上中等收入国家 57% 的平均水平。在国际市场上，服务业整体也处于价值链中低端。我国在很多服务业领域的开放水平与其他国家相比仍有不小差距。在 2019 年经济合作与发展组织公布的服务贸易限制指数 18 个行业中，我国仅有 1 个行业（建筑）限制指数低于世界平均水平，而美国仅有 2 个行业（空运、海运）、日本仅有 1 个行业（法律）高于世界平均水平。因此，需要通过服务业扩大开放促进我国服务业规模和结构调整优化，为我国在国际竞争中取得新优势奠定基础。

"十四五"期间应加快推进服务业市场的全面开放，强化服务业内外标准对接、资格互认，降低服务贸易边境内壁垒。以中欧、中日韩及亚太区域一体化为重点，加快构建以服务贸易为重点的双边、多边自贸网络。稳步扩大金融市场和机构开放，取消银行、证券、基金管理、期货、人身险等领域外资股比例限制，不断放宽外资股东资质限制。在企业征信、信用评级、支付等领域给予外资国民待遇，资本市场互联互通不断深化，会计、税收和交易的配套制度不断完善。加快电信、教育、医疗、文化等领域开放进程，放宽外资股比限制。鼓励跨国公司在华设立地区总部、研发中心、采购中心、财务管理中心等功能性机构，与国内科研机构和企业联合开展技术研发和产业化推广。

三、以"一带一路"倡议为抓手，重塑全球经贸与地缘政治格局

推动"一带一路"产能合作与服务贸易相融合。通过更加市场化、制度化方式来保证和提高我国在"一带一路"沿线国家的投资安全与投资收益率。在"一带一路"建设中更多地使用人民币来计价与结算，依托"一带一路"推动人民币的区域化、国际化发展。推动共建"一带一路"高质量发展，加强与相关国家发展战略以及市场、产业、项目有效对接，打造全方位互联互通新格局，聚焦重点国家和重点项目深耕细作。总之，

在实施"一带一路"倡议中遵循共商共建共享原则，努力实现政策沟通、设施联通、贸易畅通、资金融通、民心相通，打造国际合作新平台，形成陆海内外联动、东西双向互济的开放新局面，重塑全球经贸与地缘政治格局。

四、自由贸易试验区与区域经济一体化协同推进

加快自由贸易区建设。我国应该以对标国际基本经贸规则为导向，加快自由贸易试验区和中国特色自由贸易港建设进程，实现对外开放新高地的重大突破，尽快形成新型开放大国高水平开放的新布局。高标准高质量建设自由贸易试验区，充分发挥上海临港新片区等示范引领作用，赋予自由贸易试验区更大改革自主权，以制度创新为核心，持续深化首创性、差别化改革探索，加强改革试点经验复制推广，充分发挥自由贸易试验区改革开放试验田作用。建立健全海南分步骤、分阶段建设自由贸易港政策和制度体系，加快探索建设中国特色自由贸易港，打造开放层次更高、营商环境更优、辐射作用更强的对外开放高地。推动与世界主要经济体商建自由贸易区进程，不断扩大自由贸易区网络覆盖范围，加快形成立足周边、辐射"一带一路"、面向全球的高标准自由贸易区网络。

积极推进区域经济一体化。2020 年年底前，中国与 14 个国家签署了《区域全面经济伙伴关系协定》，并签订了《中欧投资协定》，这为中国进一步扩大开放迈出了坚实的步伐，"朋友圈"越来越大。RCEP 覆盖的总人口达 22.7 亿，GDP 达 26 万亿美元，出口总额达 5.2 万亿美元，均占全球总量约 30%。RCEP 自贸区的建成，意味着全球约 1/3 的经济体量将形成一体化大市场。

《中欧投资协定》的内容主要包括：保证相互投资获得保护，尊重知识产权，确保补贴透明性；改善双方市场准入条件；确保投资环境和

监管程序清晰、公平和透明；改善劳工标准，支持可持续发展。中欧投资协定展现了中方推进高水平对外开放的决心和信心。

此外，中国对加入《全面与进步跨太平洋伙伴关系协定》（CPTPP）也表达了积极态度。通过积极推进区域经济一体化，中国冲出了美国设定的"包围圈"，向进一步扩大开放迈出坚实的步伐，形成逆风逆水的全球化大背景下的一抹亮色，并将为中国在新时期构建开放型经济新体制，形成以国内大循环为主体、国内国际双循环相互促进的新发展格局提供强大助力。

五、积极参与全球治理体系变革

开放型经济本质上要求权利与责任的对等性、国际规则的透明性、全球治理的公平性。国际经贸规则与治理结构正处于重构的关键期，我国应防止被排除在多边贸易体制与全球规则重构之外，积极参与全球治理体系改革和建设。我们应该推动完善国际经贸规则，与国际社会一道共同构建以规则为基础的多边贸易体系，维护多边贸易体制的权威性和有效性。赞成对世界贸易组织进行必要改革，关键是要维护开放、包容、非歧视等世界贸易组织核心价值和基本原则，保障发展中国家发展利益和政策空间。积极推进全球治理改革。依托共建"一带一路"倡议及联合国、上海合作组织、金砖国家、二十国集团、亚太经合组织等多边和区域次区域合作机制，积极参与全球经济治理和公共产品供给。推动国际货币基金组织份额与治理改革以及世界银行投票权改革。积极参与国际宏观经济政策沟通协调及国际经济治理体系改革和建设，提出更多中国倡议、中国方案。

参考文献

[1] 黄涛、郭恺茗著：《科技创新举国体制的反思与重建》，《长沙理工大学学报（社会科学版）》2018 年第 33 卷第 4 期。

[2] 胡家勇：《确立竞争政策的基础性地位》，《学习与探索》2020 年第 11 期。

[3] 顾学明：《推动服务业扩大开放 汇聚开放新动能》，《光明日报》2020 年 9 月 7 日。

后　记

习近平总书记多次强调，要把满足国内需求作为发展的出发点和落脚点，逐步形成以国内大循环为主体、国内国际双循环相互促进的新发展格局。在2020年8月24日经济社会领域专家座谈会上的讲话中，习近平总书记更是将新发展格局理论列入改革开放以来"不仅有力指导了我国经济发展实践，而且开拓了马克思主义政治经济学新境界"的系列理论成果。

新发展格局是以习近平同志为核心的党中央根据我国发展阶段、环境、条件变化作出的战略抉择，是事关全局的系统性深层次变革。这一战略抉择本质上是一个适应百年未有之大变局加速调整、国内高质量发展步入新阶段、国内发展主要矛盾出现新现象和新规律的必然战略调整和战略再定位。它不仅关乎我国如何在百年未有之大变局中构建强大的经济基本盘，更关乎中华民族伟大复兴能否在第二个百年奋斗目标开局之际打下坚实的经济基础。我们不仅要从历史发展的角度准确看到国内经济大循环与国际经济大循环、挑战与机遇之间的辩证关系，还要准确研判国内外环境演变的新趋势和新规律，从中寻找到化危为机的战略路径。因此，在疫情防控常态化、我国进入高质量发展阶段、世界动荡变革时期，深入理解新发展阶段的新机遇新挑战具有十分重要的意义。

我们希望借《双循环论纲》一书，适时回应"双循环提出的基本背景和外部环境是什么？""中国应如何实现潜在增长率？""中国经济如何抓住新机遇，实现逆势增长？""双循环经济与人民生活有何关联？"等社会密切关注的问题，帮助广大读者领会和把握这一战略抉择的深刻内涵和发展脉络，以更好指导我们各项工作，尤其是经济工作。

全书由中国社会科学院国家高端智库首席专家蔡昉负责总体框架设计并牵头撰写，经济研究所、农村发展研究所、金融研究所、世界经济与政治研究所的十三位专家共同撰写。具体分工如下：绪论由蔡昉撰写；第一章由熊爱宗撰写；第二章由姚曦撰写；第三章由崔晓敏撰写；第四章由杨耀武撰写；第五章由蔡昉撰写；第六章由杨耀武撰写；第七章由杜秦川撰写；第八章由董昀撰写；第九章由魏后凯、胡冰川撰写；第十章由黄群慧、倪红福撰写；第十一章由倪红福撰写；第十二章由魏后凯撰写；第十三章由蔡昉撰写；第十四章由黄群慧撰写；第十五章由高凌云撰写；第十六章由张晓晶撰写。

广东人民出版社的领导和编辑团队为本书的出版付出了大量的心血，在此表示诚挚的谢意！

双循环经济学是一个新的课题，构建新发展格局的实践在延展，研究亦无止境，我们的团队将继续为此献上绵薄之力。

著　者

2021 年 8 月